생각의 주인이 되는 법

Think: Why You Should Question Everything.

이상한 생각과 거짓 주장과
엉터리 믿음에 맞서기 위한
생각 길라잡이

Think
Why You Should
Question Everything

# 생각의 주인이 되는법

가이 해리슨 지음 ◎ 이충호 옮김

미래인

# 생각의 주인이 되는 법

**1판 1쇄 인쇄** 2016년 10월 20일
**1판 1쇄 발행** 2016년 10월 25일

**지은이** 가이 해리슨 **옮긴이** 이충호 **펴낸이** 박혜숙 **펴낸곳** 미래M&B
**책임편집** 황인석 **디자인** 이정하 **전략기획** 김민지
**총괄상무** 이도영 **영업관리** 장동환, 김대성, 김하연
**등록** 1993년 1월 8일(제10-772호) **주소** 서울시 마포구 서교동 464-41 미진빌딩 2층
**전화** 02-562-1800(대표) **팩스** 02-562-1885(대표)
**전자우편** mirae@miraemnb.com **홈페이지** www.miraeinbooks.com

ISBN 978-89-8394-804-5 43100

값 14,000원

생각하는 대로 살아야 한다.
그러지 않으면 사는 대로 생각하게 될 것이다.

— 폴 부르제(프랑스 소설가)

나는 인생에서 아주 중요한 결정을 내린 적이 있는데, 그 덕분에 내 인생은 훨씬 좋은 쪽으로 풀렸다. 그 일이 정확하게 언제 일어났는지 혹은 단 한 번에 일어났는지는 기억이 확실하지 않지만, 어쨌든 그 때문에 나는 훌륭한 회의론자가 되어 매일 과학자처럼 생각하며 살아가기로 결심했다. 아주 간단하지만 중요한 이 선택 덕분에 나는 시간과 돈을 절약했고, 많은 창피와 후회도 피할 수 있었다. 심지어 목숨을 구했는지도 모른다. 내가 이 길을 선택한 이유는 그릇된 것을 믿는 사람들보다 우월감을 느끼거나 그들을 깔보기 위해서가 아니다. 회의론은 오만과는 다르다. 불가사의한 일도 전혀 없고 차갑게 감정도 없이 인생을 살아가고 싶어서 그런 결정을 한 것도 아니다. 회의론은 삶에서 즐거움을 빼앗아가지 않는다. 사실은 오히려 더 많은 즐거움을 얻을 수 있다. 과학자처럼 생각한다고 해서 픽션과 환상을 즐기거나 불가능한 꿈을 꾸지 않는 것은 아니다. 회의론자처럼 생각한다고 해서 아직 그 답이 나오지 않은 많은 질문을 부정하거나 무시하는 것도 아니다. 나는 단지 거짓말이나 실수나 오해 때문에 인생을 낭비하는 일을 최소화하려면 회의론을 받아들이는 게 좋다고 판단했을 뿐이다. 또한, 사기꾼에게 잘 속아 넘어가는 사람으로 살아갈 위험도 최소한으로 줄이고 싶었다.

만약 내가 지금까지 살아오면서 맞닥뜨렸던 이상한 주장들에 회의론으로 맞서지 않았더라면, 얼마나 많은 사이비 의술에 돈을 낭비했을까? 심지어 그랬다가 건강이 위험해질 수도 있었을 것이다. 어쨌든 나는 그런 위험을 겪지 않은 것을 천만다행으로 생각한다. 감언이설을 내세우는 사기꾼이나 그럴듯하지만 실제로는 엉터리 제품으로 날 속이려 든 사람들이 얼마나 많았던가? 거짓말이나 모호한 주장을 펼치며 내 인생의 소중한 시간을 낭비하려고 한 사이비 단체들은 또 얼마나 많았던가? 나는 회의론자가 되고 나서 하루하루가 지날 때마다 더 강해지고 자신감이 커져가는 걸 느꼈는데, 안개 속에 숨겨져 있던 사실이 드러나는 순간 모든 불안과 두려움이 사라졌기 때문이다.

나는 회의론적 사고를 제대로 하지 못하는 사람들을 정말 안타깝게 여긴다. 나는 사람들이 발을 헛디뎌 넘어지는 걸 볼 때마다 슬픔을 금치 못한다. 그토록 많은 피해자가 나와야 할 이유가 전혀 없는데도 말이다. 나는 누구나 과학자처럼 생각할 수 있고, 모두가 그러길 원한다고 믿는다. 이 책은 바로 그 방법을 소개한다. 만약 여러분이 이미 훌륭한 회의론자라면, 이 책은 더 훌륭한 회의론자가 되도록 도와줄 것이다. 또, 친구나 가족에게 이 소중한 지식을 전파하는 데 효과적인 방법도 가르쳐줄 것이다. 물론 과학자처럼 생각한다고 해서 반드시 실수나 위험을 전혀 겪지 않고 완벽하게 살 수 있는 것은 아니다. 하지만 과학자처럼 생각하면, 터무니없는 생각들이 판치는 세상에서 올바른 길을 찾는 데 유리하다. 하지만 많은 사람들 사이에 회의론적 태도가 부족한 현실은 가장 잘 알려지지 않은 세상의 위기일지 모른다. 적극적으로 사용하기만 한다면, 회의론은 하룻밤 사이에 인류를 더 나은 상태로 변화시킬 수 있다. 회의론은 우리가 가장 등한시하는 방어막이자 제대로 활용하지 못하는 무기이다. 회의론은 언급하는 정치인도 전혀 없고, 가르치는 교사도 드물며, 권하는 부모도 얼마 없다. 이렇게 회의론의 저항이 거의 없다 보니 아무리 많은 세대가 지나도 이 세상에서 거짓말과 기만이 판을 치는 상황이 계속 이어지고 있다. 입증되지 않은 주장과 엉터리 믿음을 의심하지 않고 방치하면, 살아가기가 힘들거나 심지어 목숨을 잃는 대가를 치러야 할지도 모른다. 많은 사람들은 자신을 포함해 건강하고 똑똑한 사람이 다른 사람의 터무니없는 생각에 얼마나 쉽게 속아 넘어가는지 혹은 자신의 뇌 속에서 자연적으로 일어나는 과정 때문에 얼마나 쉽게 환상에 빠지는지 잘 모른다. 여러분이 그런 실수를 하지 않도록 돕는 것도 이 책의 목적 중 하나이다.

이 책은 교육적 책이라고 말할 수도 있지만, 단순히 사실들을 모아놓거나 사람들에게 '어떤' 생각을 하라고 가르치는 주장들을 나열한 책이 아니다. 이 책은 '어떻게' 생각해야 하는지를 알려주는 책이다. 나는 충성스러운 회원이나 내 설교에 귀를 기울일 성가대원이 늘어나길 원치 않는다. 나는 독자들에게 인생을 살아가면서 불합리한 믿음에 번번이 발이 걸려 넘어지지 않고, 스스로 합리적 방식으로 생각하면서 자신의 길을 잘 찾아가도록 돕고 싶을 뿐이다. 나는 독자들이 나를 지름길을 안내하는 권위자로 바라보길 원치 않는다. 예를 들면, 나는 심령술사나 영매가 남의 마음을 읽거나 죽은 사람과 대화를 나눌 수 있다고 생각하지 않는다. 하지만 내 말을 무조건 곧이곧대로 믿어서는 안 된다. 훌륭한 회의론자라면 누구나 그렇듯이 여러분 스스로 문제를 깊이 생각하도록 노력해야 한다. 나는 전에도 잘못된 판단을 내린 적이 여러 번 있기 때문에, 이 문제에서도 잘못된 판단을 했을 가능성이 얼마든지 있다.

이 책은 '독립적 사고'를 요구한다. 이 책은 바로 여러분 자신에 관한 책이다. 사기꾼이나 이상한 사람 혹은 진지하지만 망상에 빠진 사람에게 속아 넘어가는 것을 피하려면, 다른 사람의 뇌가 아니라 바로 '자신'의 뇌에 의지해야 한다. 물론 전문가의 의견이나 믿을 만한 정보도 중요하지만, 막상 기묘한 주장이 눈앞에 닥쳤을 때에는 현명하게 반응하는 능력이 무엇보다도 중요하다. 문을 열고 그것을 받아들일지 아니면 문을 쾅 닫고 단호하게 거부할지 판단하려면, 이런 상황에서 어떻게 하는 것이 현명한지 알 필요가 있다. 이것은 바로 여러분 자신을 위한 길이다.

지금도 이상한 주장이나 특이한 개념, 위험한 생각, 엉터리 믿음이 우리 주위에 수많이 널려 있다. 사람들은 매일 새로운 주장을 만들어내기 때문에, 그 모든 주장에 대응하는 반응을 미리 준비할 수는 없다. 하지만 훌륭한 회의론자는 비판적으로 생각하는 방법을 알고, 모든 것에 의문을 품는 지혜를 알기 때문에 그 모든 주장에 잘 대응할 수 있다. 또한 뇌가 잘 돌아가려면 무엇이 필요한지 기초 지식도 알아둘 필요가 있다. 왜냐하면, 모든 생각은 바로 뇌에서 시작되기 때문이다. 뇌가 제대로 돌아가려면 영양과 신체 활동이 아주 중요하다는 연구 결과가 많다. 과학과 회의론에 관한 정보를 다른 사람들에게 알려줄 때, 널리 알려진 상식적인 믿음에 대한 배경 지식과 대안 설명도 좀 알아두면 큰 도움이 된다. 이 책은 이런 것도 도와줄 것이다.

회의론은 모든 사람에게 아주 중요하다. 회의론은 지능이나 교육, 사는 장소, 사회적 지위, 소득에 상관없이 모든 사람에게 필요하다. 단지 인간의 뇌를 가지고 있다는 사실 때문에 우리는 사실이 아닌 것을 믿기가 아주 쉽다. 이것을 피할 수 있는 길은 없다. 우리 모두가 가지고 태어난 자연적 과정과 본능 때문에 우리는 참이나 사실이 아닌 것에 쉽게 빠져드는 경향이 있다. 이것은 어쩔 수 없는 인간의 조건이다. 이 점을 인정하지 않고 자신은 절대로 그럴 리가 없다고 생각하는 사람일수록 터무니없는 생각과 망상에 빠질 위험이 더 크다.

　다행히도 우리를 그토록 자주 배신하고 속이는 바로 그 뇌가 우리를 보호하는 일에서도 뛰어난 능력을 발휘할 수 있다. 뇌는 우리가 가진 것 중 가장 뛰어난 파수병이자 가장 효과적인 수호자이다. 하지만 끊임없이 문제를 일으키는 원인이 될 수도 있다. 어느 쪽이 될지는 바로 여러분 자신에게 달려 있다.

지구에서,

가이 해리슨

**chap · 2**    내 머릿속에 살고 있는 기묘한 존재

**chap · 3**    특이한 주장과 이상한 믿음에 맞서는 사람을 위한 길잡이

chap · 4    **생각하는 기계를 적절히 관리하고 연료를 잘 공급하라**

회의론은 무엇이든 깊이 생각하고,
충분한 증거가 나오기 전에는 어떤 것도
믿지 않는 태도이다.
언제든지 자신의 생각을 바꿀 준비가
돼 있는 것이다.

— chap·1

환상에 빠지기 쉬운
행성에서 길을
잃지 않으려면

## Think
#### Why You Should Question Everything

나는 함부로 일반화나 가정을 하는 것은 현명한 짓이 아니라고 생각한다. 하지만 여러분이 이 책을 읽고 있다는 사실을 바탕으로 위험을 무릅쓰고 두 가지 추측을 해보겠다. 첫째, 여러분은 사람임이 틀림없고, 둘째, 여러분은 지구에 살고 있다. 만약 내 추측이 옳다면, 여러분에게는 무척 불행한 일이다. 바로 이 사실 때문에 여러분은 평생 동안 거대한 구형의 정신병원에서 살아가도록 종신형을 선고받은 거나 다름없기 때문이다. 여러분 잘못은 아니지만, 이 세상에는 착하더라도 정신이 비정상이거나 착각 또는 잘못된 생각에 빠진 사람들이 넘쳐난다. 그리고 이들은 자신과 함께 안개 속으로 들어가자고 여러분을 유혹한다. 그런데 이뿐만이 아니다.

세상에는 나쁜 사람들도 많다. 이들은 거짓말에 기대 살아간다. 이들은 우리를 해치거나 이용하거나 돈을 빼앗아가려고 거짓말을 하며, 이 세 가지를 다 노리기도 한다. 불행하게도 이들을 피해 살아갈 수는 없다. 어떤 날에는 부정직한 사람이 다가오며, 어떤 날에는 진지하지만 잘못된 생각을 가진 사람이 찾아온다. 언젠가는 반드시 이들을 만나게 된다. 이들은 항상 우리를 찾아낸다. 사실, 지금 이 순간에도 여러분의 삶에는 이미 그런 사람들이 섞여 있을 것이다. 이웃이나 같은 학교, 같은 직장에도 이들이 있다. 때로는 가까운 친구 중에도 있다. 심지어 가족 중에도 몇 명은 있다. 이들은 도처에 존재하기 때문에, 안전한 곳은 이 세상 어디에도 없다. 이들은 백만 가지 방법과 수억 가지 기술을 갖고 있다. 이들의 생각은 미생물 기생충과 같아서 작은 틈이나 구멍만 있어도 뚫고 들어와 우리의 뇌를 지배한다.

우리 단체에 가입하세요. 돈을 주세요. 시간을 조금만 내주세요. 이것을 사세요. 이 치료법을 믿으세요. 제발 지금 당장 돈을 내세요. 우리와 똑같이 생각해봐요. 우리 가족이 되세요. 우리를 믿으세요. 그리고 돈을 내는 것을 절대로 잊어서는 안 돼요.

이들이 다가왔을 때 가장 쉬운 대응 방법은 무뇌충처럼 뇌나 지갑을 내주고 흐리멍덩한 생각의 늪으로 걸어 들어가는 것이다. 하지만 이 때문에 여러분은 혹독한 결과를 맞이할 수 있다. 개중에는 너무 약하고 수동적이어서 이들이 하라는 대로 그냥 하는 사람도 있다. 다행히도 여러분은 그러지 않으리라고 생각한다. 여러분은 분명히 자신의 뇌와 돈, 건강, 존엄성을 지키길 원할 것이다. 설마 내 생각이 틀린 건 아니겠지?

나는 모든 사람이 보편적으로 이 책에 공감하길 바라지만, 개중에는 이 책이 마음에 들지 않는 사람도 있을 것이다. 그러니 이 책이 과연 여러분에게 맞는 책인지 확인해보자.

✚ 입증되지 않은 주장과 이상한 믿음에 자주 발이 걸려 넘어지면서 평생 동안 살아가는 게 좋다면, 지금 당장 이 책을 손에서 놓는 게 좋다.

✤ 기적의 치료법이라고 내세우는 사이비 치료법이나 엉터리 제품을 사는 데 많은 돈을 낭비하면서 인생을 사는 게 멋있다고 생각한다면, 당장 책을 내려놓고 평소대로 사는 게 좋다.

✤ 실제로 존재하지도 않고 우리를 해칠 수도 없는 대상을 염려해야 한다는 이야기가 그럴듯해 보인다면, 이 책을 집어던지고 최대한 멀리 도망치는 게 좋다. 서둘러라! 그것이 당장 여러분을 공격하러 올지도 모르니까!

✤ 생각을 깊이 못 하게 하거나 의미 있는 질문을 못 하게 막는 집단이나 조직에 들어가 살아가는 게 편하고 합리적이라고 생각한다면, 이 책을 최대한 많이 사서 모두 불태워버려라. 그리고 책이 불탈 때 구호를 외치는 것도 잊지 말도록. 구호 내용은 중요하지 않다. 어떤 구호라도 효과가 있을 테니까.

이제 이 책이 여러분에게 맞지 않다는 생각이 든다면 정말 미안하다. 하지만 적어도 여러분이 인생을 어떤 식으로 살아가는지는 분명히 알았을 것이다. 누가 무슨 말을 하든지 그것을 곧이곧대로 믿으면 된다. 그냥 듣기 좋고 느낌만 좋다면 옳은 것이라고 주장하는 교리를 철석같이 믿고 살아가면 된다. 이성 따윈 잊어버리고, 항상 느낌이 가는 대로 살면 된다. 여러분의 직감이 옳다고 하는데, 사실 따위가 무슨 소용이 있겠는가? 의심도 품지 말고, 질문도 하지 말고, 증거나 증명, 논리, 혹은 지긋지긋한 과학 따위엔 신경 쓰지 않아도 된다. 그렇다! 여러분은 꿈속의 삶을 살아갈 준비가 되어 있다. 하지만 그 여행을 시작하기 전에 이 책으로 이마를 열 번 쾅쾅 치도록 하라. 그러면 행운이 찾아올 것이다. 그런 걸 믿는 게 바로 여러분의 장기가 아닌가!

아직도 책을 읽고 있는가? 그렇다면 여러분은 생각할 준비가 되어 있다는 뜻이다! 여러분은 21세기의 인간이 그래야 하는 것처럼 환상에 빠지기 쉬운 행성에서 길을 잃지 않고 똑바로 살아가고 싶어 하고, 적극적이고 합리적으로 생각할 준비가 된 사람임이 분명하다. 여러분은 속임수를 간파하고 엉터리 제품을 알아보는 재주를 익히고 싶고, 위선적인 말과 부정직한 약속을 꿰뚫어보는 능력을 원한다. 여러분은 문 앞에서 여러분의 머릿속으로 침투하려고 하는 이 모든 야만인과 맞서 싸울 준비가 되었다. 그들의 임무는 가짜 주장과 거짓 철학으로 여러분을 이용하고 학대하는 것이지만, 여러분은 얼마든지 대적할 준비가 되어 있다.

## 과학자처럼 생각하라

나쁜 생각에 맞서는 데 가장 효과적인 방법은 '좋은 생각'이다. 사기꾼을 사라지게 만드는 최선의 방법은 그들을 '보는' 것이다. 엉터리 주장을 침묵시키는 최선의 방법은 단순히 예리한 뇌를 가지고 그런 주장을 '듣고' 나서 올바른 질문을 던지는 것이다.

터무니없는 주장과 감언이설을 진지하게 보고 듣는 게 중요하다. 이런 것을 아무렇지 않게 그냥 넘겨서는 안 된다. 사기꾼과 이상한 사람은 문을 열어놓고 지키는 사람이 아무도 없는 상태로 방치된 뇌를 좋아한다. 이상한 주장을 만났을 때에는 미국삼나무에서 발견된 괴이한 신종 질병이나 라트비아의 어부 배꼽에서 새로 발견된 미생물 군체를 과학자가 조사하는 것과 비슷한 방식의 반응을 보여야 한다. 즉, 관찰하고, 연구하고, 가설을 세우고(즉, 관찰된 현상을 설명할 수 있는 개념을 생각하고), 질문을 던지고, 실험을 하고, 그렇게 해서 얻은 개념과 결론을 똑똑한 사람들과 함께 나누면서 토론하는 것이다. 이와 같은 과정을 늘 반복하라.

과학자처럼 생각하는 것은 그리 어려운 일이 아니다. 어린아이도 할 수 있고, 나이 많은 사람도 할 수 있다. 주기율표를 외우거나 양자물리학을 이해할 필요는 없다. 여기서 과학자처럼 생각하라는 말은 단지 호기심과 의심을 건강한 수준으로 유지하라는 뜻이다. 질문을 하거나 증거를 요구하는 것을 두려워해서는 안 되며, 충분한 근거가 있기 전에는 선불리 결론을 내려서도 안 된다. 만약 자신이 내린 결론이 틀린 것으로 드러날 경우에는 언제든지 생각을 바꾸려는 마음가짐이 돼 있어야 한다.

나쁜 소식이 하나 있는데, 바로 이상하고 입증도 되지 않은 주장을 하는 사람들이 여러분보다 훨씬 많다는 것! 이들은 여론이나 전통, 게으른 사고방식을 자신들의 편으로 삼는다. 상식이나 자연의 법칙, 논리에 제약을 받아 이들이 마음대로 설치지 못할 것 같지만, 이들은 자기 마음대로 규칙을 만들거나 폐기할 수 있는 환상의 세계에서 활동한다. 이들은 사람들의 감정에 호소하고 취약점을 공략한다. 이들은 자신들의 길은 따뜻하고 편안하고 재미있고 의미가 있는 반면, 회의론자의 세계는 차갑고 외롭고 지루하고 공허하다고 이야기한다. 하지만 그런 거짓말에 혹해서는 안 된다.

과학자처럼 생각하려고 '결정하기'는 아주 어렵지만, 그렇게 '하기'는 아주 쉽다. 그 방법은 아주 간단하고 쉽다. 뭐든지 증명된 것만 믿으면 된다. 이 세상에서 의문을 품지 못할 것은 아무것도 없고, 또 절대로 고칠 수 없는 것도 아무것도 없다. 하지만 일단 이 길을 선택하고 나면, 평생 동안 전쟁이 계속 이어지고, 하루하루가 전투의 연속이란 사실을 명심해야 한다. 불합리한 생각을 하는 사람들과 터무니없는 주장은 결코 사라지지 않는다. 사람들을 감염시키는 엉터리 믿음 하나를 회의론으로 베어 내다 하더라도, 그 자리를 대신 차지하려고 기다리고 있는 엉터리 믿음이 10개나 더 있다. 이성으로 헛된 주장 하나를 뿌리 뽑는다 하더라도, 다시 20개가 돋아난다. 따라서 최선의 방법은 그런 엉터리 생각들을 늘 포위해 가두어둠으로써 자유롭게 활개 치고 돌아다니지 못하게 하는 것이다. 그러면서도 늘 긍정적 태도를 유지하고, 인류애를 잊지 말아야 한다. 그 과정에서 좌절하거나 억울해하거나 사람들을 멀리하려고 해서는 안 된다. 그렇게 하는 것은 여러분 자신과 세상 모두에 좋지 않다. 거짓말쟁이와 사기꾼이 나쁜 것이지, 틀린 생각을 단순히 믿는 사람들은 희생자일 뿐이라는 사실을 명심해야 한다.

## 여러분은 이미 반쯤 회의론자

이번에는 좋은 소식이 하나 있다. 여러분은 이미 회의론자이자 비판적 사고를 하는 사람이다. 반쯤은 그렇다고 할 수 있다. 알건 모르건, 여러분은 매일 회의론과 비판적 사고 기술을 사용하고 있다. 그것은 모든 사람은 어느 정도 회의론자이기 때문이다.

생각해보라. '모든 것'을 다 믿는 사람은 아무도 없다. 예를 들어 어떤 사람이 여러분에게 봉지가 찢긴 초콜릿을 팔려고 하는데 포장지에 인쇄된 상표명도 알아볼 수 없다면, 여러분은 아무 생각 없이 그것을 사 먹으려고 하지 않을 것이다. 설사 장사꾼이 그 초콜릿이 세상에서 가장 맛있는 초콜릿이며, 일생에 한 번 있을까 말까 한 파격적인 가격으로 판다고 말하더라도, 여러분은 무턱대고 그것을 사서 먹기보다는 그 전에 비판적 사고를 약간 할 것이다. 그렇지 않은가? 거기다가 그 초콜릿에는 특별한 생균 동종요법 성분이 들어 있어 지라를 해독하고 활력을 준다고 유혹하더라도, 여러분은 여전히 망설일 것이다. 그리고 그것이 정말로 좋은 초콜릿이라는 주장이 과연 옳은지 평가하려 할 것이다. 그런데 왜 나는 여태까지 이 초콜릿을 들어보지 못했을까? 또, 초콜릿의 조건을 분석하려고 최선을 다할 것이다. 봉지가 찢겨 있다니? 만약 저 초콜릿이 새것이 아니라면, 과연 먹어도 안전할까? 이 상황에 딱 맞는 '너무 좋아서 믿을 수 없다'라는 말이 떠오를지도 모른다. 장사꾼의 주장도 의심이 들 것이다. '생균 동종요법'이란 말이 도대체 무슨 뜻일까? 그리고 과연 내 지라를 해독하고 활력을 불어넣을 필요가 있을까? 장사꾼의 성격과 평판도 생각해볼 것이다. 내가 이 사람에 대해 아는 게 뭐가 있지? 이 사람은 정직하고 믿을 만한가? 지라에 대한 전문가인가? 전에 이 사람이 판 식품을 먹고 식중독으로 죽은 사람은 없는가? 이런 상황에서는 누구든지 그것을 사기 전에 초콜릿의 겉모습과 의심스러운 상표명, 터무니없이 싼 가격, 의학적 효과 등에 대해 직접적인 질문을 몇 가지 던지고 싶을 것이다.

이 예에서 보았다시피, 여러분은 이미 회의론자이다. 여러분은 과학자처럼 생각한다. 하지만 의심스러운 초콜릿을 만날 때에만 회의론의 힘을 쓰는 것으로는 충분치 않다.

모든 이야기와 주장과 제품을 자동적으로 믿거나 사는 사람은 아무도 없다. 우리는 생각을 하고, 질문을 던진다. 이것은 바로 회의론이 작동하는 과정이다. 그런데 수상한 초콜릿을 팔려는 장사꾼을 만났을 때에는 거의 모든 사람들이 세계적 수준의 회의론자가 되지만, 평소에 믿던 친구에게서 유령을 보았다거나 별자리 운세가 딱 들어맞았다거나 개인의 평화와 부를 보장하는 단체에 들어오라는 이야기를 들으면 어떻게 할까? 오랫동안 존경해온 권위자가 건강에 아주 좋은 약을 가지고 있다고 주장한다면, 어떻게 반응할까? 그 사람은 그 약은 가격이 9만 9999원밖에 안 되고, '천연' 재료로 만든 것이어서 몸에 전혀 해가 없다고 주장한다. 여러분은 이런 상황에서도 세계적 수준의 회의론자로 남아 있을까? 아니면 뭔가 다른 이유 때문에 회의론이 약해질까?

이런 일은 많은 사람들이 자주 경험한다. 사람들은 중고 자전거를 살 때에는 반드시 꼼꼼히 살펴보고 시험 삼아 타보고 나서 구매를 결정한다. 하지만 그저 느낌만으로 혹은 친구의 말만 믿고서 터무니없는 주장을 눈 하나 깜빡이지 않고 받아들이기도 한다. 이런 일은 매일 일어난다. 왜 그럴까? 왜 우리는 초콜릿이나 자전거 앞에서는 회의론자가 되지만, 건강 제품이나 점성술 앞에서는 그러지 못할까?

## 그런데 회의론이란 무엇인가?

더 깊은 이야기를 하기 전에 회의론이 무엇인지 확실히 알고 넘어가기로 하자. 회의론과 과학은 사실은 같은 것이고, 거의 같은 방식으로 작용한다. 회의론은 건강한 의심을 품는 것이고, 이성을 사용해 무엇이 옳고 그른지 판단하는 것이다. 회의론은 어떤 것이 증명되거나 적어도 확실한 근거가 있기 전에는 그것을 제대로 안다고 생각하지 않는 태도를 말한다. 회의론은 무엇이든 깊이 생각하고, 충분한 증거가 나오기 전에는 어떤 것도 믿지 않는 태도이다. 또한 항상 마음이 열린 자세를 유지하고, 더 나은 증거가 나오면 언제든지 자신의 생각을 바꿀 준비가 돼 있는 것을 말한다. 무엇이 입증되었다고 해서 영원히 옳은 것은 아니다. 훌륭한 회의론자는 어떤 주장의 본질적인 내용을 생각하고, 그것이 우리가 이미 알고 있는 사실과 얼마나 잘 들어맞는지 생각한다. 그리고 무엇보다 중요한 것은 훌륭한 회의론자는 중요한 질문에 그럴듯한 답을 지어내고 싶은 유혹을 뿌리친다는 점이다. 훌륭한 회의론자에게 "나는 모른다."라는 말은 결코 부끄럽거나 불편한 말이 아니다. 그것은 훌륭한 회의론자의 입에서 일상적으로 나오는 말이다.

나는 회의론은 과학을 실천하는 것이라고 생각한다. 회의론은 과학적 과정을 일상생활에서 누구나 사용할 수 있도록 각자의 필요에 맞춰 변형한 것이다. 명쾌한 사고를 과학자만 하라는 법이 있는가? 일반 시민도 과학자와 마찬가지로 합리적 사고를 할 권리가 있다! 나는 회의론을 침입자들로부터 나를 보호하는 개인적 보호막과 비슷한 것이라고 상상한다. 그것은 내게 해를 끼치려는 나쁜 개념들을 두들겨 패서 쫓아버리는 주먹과 같다. 그런 거라면 누가 마다하겠는가? 만약 여러분의 회의론 보호막이 강하고 제대로 작동한다면, 사기꾼과 엉터리 주장은 즉각 튕겨나가고 말 것이다. 때로는 보호막이 극적인 효과를 발휘해 여러분에게 접근을 시도하는 사람들은 전기 파리채에 돌진하는 파리 같은 신세가 되고 만다. 하지만 회의론 보호막이 약하거나 때때로 작동을 멈춘다면, 이야기가 달라진다. 침입자가 곧장 여러분의 머릿속으로 파고 들어와 터무니없는 생각을 감염시키는 작업을 시작한다. 이것을 아무렇지도 않게 여겼다간 큰일 난다. 나쁜 생각과 나쁜 사람을 멀리하도록 늘 주의를 기울여야 한다. 선사 시대처럼 거대한 맹수가 우리를 잡아먹지나 않을까 하고 염려할 필요는 더 이상 없지만, 그래도 호시탐탐 우리를 노리는 다른 포식 동물들이 주변에 많이 널려 있다.

회의론은 이기적인 성격을 띨 수도 있고, 인도적인 성격을 띨 수도 있다. 그 선택은 여러분 자신에게 달려 있다. 하지만 어느 쪽이든 회의론은 현명한 선택이다. 만약 세상을 더 좋고 안전하고 합리적인 곳으로 만들고 싶다면, 회의론적 사고를 사용하는 게 그 답이다. 만약 여러분이 자기 자신만 생각하는 사람이라면, 소중한 자신의 시간을 엉터리 생각에 낭비하고 싶은가? 그러면 자신을 챙기는 시간이 그만큼 줄어들 텐데 말이다. 인류 전체를 위해서건, 아니면 오로지 자신을 위해서건 어쨌든 훌륭한 회의론자가 되려고 노력하라. 자신이 양 진영 중 어느 쪽에 속했는지 잘 모르더라도 염려할 게 없다. 훌륭한 회의론자는 대부분 양쪽의 속성을 다 지니고 있기 때문이다. 나는 내가 그렇다는 걸 알고 있다.

## 방심은 절대 금물

회의론적 태도를 일관되게 유지하는 것과 유지하지 못하는 것은 삶과 죽음만큼 큰 차이가 있다. 보호막을 내려놓는 것은 문을 활짝 열고 엉터리 믿음들에게 들어오라고 초록색 신호를 보내는 것과 같다. 이 위험을 과소평가해서는 안 된다. 나쁜 믿음의 위험은 그저 어리석은 사람들에게나 닥치는 일이고, 나하고는 아무 관계가 없다고 생각하기 쉽다. 하지만 이 위험은 아주 심각하며, 여기서 완전히 자유로운 사람은 아무도 없다.

안타깝게도 많은 사람들은 회의론이 가장 필요한 순간에 회의론에서 고개를 돌린다. 물론 누구나 의심하는 태도를 약간은 가지고 있지만, 대부분의 사람들은 정말로 중요한 순간에 정신을 놓는 경우가 많다. 비판적 사고가 어떤 것인지 이해하고 합리적인 사고를 하려고 조금만 노력하면 되는데, 그러지 못하는 사람들이 너무나도 많다. 내가 이런 책들을 쓰는 이유는 바로 이 때문이다. 과학과 이성의 중요성을 강조하기 위해 내가 할 수 있는 일을 다 하려고 노력하는 이유도 이 때문이다. 내게 이것은 도덕적 문제이며, 그것도 아주 중요한 도덕적 문제이다.

나는 비판적 사고의 부족 때문에 일어나는 그 모든 광기와 고통을 가만히 손놓고 보고 있을 수가 없다. 이는 아주 큰 문제인데도 그에 걸맞은 관심을 받지 못하고 있다. 예를 들면, 여러분은 잘 속아 넘어가는 약점 때문에 사람들이 치르는 비용이 전 세계적으로 얼마나 큰지, 또는 가정과 학교에서 비판적 사고를 제대로 가르치지 않는 것이 폭력이나 가난, 죽음과 얼마나 큰 관계가 있는지 다룬 기사를 본 적이 별로 없을 것이다.

내가 장담하는데, 만약 여러분이 시간을 내 이 책을 읽고 배운 것을 잘 적용한다면, 다른 사람들보다 훨씬 유리한 위치에 서게 될 것이다. 여러분은 남을 따르는 사람이 아니라, 남을 이끄는 지도자가 될 수 있다. 다른 사람들이 어둠 속에서 결코 찾지 못할 유령과 괴물을 찾느라 헤매다가 제 발에 걸려 넘어질 때, 여러분은 현실적인 일에 집중할 수 있다. 여러분은 실제로 존재하고, 이치에 맞고, 효과가 있는 것에 돈과 시간을 쓸 수 있다. 또, 도처에 너무나도 많이 존재하는 망상과 속임수에 넘어가지 않으면, 그 대신에 가족과 친구 또는 도움이 필요한 사람에게 더 많은 시간과 에너지를 쓸 수 있다.

훌륭한 회의론자가 되면, 과학과 과학적 사고의 장점을 이용하기에 훨씬 유리하므로 인생을 지혜롭게 살아갈 수 있다. 회의론을 받아들이기로 결정하는 것은 간단하고 공짜이지만, 그 대가로 얻는 것은 아주 많다.

## 무슨 상관인가? 왜 굳이 신경 써야 하는가?

우리는 전자공학과 의학이 경이롭게 발전하고, 매년 컴퓨터의 크기는 점점 작아지면서 성능은 좋아지는 환상적인 시대에 살고 있다. 심지어 우리 머리 위 저 높은 곳에는 우주 정거장이 빠른 속도(시속 2만 7천 킬로미터 이상)로 날아다니고 있다. 이 우주 정거장에서는 10년 이상 사람들이 계속 살아왔다. 우주 정거장은 아주 작은 발판에 불과하지만, 우리 종은 이제 지구뿐만 아니라 우주에서도 살고 있다고 분명히 말할 수 있다. 우리는 동물과 식물의 유전체(게놈) 지도를 만들고, 뇌의 지도도 만들고, 로봇을 보내 화성을 탐사하고, 우리 주변에 널려 있는 광대한 미생물 우주에 대해 점점 더 많은 것을 발견하고 있다.

나는 여러분이 이 모든 것을 잘 알고 있으리라고 생각한다. 하지만 매년 수천 명의 '마녀'가 자신의 고향에서 추방되거나 고문 받거나 심지어 살해당하기까지 한다는 사실을 알고 있는가? 믿기 힘들겠지만, 이것은 엄연한 사실이다. 지금은 과학의 시대인데도 미신적인 주술이나 마법을 두려워하는 사람들이 많다. 우리는 석기 시대를 떠난 지 오래되었지만, 마음속에는 아직도 석기 시대의 기억이 남아 있다. 행크 데이비스Hank Davis라는 심리학 교수는 『동굴 인류의 논리: 현대 세계에 남아 있는 원시적 사고』라는 책에서 이 문제를 다루었다.[1] 그의 주장은 옳다. 원시적 사고는 21세기에도 여전히 남아 있으며, 그것도 아주 강하게 남아 있다. 실제로 건강한 회의론으로 무장하지 않은 사람들 중에는 마법이나 보이지 않는 악마에 대한 두려움에 사로잡힌 나머지 살인을 저지르는 사람도 있다. 예를 들면, 아프리카에서는 기독교인들이 하느님이 원하는 일을 하는 거라면서 '어린이 마녀'를 추방하거나 두들겨 패거나 굶기거나 죽이는 일이 일어난다.[2] 또, 인도 농촌 지역에서는 군중이 '마녀'와 '마법사'를 때려 죽이는 일이 흔하다.[3] 어떤 사람이 괴상한 힘을 갖고 있다는 이유만으로 죽여서는 안 될뿐더러, 실제로 그 사람이 그런 힘을 가졌음을 확실하게 보여주거나 애초에 그런 능력이 존재한다는 것을 증명한 사람이 없는데도 무조건 그렇게 믿어서는 안 된다. 무엇을 믿기 전에 잘 생각하라는 말을 듣지 않아 살인자가 되어서도 안 될 것이다.

아프리카와 아시아에서 일어나는 마녀 박해보다 훨씬 치명적이고 광범위하게 일어나는 불행은 돌팔이 의사를 믿는 태도인데, 이 때문에 세계 각지에서 수많은 사람이 고통받거나 심지어 목숨을 잃는다. 자신이나 자녀의 건강이 달린 문제에 회의론적 태도를 보이지 않아 고통받거나 죽어가는 사람이 수억 명이나 된다.

## 우주 최대의 쇼

내가 이 책에서 권장하는 회의론은 긍정적이고 건설적이고 낙관적이다. 나는 훌륭한 회의론자는 잃는 것보다 얻는 것이 훨씬 많다고 생각한다. 회의론자는 신나는 것을 희생하고 재미없는 삶을 사는 사람이 아니다. 물론 버뮤다 삼각지대나 빅풋, UFO, 심령술처럼 입증되지 않은 주장을 믿는 것은 흥미로운 놀이가 될 수 있다. 하지만 이것들은 현실과 비교하면 따분하기 짝이 없는 것들이다. 점성술은 천문학의 발끝에도 미치지 못한다. 증명되지 않은 초감각적 지각ESP 주장은 오늘날 첨단 뇌과학이 밝혀내고 발견한 사실에 비하면 아무것도 아니다. 사기꾼은 마음의 힘으로 스푼을 구부러뜨린다고 주장하지만, 과학은 뇌에 자극을 줌으로써 로봇 팔다리를 실제로 움직일 수 있다.[4] 외계인의 비행접시를 찾거나 연구하는 노력도 한동안은 재미있겠지만, 외계 생명체를 찾기 위한 과학적 노력은 해가 갈수록 기술이 발전하고 외계 행성이 속속 발견되면서 점점 흥미를 더해가고 있다. 역사를 돌아보라. 마술과 괴물이 한 일이 뭐가 있는가? 과학과 현실은 그 모든 초자연적 또는 초정상적 약속이 결코 할 수 없는 일을 해낸다. 과학과 현실은 구체적인 성과를 낳는다.

회의론이 부정적이라고 주장하는 사람들이 있는데, 터무니없는 말이다. 만약 그런 주장을 하는 사람이 주변에 있다면, 그들의 불행과 고통이 여러분에게 옮지 않도록 되도록 멀리하는 게 좋다. 회의론은 우리 뇌를 위한 완전식품이나 다름없다. 회의론은 몸에 안 좋은 지방을 제거하고, 우리를 날씬하고 건강한 생각 기계로 변화시킨다. 회의론은 우리를 해방시켜 실제로 존재하는 사물과 사람에게 집중하게 해준다. 회의론자는 비관적인 태도로 흥을 깨는 사람이라거나 과학적 과정은 따분하며 인생에서 짜릿한 즐거움을 앗아간다고 말하는 사람은 자신이 무슨 말을 하는지도 모르고 지껄이는 것이다.

과학적 과정은 매일 우주와 우리 자신에 대해 놀라운 것을 발견하도록 돕는다. 인생을 살아가는 방법에는 크게 두 가지 길이 있다. 하나는 훌륭한 회의론자가 되어 과학을 제대로 이해하면서 살아가는 것이고, 또 하나는 눈을 감은 채 위대한 쇼를 제대로 보지 못하고 여기저기 걸려 넘어지면서 살아가는 것이다. 오늘날에는 회의론적 태도가 과거 그 어느 때보다도 중요한데, 과학을 제대로 이해하지 못하면 옛날 사람들보다 훨씬 많은 것을 놓칠 수 있기 때문이다. 1만 년 전에 살면서 마법을 믿고, 세계나 우주의 참모습에는 아무 관심도 없던 사람을 생각해보라. 그 사람은 그렇게 살아도 큰 손해를 보지 않았는데, 어차피 당시에는 제대로 알 수 있는 게 별로 없었기 때문이다. 그때에는 현미경도 망원경도 없었고, 수백 년간의 과학적 발견을 기록하고 설명하는 책도 없었다. 하지만 오늘날 과학을 무시하거나 거부하는 사람은 중요한 정보에 등을 돌리는 거나 다름없다. 지금까지 아주 많은 것이 발견되었고, 우리가 살아 있는 동안에도 엄청나게 많은 것이 발견될 것이다. 현실의 가면을 쓴 신화나 환상에 한눈파는 바람에 그런 기회를 놓쳐서는 안 된다.

더 깊이 파고들수록 과학은 초자연적이거나 초정상적인 것보다도 훨씬 기이하고 놀랍고 경이롭고 중요하다는 사실을 알게 된다. 이미 과학을 통해 이상한 주장이 많이 확인된 마당에 왜 확실한 증거도 없는 황당무계한 주장을 믿어야 한단 말인가? 마음의 힘으로 물체를 움직일 수 있다고 이야기하는 사람이 수백만 명이나 있다. 그것 자체는 그다지 대수로운 일이 아니다. 사람들은 아무거나 마음대로 말할 수 있으니까. 하지만 그 말을 듣고 흥분하기 전에 누가 그것이 사실임을 증명할 때까지 차분하게 기다리는 게 좋다. 그리고 그동안에 자연이 대륙을 어떻게 움직이는지 알아보는 게 어떨까? 대륙들이 오랜 세월에 걸쳐 서서히 움직인다는 이론을 판 구조론Plate Tectonics이라 부르는데, 과학자들은 이 이론을 뒷받침하는 증거를 많이 발견했다. 여러분은 네스 호에 산다는 괴물 네시를 찾아나서는 미확인동물학자의 노력을 숨을 죽이고 지켜볼 수도 있고, 대신에 늘 새로운 생명체를 실제로 발견하는 과학자들에게 관심을 보일 수도 있다. 자연에는 발견되고 이름이 붙길 기다리는 생물이 아직도 약 1억 종이나 있을지 모른다. 그 다음에는 그 생물들이 어떤 일을 하고, 어떻게 그렇게 하며, 자연의 큰 그림 속에서 어디에 위치하는지 알아내야 한다. 그러려면 해야 할 일이 아주 많다. 우리는 이제 광대한 우주의 겉만 겨우 핥았을 뿐이며, 원자에 대해서도 알아야 할 게 많이 남아 있다. 이런 형편에 마술이나 신화나 거짓말 따위에 낭비할 시간이 있는가?

여러분은 유령을 믿는가? 유령이 실재하며, 우리의 정신 에너지 중 일부를 차지할 만큼 중요하다고 생각하는가? 여러분은 아니라 하더라도, 주변에 유령을 열렬히 믿는 사람이 있을 것이다. 반투명한 유령이 공중에 둥둥 떠다닌다고 믿는 것은 그 사람의 자유이다. 하지만 그 사람을 위해 충고한다면, 과학에도 기회를 한번 주라고 말하고 싶다. 나는 사람들에게 절대로 어떤 것을 믿지 '말라고' 이야기하진 않는다. 누가 하는 유령 이야기에 잠시 귀를 기울이는 것은 괜찮다고 본다. 심지어 나는 내가 겪은 유령의 집 이야기를 들려줄 수도 있다.(제3장 참고) 하지만 나는 그들에게 과학과 현실에 관심을 갖도록 최선을 다할 것이다. 예를 들면, 유령 이야기에서 수준을 높여 유령보다 실재할 가능성이 더 높은 평행 우주에 관심을 가져보는 건 어떨까? 물론 평행 우주의 존재는 확실한 것이 아니지만, 실제로 다른 우주에서 여러분과 똑같은 사람이 존재할지도 모른다. 다른 차원의 우주에 살고 있는 존재가 지금 바로 내 옆에 있을지도 모른다. 어쩌면 그런 존재가 방금 나를 뚫고 지나갔을지도 모른다. 이런 가능성은 사람들의 관심을 끌 만큼 충분히 기이하지 않은가?

원자의 구조와 행동에 관해 약간 배움으로써 상상력을 더 발휘할 수도 있다. 원자 차원에서는 현실이 정말로 아주 기이해지기 때문이다. 예를 들면, 우리는 우리를 비롯해 모든 물질이 사실상 텅 비어 있다는 사실을 안다. 우리는 자신을 단단한 고체 덩어리라고 생각하지만, 전혀 그렇지 않다. 어쩌면 우리 자신이 유령일지도 모른다! 원자에서 중심에 있는 원자핵은 전체 원자 질량(단단한 고체 부분) 중 대부분을 차지한다. 하지만 그 크기는 전체 원자에 비하면 아주 작다. 만약 원자 하나를 축구장만 한 크기로 확대한다면, 원자핵은 축구장 한가운데에 놓인 골프공이나 구슬 만 할 것이다. 그리고 전자들 중에서 맨 바깥쪽 궤도를 도는 전자는 축구 장 가장자리에 해당하는 지점에서 돌고 있을 것이다. 따라서 만약 몸에서 텅 빈 공간을 모두 빼낸다면, 그리고 남은 '압축된 나'는 쌀알 하나보다 작을 것이다.(비록 밀도와 무게가 아주 크긴 하겠지만.) 그러니 다음에 누가 여러분에게 머리가 '텅 비었다고' 말하더라도 화내지 말고, 원자의 구조에 대해 어쩌면 그렇게 잘 아느냐고 칭찬을 해주도록 하라. 하지만 잠깐만, 아직 이야기가 다 끝나지 않았다. 과학자들은 우리 몸속의 이 텅 빈 공간 과 우주 전체의 텅 빈 공간이 사실은 완전히 텅 빈 것이 아닐지도 모른다 고 생각한다. 텅 빈 공간에 '뭔가'가 있는 것처럼 보인다. 이처럼 과학은 모든 질문에 대해 그 어떤 것보다도 답을 잘 해줄 뿐만 아니라, 새로운 질문을 만들어내는 능력도 뛰어나다.

그건 그렇고, 외계인이 탄 우주선이 지구를 방문한 적이 있다고 결론 내리는 것이 타당할까? 아니다. 왜냐하면, 그런 일이 일어났을 수도 있지 만, 이 주장을 뒷받침하는 최선의 근거라고는 믿기 힘든 목격담과 근접 조우 이야기, 그리고 하늘에서 기묘한 것을 촬영했다고 주장하는 의심스 러운 사진과 비디오뿐이기 때문이다. 하지만 UFO 이야기를 의심한다고 해서 외계 지능 생명체의 존재 가능성까지 부정하는 건 아니다. 과학적 과정은 지구에서 생명의 적응력과 생명력이 얼마나 뛰어난지 보여주었다. 광대한 우주에 생명이 존재할 기회가 무한히 많다는 사실을 고려할 때,

이 지식은 외계 지능 생명체의 존재에 큰 관심을 보여야 할 이유가 된다. 현재 믿을 만한 증거가 없는 상황에서 이곳 지구에 외계인이 존재한다고 믿는 것은 합리적이지 않지만, 저 넓은 우주에 외계인이 존재할지도 모른다고 생각하는 것은 합리적이다.

입증되지 않은 주장을 권하는 사람들은 회의론을 부정적 사고방식이라고 믿게 하려고 애쓰지만, 절대로 그렇지 않다. 회의론자라고 해서 기이한 주장에 흥미를 보이지 않거나 원대한 가능성을 꿈꾸지 않는 것은 아니다. 허황해 보이는 꿈을 기대하거나 꾸는 것은 자연스럽고 건강한 태도이다. 다만, 훌륭한 회의론자는 논리와 증거로 균형을 잡으려고 노력한다. 만약 내가 라디오 쇼에서 인터뷰를 하다가 외계인 납치 이야기가 나온다면, 나는 사회자나 전화를 건 사람에게 증명되지도 않았고 말도 안 되는 주장을 믿는다고 화를 내진 않을 것이다. 나는 즉각 그 사람의 머릿속에서 근거 없는 믿음을 '없애려고' 시도하지 않는다. 그보다는 그 사람에게 '더 나은' 것을 주려고 한다. 그래서 나는 외계인이 집에 침입했다는 주장의 기본적인 문제점을 몇 가지 지적하고 나서 우주 탐사와 외계 생명체에 대한 과학적 연구를 좀 더 자세히 설명할 것이다. 그렇게 해서 만약 그 사람이 내 설명에 흥미를 보인다면, 근거 없는 이야기에 쉽게 빠지는 일은 더 이상 없을 것이다.


## 잘못된 믿음은 미워하되, 그것을 믿는 사람을 미워하진 말라

나는 믿음과 그것을 믿는 사람을 분리하려고 늘 노력한다. 우리는 터무니없는 주장을 믿는 사람에게 좌절을 느낄 때가 가끔 있다. 그 믿음이 자신이나 주변 사람들에게 큰 해를 준다면 더욱 그렇다. 하지만 내 마음에 들지 않는 것은 엉터리 주장이지 그 사람이 아니다. 누가 암에 걸렸을 때, 암 자체에 분노를 느껴야지 암에 걸린 사람에게 분노를 느끼면 안 되지 않겠는가? 나는 훌륭한 회의론자는 어리석은 것을 믿는 사람을 너무 심하게 대해서는 안 된다고 생각한다. 비난을 삼가고, 상대방을 이해하도록 노력하라. 고함을 지르지 말고, 잘못된 생각을 깨우치도록 노력하라. 사실, 정도의 차이만 있을 뿐 누구나 한번은 그런 생각에 빠지지 않는가? 나도 어린 시절에 지능이 아주 높은 외계인이 지구를 방문해 우리 조상에게 동굴 벽에 그림을 그리는 방법과 피라미드를 건설하는 방법, 양치질하는 방법 등을 가르쳤다는 이야기를 믿은 적이 있다. 나는 그 일이 자랑스럽진 않지만, 그렇다고 부끄럽지도 않다. 나도 사람이고, 살아가다 보면 그런 실수는 누구나 한 번씩 한다.

훌륭한 사람과 마찬가지로 훌륭한 회의론자는 다른 사람들을 배려하며, 필요할 때 도움의 손길을 뻗으려고 한다. 문제가 되는 믿음이 아틀란티스이건 환생이건 음모론이건 간에, 내 목표는 우리가 교활한 이야기꾼이 지어낸 그럴듯한 이야기에 넘어가기가 얼마나 쉬운지 보여주고, 거기에 넘어간 사람들이 진실을 보도록 눈을 뜨게 하는 것이다.

우리가 그런 이야기에 쉽게 넘어가는 이유는 아주 단순하다. 그것은 바로 우리가 인간이고, 생각하는 방식에 허점이 있기 때문이다. 분별 있는 사람은 피할 수만 있다면, 어리석은 생각이 머릿속의 소중한 공간을 낭비하길 원치 않을 것이다. 문제는 어리석은 생각이 아주 그럴듯한 주장으로 위장해 다가왔을 때 그것을 파악하는 능력을 키우려면 회의론의 도움이 필요하다는 것이다. 만약 여러분이 아직 그런 단계에 이르지 못했다면,

먼저 훌륭한 회의론자가 된 뒤에 다른 사람들을 돕도록 하라. 단지 회의론을 널리 전파하는 것만으로도 더 나은 세상을 만들 수 있으며, 그것은 매우 아름다운 일이다.

## 어려도 훌륭한 회의론자가 될 수 있다

회의론을 받아들이기는 시기는 나중으로 미루지 말고 지금 당장 선택하는 게 좋다. 그러니 이번 열차를 놓치지 말고 당장 올라타도록 하라. 먼저 이상한 주장과 믿음을 좀 더 비판적으로 생각하는 습관부터 몸에 붙게 하고, 이상한 주장을 무조건 옳다고 받아들이기 전에 질문을 던지고 증거를 요구하라. 나이가 어린 것은 아무 문제가 되지 않는다. 인생에서 어린 시절이 중년이나 노년 시절보다 덜 중요하거나 가치가 없는 것은 아니다. 나이가 어리더라도, 혼자서 직접 올바른 생각을 하려는 노력을 뒤로 미룰 이유가 없다. 터무니없는 생각에 시간과 에너지를 낭비하는 것은 나이와 상관없이 어떤 경우에도 좋지 않기 때문이다.

그러니 가능하면 어릴 때부터 비판적으로 생각하고, 평생 동안 그 자세를 유지해야 한다. 물론 나이가 어리고 덜 성숙한 사람은 나이가 많고 권위가 있는 사람을 믿고 의지해야 한다. 아무래도 경험이 부족하면, 혼자서 판단하고 결정을 내리는 데 어려움이 많기 때문이다. 하지만 나이가 어리다고 해서 스스로 훌륭한 생각을 할 수 없는 것은 아니다. 만약 여러분이 어린이거나 십대 청소년이라면, 혹시 자신이 어른들이 집어넣은 프로그램에 따라 움직이는 로봇처럼 사는 것은 아닌지 진지하게 고민해 보라. 그런 삶을 당연하게 받아들여서는 안 된다. 어른도 잘못을 흔히 저지르며, 여러분도 이미 훌륭한 뇌를 갖고 있다. 그러니 그 훌륭한 뇌를 잘 쓰도록 노력하라. 만약 여러분이 어른이라면, 이제 와서 사고방식을 바꾸기에는 너무 늦었다는 선입견을 버리도록 하라. 회의론적 사고는 조금이라도 더 일찍 시작할수록 좋다.

물론 우리는 가족과 친구, 문화에 큰 영향을 받지만, 독자적으로 생각하고 판단하기로 결정을 내릴 수 있으며, 세상이 우리 머릿속에 집어넣으려고 하는 것을 거부할 수 있다. 회의론적 사고가 어떤 상황에서는 무례가 될 수 있다는 생각은 일리가 있다. 특히 회의론적 사고가 좋은 부모나 선생처럼 권위 있는 사람의 믿음이나 주장과 충돌할 때에는 더욱 그렇다. 하지만 권위자에게 보여주는 존중보다도 더 중요한 종류의 존중이 있다는 사실을 알 필요가 있다. 그것은 바로 '자기 존중'이다. 회의론적 사고는 가장 훌륭한 형태의 자기 존중인데, 자신의 뇌 속에 있는 생각과 믿음을 중시하기 때문이다.

사실, 주위에 있는 사람들이 모두 현명하고, 여러분을 사랑하고, 여러분에게 좋은 일만 일어나길 원할지 모른다. 하지만 그러면서도 어떤 것에 대해서는 완전히 잘못된 생각을 할 수 있다. 만약 현 상황에서 어떤 주장이나 믿음에 공개적으로 의문을 표시하는 것이 자신에게 이롭지 않다고 판단한다면, 공개적으로 의문을 표시하지 않는 게 좋다. 대신에 혼자서 의문을 품고 생각해보라. 입을 다문 채 훌륭한 회의론자가 되어 자유롭게 생각하는 것이 올바른 생각을 전혀 하지 않는 것보다는 훨씬 낫다. 여러분이 개인적으로 하는 생각은 입 밖으로 내지 않는 한, 어느 누구도 그것을 알 수 없다. 설사 심령술사라 하더라도 말이다.

# 자신의 뇌에 책임을 지라

훌륭한 부모와 선생, 본받을 만한 인물은 어린이와 청소년에게 노력과 공부, 좋은 매너, 준법, 정직 등의 중요성을 늘 강조한다. 하지만 그중에서 회의론적 태도의 중요성을 설명하는 사람은 몇이나 될까? 영매와 돌팔이 의사와 점성술사의 엉터리 주장을 논리적으로 반박하는 방법을 자녀에게 가르치는 아버지가 얼마나 있을까? 현실을 착각이나 망상과 구별하려고 노력할 때, 뇌가 평소의 작동 방식 때문에 우리를 잘못된 길로 안내할 수 있다는 사실을 설명하는 어머니는 또 얼마나 있을까?

불행하게도 대다수 어린이는 의사과학(사이비 과학)이나 입증되지 않은 주장이나 완전한 거짓말에 맞닥뜨렸을 때 어떻게 대응해야 하는지 제대로 배우지 못한 상태로 자라서 어른이 된다. 이것은 완전히 부모의 잘못만이 아닌 경우가 많은데, 대부분의 부모 역시 어린 시절에 이런 설명을 들은 적이 없어서 회의론적 사고를 가르치는 방법을 모르기 때문이다. 교사도 학생에게 회의론적 사고를 가르치기가 힘들 수 있는데, 정해진 교과 과정에서 벗어나 다른 걸 가르치기가 어렵기 때문이다.

그러니 만약 여러분이 아직 어리다면, 마냥 앉아서 기다려서는 안 된다. 스스로 자신의 인생을 챙기는 게 좋다. 회의론적 사고를 습관으로 만듦으로써 소중한 시간을 거짓말이나 터무니없는 생각에 헛되이 낭비하지 않도록 하라. 물론 여러분은 가끔 실수를 할 것이다. 살다 보면 어리석은 생각에 빠질 때도 있다. 이것은 누구에게나 닥치는 일이며, 가장 훌륭한 회의론자도 가끔 그런 함정에 빠진다. 하지만 그런 실수를 최소한으로 줄이도록 노력하라.

## 회의론적 태도를 습관으로 만들라

이 책을 읽는 것은 건설적인 회의론자가 되기에 좋은 출발점이지만, 이것은 시작에 불과하다. 회의론적 태도가 일상적인 습관이 되어 평소에도 본능적으로 그런 태도로 반응해야 한다. 여러분의 뇌가 자신의 것이란 사실을 절대로 잊지 말라. 그것은 가늠할 수 없을 만큼 소중한 자산이다. 뇌는 멋진 자동차나 값비싼 보석보다도 훨씬 소중하다. 그러니 뇌를 자신에게 이로운 일을 하도록 해야지, 해를 끼치게 해서는 안 된다. 그러려면 뇌의 작용 방식에 대해 잘 알 필요가 있다.

이 책은 여러분이 그렇게 하도록 도와줄 테지만, 평생 동안 계속 배우려는 자세를 잊지 말아야 한다. 비판적 사고 능력이 약한 뇌는 여러분에게 실수와 잘못을 계속 반복하게 한다는 것을 잊지 마라. 불행하게도 만약 뇌가 아주 우수한 생각 기계가 아니라면, 자신이 그 때문에 피해를 입는다는 사실조차 모르고 살아갈 수 있다. 자신은 서 있다고 생각하지만 실제로는 넘어질 수 있고, 앞으로 걸어간다고 생각하지만 실제로는 발을 질질 끌며 뒤로 걸어갈 수 있다. 그러니 깨어 있는 모든 순간을 잘 감시하도록 자신의 뇌를 최강의 전사로 단련하려고 노력하라.

## 환상과 허구 자체는 문제가 아니다

훌륭한 회의론자가 된다고 해서 환상이나 허구(픽션)에 무조건 반대하고, 환상적인 것은 아예 생각도 하지 않는 것은 아니다. 회의론은 실제로 존재하지 않는다고 해서 무조건 다 거부하진 않는다. 단지 기짓을 사실이라고 주장하는 것에만 반대할 뿐이다. 환상소설은 아주 재미있다. 나는 지평선 너머에 혹은 다음 세기에 존재할지도 모르는 것을 꿈꾸게 하는 이야기가 전혀 없는 세상에서 살고 싶지 않다. 이야기를 들려주고 이야기를 듣는 것은 인간의 삶에서 중요한 부분이다. 지어낸 이야기는 우리를 하나로 묶고, 중요한 것을 배우도록 돕는다. 최고의 환상소설 작가나 공상과학소설 작가는 허구와 실화를 적절히 섞어 개념과 교훈을 잘 전달하고, 기억에 잘 남게 한다. 훌륭한 이야기는 우리에게 현실을 새로운 방식으로 상상하게 하고, 상상의 세계를 현실로 만들도록 영감을 준다. 무서운 이야기는 우리에게 스릴을 느끼게 하고 뇌 깊숙한 곳에 있는 부분들을 자극함으로써 살아 있는 느낌을 더 강하게 만든다.

회의론은 이 모든 것 중 어느 것에도 위협이나 장애물이 되지 않는다. 나는 철저한 회의론자이지만, SF 소설과 영화를 좋아한다. 눈을 감으면, 내 차고에 있는 타임머신과 거리에서 사람들을 뒤쫓는 터미네이터가 떠오른다. 나는 100개가 넘는 행성을 방문했고, 천 마리가 넘는 괴물과 싸웠다. 물론 내 머릿속에서 말이다. 회의론자가 이런 생각을 하는 것은 전혀 모순이 아니다. 나는 회의론자 중에서 소설이나 영화 또는 비디오 게임의 환상 세계에 푹 빠진 사람을 많이 안다. 단지 환상과 현실을 혼동할 때에만 문제가 된다. 한 세계가 어디서 끝나고, 다른 세계가 어디서 시작되는지 잘 구별할 수만 있다면, 환상 세계에 빠지는 것은 아무 문제가 되지 않는다.

# 과학 대 미신

우리는 인생을 어떻게 살아가고, 살아가면서 마주치는 모든 것을 어떻게 생각할 것인지 선택할 수 있다. 여러분은 회의론을 벗어 던지고 초자연적이거나 초정상적인 것에 빠져서 살아가고 싶은가, 아니면 과학적 사고방식에 입각하여 현실적으로 생각하며 살아가고 싶은가?

물론 항상 모든 일이 모 아니면 도라는 식으로 펼쳐지지는 않는다. 많은 사람들은 이 양자 사이에서 자주 왔다 갔다 한다. 하지만 하루는 과학적으로 사고하다가 다음 날에는 미신을 믿는 것은 올바른 태도가 아니다. 둘 중 어느 한쪽을 선택해야 한다. 만약 과학적 방법이 실재하는 것을 탐구하기에 최선의 방법이라면, 그 길에서 벗어나려고 할 이유가 있는가? 그러니 어느 쪽 길이 자신에게 더 이로울지 마음을 정하고, 그것을 고수하라고 권하고 싶다.

자, 그렇다면 어떤 길이 여러분을 위한 길일까? 과학일까 마술일까? 천문학일까 점성술일까? 대체 의학일까 정통 의학일까? 미생물일까 괴물일까? 수정 구슬일까 쿼크일까? 이것은 그렇게 어려운 문제가 아니다. 깊이 생각할 필요도 없다. 스스로에게 다음 질문들을 던져보라. 나를 위해 유익한 방식으로 보답을 주는 것은 어느 쪽인가? 어느 쪽이 더 믿을 만한가? 지금까지 성공을 거둔 기록은 어느 쪽이 더 나은가? 아래의 간단한 사고실험Thought Experiment이 판단에 도움을 줄지 모른다.

✚ 급하게 할머니와 대화를 나눌 일이 생겼다. 그런데 할머니는 400킬로미터나 떨어진 곳에 살고 있다. 그렇다면 어떻게 해야 할까? 눈을 감고 텔레파시가 통

하길 기대하면서 할머니 이름을 부르겠는가? 아니면, 과학의 산물인 전화를 사용하겠는가?

✦ 여름방학 때 하와이를 방문하려고 한다. 여러분은 유체 이탈을 통해 그곳을 여행하겠는가? 아니면 역시 과학의 산물인 비행기를 타고 여행하겠는가?

✦ 친한 친구가 그만 칼에 손이 베어 피가 철철 난다. 여러분은 친구를 기도 치료사에게 데려가 기도를 통해 피가 멎도록 하겠는가? 아니면 빨리 병원으로 데려가 의사와 간호사에게 치료를 받게 하겠는가?

✦ 어떤 어린이가 우주를 아주 사랑해 언젠가 우주에 관해 놀라운 것을 발견하겠다는 꿈을 품고 있다고 하자. 마침 그 어린이가 생일을 맞이해 여러분은 그 꿈을 이루는 데 도움이 될 선물을 주려고 한다. 여러분은 점성술 책을 사주겠는가, 아니면 천문학 책을 사주겠는가?


과학은 믿을 수 있다. 물론 과학이 완벽하다는 것은 아니지만, 우리가 사용할 수 있는 것 중에서는 그 어떤 것보다도 낫다. 지금까지 과학이 이룬 수많은 성과가 그것을 증명한다. 주변을 둘러보라. 온갖 그럴싸한 선전에도 불구하고, 현대 문명은 마술을 바탕으로 굴러가지 않는다. 현대 문명은 과학의 기반 위에 서 있으며, 과학에서 동력을 얻어 굴러간다.

내 말을 잘못 이해하여 내가 과학이 완벽하며 비합리적 믿음과 대적해 맞설 수 있는 절대선이라고 주장한다고 받아들여서는 안 된다. 과학은 종교가 아니다. 과학은 도덕 체계도 아니다. 과학 역시 나쁠 수가 있으며, 틀릴 때도 많다. 과학자도 다른 사람들과 마찬가지로 멍청하거나 부정직할 수 있다. 과학은 하나의 도구라고 생각하는 게 좋다. 과학은 건설적인 일을 하는 데 쓰일 수도 있고, 사람을 죽이는 데 쓰일 수도 있다. 과학은 생각하고 발견하는 데 아주 훌륭한 방법으로, 세계와 우주에 대해 많은 것을 알아내는 데 도움을 준다. 하지만 현재까지 밝혀진 사실과 지혜 전체를 놓고 본다면, 과학은 결코 완벽하지 않으며, 그렇다고 주장할 수도 없다. 항상 이 사실을 명심하라. 종교를 믿듯이 '과학'을 믿거나 숭배해서는 안 된다. 오늘날 알려진 과학 지식 중에는 틀린 것도 상당히 많고, 장래에 수정할 필요가 있는 것도 많다.

과학은 나쁜 일에도 쓰인다. 핵무기로 수십억 명을 죽이고 문명을 파괴할 위험에 처하게 된 것도 다 과학 때문이다. 과학은 생명을 구하는 백신을 제공하지만, 한편으로는 사람들의 얼굴을 녹이는 화학 무기도 만들어낸다. 과학은 이롭게 사용할 수도 있고 해롭게 사용할 수도 있는데, 그 선택권은 우리에게 있다. 그래도 한 가지만큼은 부인할 수 없는데, 바로 과학이 효과가 있다는 것이다.

## 문제는 지능이 아니다

많은 사람들은 과학자처럼 생각하는 능력이 지능과 큰 상관이 있다고 가정하는 잘못을 저지른다. 이 때문에 많은 사람이 과학자만큼 똑똑하지 않은 자신은 회의론자가 될 수 없다고 포기한다. 하지만 천재가 아닌 사람도 훌륭한 회의론자가 될 수 있고, 반대로 지능이 아주 높은 사람도 회의론적 사고 능력이 떨어질 수 있다. 나는 그런 사례를 내 눈으로 직접 보았다. 아무리 좋은 뇌를 갖고 태어나더라도, 그것을 잘 사용하지 않는다면 아무 소용이 없다. 로켓 발사대를 든 10명의 병사는 전장에서 치명적인 킬러가 될 수 있지만, 세대로 훈련을 받지 않거나 자신의 무기를 제때 제대로 사용하지 않는다면, 석궁을 든 사람 혼자서 그 10명의 병사를 다 처치할 수도 있다.

똑똑하다고 해서 자동적으로 훌륭한 회의론자가 되는 것은 아니다. 물론 똑똑하면 도움이 되긴 하지만, 엉터리 주장과 거짓말에서 자신을 보호하려고 할 때에는 그것이 가장 중요한 요소는 아니다. 나는 아주 똑똑하면서도 지하에 문명이 아주 발달한 거대 비밀 도시가 있으며, 그곳 사람들이 지상에서 일어나는 모든 일을 조절한다고 믿는 사람을 만난 적이 있다. 그것은 멍청한 생각이지만, 그 사람은 절대로 멍청한 사람이 아니었다. 박사 학위와 석사 학위를 가진 사람들 중에도 회의론적 사고 능력이 약해서 엉터리 주장을 곧이곧대로 믿는 사람들이 있다. 십대인 내 아들은 나와 대학을 함께 다닌 사람들 중 약 75%보다 회의론적 사고 능력이 더 뛰어나다. 그런 사람들 중에는 전 과목에서 A 학점을 받는 공학과 학생도 있었다.

나는 교육을 잘 받고 지능이 높다는 말을 듣는 여성과 함께 일한 적이 있다. 하지만 그녀는 한 러시아 소녀가 투시 능력이 있어서 맨눈으로 다른 사람의 몸속을 들여다볼 수 있다고 믿었다. 그 주장을 어디선가 읽고서 곧이곧대로 믿은 것이다. 만약 그 주장이 사실이라면, 이 비상한 능력은 과학적 검증을 통해 쉽게 입증할 수 있을 것이다. 하지만 그 능력은 입증된 적이 없으므로, 그것을 곧이곧대로 믿는 것은 올바른 태도가 아니다. 내 동료였던 그녀는 좋은 교육을 받고서도 회의론적 사고 능력이 떨어지는 사례인데, 그런 사람들이 너무 많다. 그녀는 머리가 좋아 학문적 성과도 많이 이루었지만, 학교를 다닐 때 무엇을 생각해야 하는지만 배웠지, 어떻게 생각해야 하는지는 제대로 배우지 못한 게 분명하다.

아주 똑똑한 사람이 터무니없는 것을 믿은 사례는 역사에서 많이 찾아볼 수 있다. 오늘날 아이작 뉴턴Isaac Newton은 역사상 최고의 과학자로 꼽힌다. 그의 주장을 반박하기란 매우 어렵다. 뉴턴은 17세기에 순전히 혼자 힘으로 미적분학을 창시했고, 우주에서 별과 행성이 어떻게 움직이는지 알아냈다. 하지만 뉴턴이 이런 연구에만 몰두했던 것은 아니다. 기독교의 종말론을 연구하는 데에도 많은 시간을 썼다. 그는 세상에 종말이 닥칠 시간을 계산할 수 있다고 생각했고, 많은 연구 끝에 그 날짜를 알아냈다.(뉴턴을 숭배한다면, 2060년에는 아무 계획도 세우지 않는 게 좋다.) 뉴턴은 위대한 수학자였지만, 훌륭한 회의론자는 아니었다. 훌륭한 회의론자였다면 진즉에 자신의 소중한 시간을 다른 일에 쓰는 게 더 낫다고 판단했을 것이다. 물론 그가 살던 시대를 고려해 비판의 수위를 좀 낮출 수는 있지만, 만약 뉴턴이 회의론이라는 보호막으로 무장하고 있었더라면, 그 뛰어난 머리로 과학에 훨씬 많은 기여를 하지 않았을까? 그리고 오늘날 21세기의 위대한 천재들 중에서도 회의론적 사고 능력 부족으로 터무니없는 생각에 한눈을 파는 바람에 과학과 세계에 중요한 업적을 남기지 못하는 사람들이 있지 않을까?

천문학자들이 점성술이나 UFO에 거의 관심을 보이지 않는 이유가 무엇이라고 생각하는가? 훌륭한 회의론자인 이들은 9월에 태어난 사람들의 연애 운에 목성이 미치는 영향을 알아내거나 로스웰에 추락한 UFO에서 살아남은 외계인이 있는지 밝히려는 노력에서는 얻을 게 없다고 판단하고서 차라리 다른 데 노력을 쏟는 게 낫다고 생각한다. 이 이야기에는 아주 중요한 교훈이 담겨 있다. 성공에는 노력이 아주 중요하다고 흔히 말한다. 하지만 노력이 다가 아니라고 말하는 사람은 드물다. 무엇에 노력을 기울이느냐도 중요하다. 일주일 내내 매일 12시간씩 수십 년 동안 열심히 일하더라도, 어떤 집에 귀신이 산다는 걸 입증하는 데 그 노력을 기울인다면, 결국 헛된 일에 소중한 시간을 낭비하고 말 것이다. 그것은 믿을 만한 증거도 이유도 없음을 이미 많은 회의론자들이 수없이 보여주었다. 그리고 평생 동안 열심히 노력한 심령술사가 인간의 뇌를 이해하는 데 기여한 것이 얼마나 되는지 생각해보라. 이름 없는 심리학 교수가 강의를 한 번 한 것보다도 훨씬 적을 것이다.

그렇다고 어떤 것들을 아예 생각도 하지 말라는 이야기는 아니다. 모든 것은 생각하거나 조사할 가치가 있다. 현재 우리가 알고 있는 것 외에 또 어떤 것이 새로 발견될지는 아무도 모른다. 나는 유령이나 UFO를 찾으려는 행동을 불법으로 정해 막는 것에는 반대한다. 사람들은 원하는 것을 자유롭게 생각하고, 하고 싶은 일을 마음대로 할 수 있어야 한다. 하지만 어떤 일에 자신의 시간과 에너지를 쏟아부을지 말지 결정할 때에는 합리적이고 현실적인 길을 선택하는 게 그 사람에게 이익이다. 예를 들면, 예티(Yeti, 히말라야 산맥에 산다는 유인원 비슷한 설인)는 실제로 존재할지도 모르므로(그럴 가능성이 있다), 예티를 찾는 데 한평생을 바치는 것도 의미가 있다. 하지만 만약 미지의 종을 찾는 게 꿈이라면, 티베트에서 거대 영장류를 찾아 헤매기보다는 깊은 동굴 속이나 태평양 심해에서 절지동물이나 미생물을 찾는 편이 훨씬 나을 것이다. 예티가 존재한다는 주장과 지금까지 나온 증거를 분석해보면, 예티를 발견할 가능성은 풀밭에서 바늘 찾기보다 더 어려울 게 분명하다. 하지만 지금까지의 성과를 바탕으로 판단할 때, 장소를 잘 선택하기만 한다면 미지의 절지동물이나 미생물을 새로 발견할 가능성은 아주 높다.

# 어떤 엉터리 주장에도 훌륭하게 대처할 수 있는 회의론

반가운 소식이 하나 있다. 회의론자가 되기 위해 천 권의 책을 읽거나 대학원에서 10년을 보낼 필요는 없다. 물론 많은 것을 알면, 가짜 믿음이나 엉터리 주장이 왜 틀렸는지 이해하는 데 큰 도움이 된다. 하지만 그전에 먼저 회의론적 태도를 몸에 익히는 것이 독서와 교육보다 중요하다. 필요한 질문을 던지려는 의지와 대답이 기대에 못 미치면 과감하게 고개를 돌리는 용기만 있으면 된다. 확실한 것을 알기 전에는 어떤 믿음도 받아들이지 않고 보류하는 태도가 중요하다.

회의론적 사고는 어떤 주장을 잘 또는 전혀 알지 못할 때에도 충분히 효과가 있다. 예컨대, 기묘한 대체 의학 제품과 체중 감량 장비가 많지만, 그 모든 것의 세부 내용을 우리가 다 알 수는 없다. 하지만 그것은 중요하지 않다. 만약 누가 한 번도 들어보지 못한 제품을 가지고 와서 '암을 예방하고 치료하는 신통한 효과가 있는 벌똥 영약'이라고 주장했다고 하자. 이 경우에도 훌륭한 회의론자는 어떤 질문을 던지고 무엇에 주의해야 하는지 안다. 벌똥 영약 전문가가 아니어도, 그 화학 성분과 그 밖의 정보를 제대로 모르더라도, 합리적 방식으로 그 주장의 진위를 가릴 수 있다. 나는 아마도 다음과 같은 질문을 던질 것이다.

✚ 암을 예방하고 치료한다고요? 와우! 정말로 놀라운 약이군요! 그런데 당신은 의료 분야에서 일할 수 있는 자격증이 있나요?

✚ 정말로 흥분되시겠군요! 만약 이 약이 정말로 효과가 있다면, 당신은 매년 수백만 명의 목숨을 구할 수 있을 테니까요. 그리면 곧 세상에서 가장 유명하고 가

장 부유한 사람이 될 테고, 역사에도 유명한 과학자로 이름을 남기겠군요. 노벨 의학상도 따놓은 당상이나 다름없고요. 검증 결과가 나오길 정말 학수고대하고 있겠군요?

✛ 그런데 과학적인 이중 맹검법에 따라 실험을 하는 걸 잊지 않았겠지요?(이중 맹검법이란, 연구자와 환자 모두 어떤 환자가 복용한 약이 진짜인지 가짜인지 모르는 상태에서 임상 시험을 하는 방법을 말한다. 심리적 효과 때문에 임상 시험 결과가 왜곡되는 것을 막기 위한 방법이다.) 그리고 권위 있는 의학 학술지에 그 결과도 발표했겠지요?

✛ 이해가 안 가는군요. 이토록 대단한 약을 발명하고서 적절한 임상 시험도 거치지 않고, 학술지에 발표도 하지 않았다고요? 사람들에게 약을 팔러 나서기 전에 그런 절차를 먼저 밟을 생각을 하지 않았단 말이에요? 그런 입증 단계가 없다면, 사람들이 그 약이 정말로 효과가 있는지 아니면 사기인지 어떻게 알겠어요?

✛ 잠깐만요, 지금 화제를 다른 데로 돌리시네요. 왜 갑자기 이 약을 먹고 병이 나았다는 사람들 이야기를 하세요? 설사 몇몇 사람이 나았다고 하더라도, 몇몇 사람의 사례만으로는 아무것도 증명하지 못한다는 사실은 잘 알 테죠? 엉터리 약을 파는 사람들은 다 그렇게 이야기하잖아요?

✛ 아니, 왜 그냥 가세요? 뭐, 좋아요. 함께 이야기를 나누어서 즐거웠어요. 그 약이 정말로 효과가 있다고 증명되면, 반드시 다시 와서 알려주세요.


이처럼 어떤 기이한 주장에도 훌륭하게 대처할 수 있는 회의론자의 능력은 정말로 놀랍다. 특정 주제에 대한 전문가가 아니더라도, 훌륭한 회의론적 사고만 하면 엉터리 주장과 믿음에 맞서 적절한 반격을 할 수 있다. 그들보다 똑똑할 필요도 없고, 해당 주제에 대해 환히 알아야 할 필요도 없다. 그저 훌륭한 회의론자이기만 하면 된다. 예를 들면, 나는 청취자 전화 참여 라디오 프로그램에 게스트로 자주 출연하는데, 다음번에 또 어떤 이야기가 나올지 전혀 모르는 상태에서 출연한다. 전화를 건 사람들은 UFO와 달 착륙 사기극에서부터 레이어트릴(*laetrile. 대체 항암제로 쓰이는 물질 또는 그 상표명. 그 효과는 과학적으로 입증된 바 없다*)과 아틀란티스에 이르기까지 온갖 것에 대해 내게 질문한다. 하지만 나는 지금까지 모든 도전에 아주 잘 대처했다고 생각한다. 훌륭한 회의론적 사고방식을 갖고 있으면, 어떤 도전에도 잘 대처하면서 입증되지 않은 기묘한 주장들이 난무하는 어두운 숲 속을 헤쳐나갈 수 있다. 지식이 중요하긴 하지만, 회의론은 지식이 아니라 생각하는 방법이다. 즉, 회의론은 어떤 것에 대해 알고 있는 지식이 아니라, 어떤 것을 생각하고 판단하는 방식이다.

## 절대로 물러서거나 굴복하지 말라!

회의론자가 되는 것은 엉터리 주장에 손쉬운 먹잇감이 되지 않겠다고 스스로 약속하는 것과 같다. 이것은 때로는 전쟁과 비슷하다. 물론 다른 사람과 맞서 싸우는 전쟁이 아니라, 엉터리 주장과 맞서 싸우는 전쟁이다. 만약 사람들이 증거의 뒷받침도 없이 이상한 주장을 믿으라고 한다면, 일전불사를 외치겠다고 다짐하라. 개중에는 비합리적인 믿음을 믿으라고 아주 끈질기게 설득하려 드는 사람도 있다. 이런 사람은 다음 먹잇감을 찾아 문을 두드리는 굶주린 좀비와 같다. 이들의 목적은 여러분을 생각 없이 행동하는 자신들의 무리에 합류시키는 것이다. 절대로 그런 일이 일어나게 해서는 안 된다. 절대로 그들을 집 안으로 들어오게 해서는 안 된다. 여러분의 보호막으로 그들의 얼빠진 주장을 막아내야 한다. 그들의 주장이 과학적 검증에 얼마나 잘 견디는지 시험해보라. 적절한 질문을 던지고, 많은 증거를 요구하라. 남의 말에 휘둘리지 말고 중심을 잘 잡아야 한다. 항상 스스로 생각하라. 그리고 절대로 엉터리 생각의 침입을 허용해서는 안 된다!

## 빨간 드레스를 입은 녹색 트롤

이상한 주장에 맞닥뜨렸을 때에는 천문학자 칼 세이건Carl Sagan이 널리 퍼뜨린 "특이한 주장에는 특이한 증거가 필요하다."라는 말을 기억하라. 중요한 순간에 이 말을 떠올리면, 아까운 시간과 돈뿐만 아니라 체면과 심지어 목숨까지도 구할 수 있다. 이 짧은 경구는 용을 죽이고 사기꾼과 미치광이를 충분히 격퇴할 만큼 아주 큰 힘을 지니고 있다.

이 말을 실천에 옮기기 위해 맨 먼저 해야 할 일은 해당 주장의 중요도가 얼마나 큰지 가늠하는 것이다. 그러면 증거가 어느 정도나 있어야 그 주장을 받아들일 수 있는지 평가할 수 있다. 그렇다고 저울이나 줄자 같은 게 필요한 건 아니고, 대략적인 추정만으로도 충분하다. 모든 주장에 대해 산더미만큼 많은 증거를 요구할 필요는 없다. 그렇게 하는 것은 과잉 행동이며, 쓸데없이 시간만 많이 낭비할 뿐이다. 예를 들어 내가 어제 우리 집 앞 도로로 파란색 자동차가 지나가는 걸 보았다고 이야기한다면, 여러분은 그 말을 그냥 믿어도 괜찮다. 파란색 자동차를 보았다는 건 특이한 주장이 아니다. 세상에 파란색 자동차는 수백만 대나 있으니까 말이다. 내가 그중 한 대를 보았다는 것은 사실일 가능성이 높다. 그리고 내가 정말로 파란색 자동차를 보았다고 하더라도, 특별히 달라지는 게 있을까? 별로 대단한 일은 일어나지 않을 것이다. 그러니 여러분은 내가 한 말을 곧이곧대로 믿어도 별 탈이 없다. 하지만 만약 내가 어제 날개 달린 녹색 트롤이 빨간 드레스를 입고 우리 집 뒤뜰을 날아다니며 보석이 박힌 하모니카로 애국가를 연주하는 걸 보았다고 말한다면 어떨까? 여러분은 내 말이 사실이라고 믿겠는가? 그리고 이 트롤은 일주일에 100달러의 돈이 필요한데, 내가 트롤을 대신해 돈을 거두고 있다고 말하면 어떨까? 여러분은 내가 한 말이 사실인지 증명하려는 노력도 없이 이 이야기를 곧이곧대로 믿지 않길 바란다. 이것은 특이한 주장이므로 '특이한 증거'가 필요하다. 그렇지 않은가?

여러분은 트롤 이야기가 틀렸다고 증명할 필요가 없다. 그걸 증명하는 것은 불가능할지도 모른다. 우리는 날개 달린 녹색 트롤이 존재하지 않는다고 100% 확신하지 못한다. 그런 트롤이 어딘가 존재할지도 모르며, 만약 존재한다면 트롤에게 돈이 필요한지도 우리는 알지 못한다. 또, 트롤이 빨간색 드레스를 입는지조차도 확실히 알 수 없다. 하지만 그래도 상관없다. 의심만으로도 충분하다. 모든 것을 다 알아야만 훌륭한 회의론자가 되는 것은 아니다. 의심스러워 보이는 주장이 다 틀렸음을 증명해야 할 책임이 있는 것도 아니다.

증명의 책임은 일차적으로 그 주장을 하는 당사자에게 있다. 만약 이것처럼 믿기 어려운 이야기를 사람들에게 믿게 하려면, 먼저 아주 그럴듯한 증거를 많이 내놓아야 한다. 물론 회의론적 사고 능력이 낮아 아무 증거가 없어도 빨간 드레스를 입은 녹색 트롤 이야기를 곧이곧대로 믿는 사람들이 있다.

# 회의론자에겐 늘 즐거운 시간

만약 누가 타임머신을 갖고 있다고 말한다면, 그것을 증명하라고 요구하는 게 타당하다. 허풍이나 과장된 선전, 흥미로운 이야기, 호기심을 부추기는 약속 같은 것 말고, 확실한 증거를 내놓으라고 요구하라. 그런데 나 같은 회의론자가 항상 이야기하는 '증거'는 도대체 무엇인가? 증거는 어떤 주장이나 사실을 설득력 있게 뒷받침하는 근거를 말한다. 증거는 사진, 머리털, 목격담 등 그 종류가 아주 다양하다. 하지만 모든 증거의 가치가 동일한 것은 아니다. 어떤 증거는 너무 약해서 차라리 없는 편이 더 나은 것도 있다. 반면에 어떤 증거는 아주 강해서 어떤 주장이나 사실을 증명하기에 충분하다. 하지만 특이한 주장은 더 많은 증거가 있을수록 좋다.

누가 타임머신이 있다고 주장하면, 그 사람에게 과거로 돌아가 살아 있는 새끼 트리케라톱스를 데려오라거나 수백 년 뒤의 미래로 가서 암이나 말라리아 치료제를 가져오라고 요구할 수 있다. 하지만 그런 과제를 수행하는 데 성공한다 하더라도, 그것은 완전한 증명이 아닐 수도 있다. 화석 뼈에서 얻은 DNA를 이용해 새끼 트리케라톱스를 복제하는 데 성공할 수도 있기 때문이다. 또, 이미 우리 시대에 개발된 암이나 말라리아 치료제를 내놓고서 미래 세계를 다녀왔다고 거짓말을 할지도 모른다. 하지만 이런 증거는 타임머신이 없이는 얻기가 매우 어렵기 때문에, 이런 증거를 내놓는다면 그 주장은 훨씬 믿을 만하며 더 자세히 조사할 가치가 있다. 그런데 시간 여행을 했다고 주장하는 사람이 수백 년 뒤의 사람들로부터 환경을 보호하고 서로 평화롭게 지내라는 메시지를 가지고 돌아왔다면 어떻게 받아들여야 할까? 그것은 결코 적절한 증거라고 할 수 없다. 그 사람은 그토록 특별하고 놀라운 것은 증명할 필요가 없다고 주장할지도 모른다. 심지어 증거를 요구하는 것 자체가 무례하다고 말할지도 모른다. 그저 자신의 말을 무조건 믿으라고 강요한다. 그러면서 시간 여행을 더 하기 위해 타임머신을 수리할 돈이 필요하다고 덧붙인다면? 훌륭한 회의론자라면 여기서 빙긋이 웃고 그만 자리를 뜰 것이다.

## 이상한 것을 믿는 사람은 터무니없는 이야기를 한다

특이한 주장을 비판하려고 할 때에는 항상 큰 그림을 생각하는 게 중요하다. 이상한 믿음을 전염시키려고 하는 사람이 결론을 그럴싸하게 보이게 하려고 잘못된 전제를 바탕으로 논리를 전개하지 않는지 정신을 바짝 차려야 한다. 이런 사람들이 사용하는 전형적인 수법은 다음과 같은 말로 시작한다.

"누구나 다 알다시피, 버뮤다 삼각지대에서 수많은 배와 비행기가 불가사의하게 사라졌습니다. 따라서 그곳에서는 뭔가 초정상적인 일이 일어나는 게 분명합니다."

이상한 주장을 하는 사람이 하는 말은 전부 다 회의론적 뇌로 분석하고 비판해야 한다는 사실을 잊지 말라. 버뮤다 삼각지대에서 초자연적이거나 초정상적인 힘이 작용하느냐 않느냐 하는 문제는 잠시 덮어두자. 맨 먼저 물어야 할 질문은 '수많은' 배와 비행기가 버뮤다 삼각지대에서 불가사의하게 사라졌다는 주장이 사실인가 하는 것이다. 이 문제는 그런 일에 큰 관심을 기울이고 누구보다 많은 것을 아는 당사자에게 확인하는 게 최선이다. 예컨대 미 해군이나 미국 해안경비대 같은 곳 말이다.(내가 직접 확인해보았는데, 더 자세한 이야기는 제3장에 나온다.) 그리고 '버뮤다 삼각지대'라는 장소 자체에 대해서도 의문을 품을 수 있다. 사람들이 버뮤다 삼각지대 이야기를 많이 하고, 일부 TV '다큐멘터리' 프로그램에 그 이야기가 나왔다고 해서 그것이 반드시 사실이라고 믿을 수는 없다. 여러분은 그런 이름의 삼각지대가 정부(혹은 믿을 만한 지도 제작 회사)가 발행한 공식 지도에 전혀 나타나지 않는다는 사실을 알고 있는가? 그리고 어떤 전문가 집단이나 지도 제작자 집단도 이 '장소'의 정확한 경계를 어떻게 그어야 할지 합의한 적이 없다. 단순히 어떤 것에 대해 말을 했다고 해서 그것이 사실이 되는 것은 아니다.

가짜 믿음을 팔러 다니는 사람들은 사실이긴 하지만 자신들의 주장을 증명하는 것하고는 상관이 없는 이야기를 늘어놓길 좋아하는데, 그런 이야기는 듣기에 그럴싸하여 그들의 주장에 신빙성을 더해주는 것처럼 보이기 때문이다. 이것은 이들이 흔히 사용하는 수법이므로, 조심해야 한다. 만약 'X'가 명백히 참인데, 누가 그것을 'Y'와 연결시켜 'Z'라는 결론을 끌어냈다면, 먼저 'X'와 'Y'가 정말로 서로 밀접한 관계인지 확인할 필요가 있다. 수학 방정식을 푸는 긴 과정에서는 부주의로 인해 아주 사소한 실수 하나만 저지르더라도 엉뚱한 답이 나올 수 있다. 그러니 수학에서건 회의론에서건 모든 단계와 변수를 꼼꼼히 따지지 않고 대충 넘어갔다간 낭패를 보기 쉽다.

초자연적이거나 초정상적인 주장을 펼치는 사람들 중에는 현실을 왜곡해 자신의 주장을 뒷받침하려는 사람들이 있다. 어떤 사람이 자신의 주장을 '누구나 다' 믿는다고 말한다면, 잠깐 그 표현에 대해 생각해보라.

과연 그 말이 사실일까? 누구나 다? 당연히 의문을 품어야 한다. 사람들은 '증명되었다'거나 '발견되었다'라는 표현을 쓰는 습관이 있다. 이 말에 깊은 인상을 받기 전에 그것을 증명하거나 발견한 주체가 '누구'인지 확인할 필요가 있다.

일관성 없는 회의론적 태도 때문에 잘못된 판단을 하지 않도록 조심해야 한다. 예를 들어 그럴듯한 말에 넘어가 가짜 의료 제품을 사는 일은 거의 없는 사람이 점쟁이의 말에는 넘어가거나 그 반대로 점쟁이의 말에는 넘어가지 않는 사람이 가짜 의료 제품을 속아서 사는 경우가 있다. 내가 만난 어떤 사람은 달 착륙이 사기극이라는 주장은 웃어넘겼지만, 미국 정부가 51구역에서 외계인의 우주선을 역설계하는 작업을 하고 있다는 주장을 믿었다. 상대가 하는 말을 꼼꼼히 따지면서 어디에 허점이 숨어 있는지 파악하라.

마지막으로, 이야기와 데이터와 주장으로 상대방을 압도하려는 목적으로 황당무계한 주장에 다른 황당무계한 주장을 덧붙여 부풀리는 수법을 경계하라. 이상한 것을 믿는 사람은 증명되지 않은 다른 주장을 끌어와 마치 자신들의 원래 주장이 신빙성이 있는 것처럼 보이게 만드는 수법을 종종 쓴다. 이럴 때에는 그 논리의 부당성을 지적하라. 대화를 중단시키고, 각각의 주장이 타당한지 따져 물어보라. 예를 들어 누가 보이지 않는 달의 광선이 영매가 죽은 자와 대화를 나누는 방식에 큰 영향을 미친다고 말한다면, 나는 "영매 이야기는 이따가 다시 하기로 하죠. 그전에 먼저 달의 광선에 대해 자세히 설명해 주시겠어요? 그게 도대체 뭐죠? NASA도 그것을 알고 있나요? 모른다고요? 왜요?"라고 물을 것이다.

만약 누가 점성술사들의 말에 따르면 별점은 월요일보다 목요일에

67% 더 정확하다고 한다면, 나는 별점에 관한 신빙성 문제를 따지기 전에 먼저 왜 점성술사를 이 문제에 관한 권위자로 인정해야 하는지 그 설명부터 요구할 것이다.

## 증거요? 쓸데없는 증거 따위는 필요 없어요!

누가 증거의 필요성을 깎아내리고 그런 건 불필요하다고 말한다면, 그것은 경고 신호로 간주해야 한다. 이들이 공통적으로 내세우는 주장은 "믿음만 있으면 된다."라는 것이다. 이런 말을 들으면, 즉각 데프콘-2를 발동하고, 공습경보 신호를 울리고, 보호막을 쳐야 한다. 그들이 "그냥 내 말을 믿으세요."라고 말한다면, 회의론을 최대한 가동시키고 전투태세에 들어가야 한다.

믿음에 의존하는 말은 어떤 사람들에게는 달콤하고 분별 있는 것으로 들리는데, 믿음은 긍정적이고 신뢰할 만한 태도라고 과도하게 치켜세우기 때문이다. 하지만 믿음은 알지 못하는 것을 아는 체하는 것에 지나지 않는다는 사실을 알아야 한다. 무조건적인 믿음은 나쁜 생각보다 더 나쁜데, 생각하는 것 자체를 아예 봉쇄하기 때문이다. 믿음을 인생의 지침으로 삼는 것은 아주 나쁜 결정인데, 믿음은 아무것이나 다 맹목적으로 믿게 만들 수 있기 때문이다.

이상한 주장에 맞닥뜨렸을 때 무조건 믿는 태도를 신뢰할 만한 방식이라고 말하는 사람들의 문제는 어디서 선을 그어야 할지 모른다는 점이다. 생각 대신에 믿음을 따라야 하는 지점은 정확하게 어디인가? 만약 내가 믿기로 마음먹고 점성술사나 종말론을 퍼뜨리는 예언자의 주장을 받아들이기로 했다면, 가고일과 요정이 실재한다는 주장도 믿고 받아들여야 할까? 또, 실제로 증명되지 않았는데도, 죽은 사람과 대화를 나눈다는 영매를 믿어야 할까? 이 모든 일에 무슨 차이가 있는가? 만약 뭔가를 맹목적으로 믿는다면, 다른 것도 맹목적으로 믿어야 하지 않겠는가?

## 부드럽고 유연한 대응이 효과적이다

이상한 주장을 놓고 그것을 믿는 사람과 토론을 벌일 때에는 그 주장을 우호적으로 대하라고 권하고 싶다. 대개는 그러는 편이 모두를 위해 좋다. 다만, 마냥 좋게만 대해 자신이 샌드백 신세가 되어선 곤란하다. 이상한 것을 믿는 사람들 중에는 기회만 닿으면 환상의 세계로 날아가려 하고, 여러분을 그곳으로 함께 끌고 가려는 사람들이 많다. 하지만 대화가 아무리 엉뚱한 곳으로 벗어난다 하더라도, 나는 상대방이 거짓말을 한다거나 구제할 수 없이 멍청하다고 가정하진 않는다. 어쩌면 그들은 자신이 논리를 얼마나 남용하고 상식을 얼마나 짓밟는지 모를 수도 있다. 어쩌면 그들은 그 주제에 대해 깊이 생각하지 않고, 즉흥적으로 떠오르는 대로 떠드는 것일지도 모른다. 어쩌면 그들은 경쟁심이 아주 강한 나머지, 싸우지도 않고 침묵을 지키다가 '지느니' 차라리 말이 되건 안 되건 아무 말이나 쏟아내는지도 모른다. 하지만 그들이 무슨 이유에서 그런 행동을 하건, 회의론자에겐 논쟁을 분별 있게 이끌어갈 책임이 있다.

상대방이 나에게 받아들이게 하려고 하는 믿음을 그에게 설명하거나 변호하거나 증명하라고 요구하는 것은 결코 무례한 일이 아니라는 사실을 명심하라. 나는 최후의 심판이 임박했다고 믿는 사람의 집으로 찾아가 문을 두드린 뒤, 그 사람에게 세상이 곧 멸망할 것이라는 증거를 내놓으라고는 절대로 요구하지 않을 것이다. 하지만 어떤 사람이 우리 집으로 찾아와 종말이 다가왔다고 말한다면, 그의 주장이 옳은지 그른지 꼬치꼬치 따져도 무방하다. 나는 궁금한 것들에 대해 질문을 던지고, 내가 원하는 증거를 모두 내놓으라고 요구할 것이다. 다른 사람이 어떤 것을 아주 훌륭하게 생각한다는 이유만으로 내가 그것에 대해 독자적으로 생각하고 판단하는 것을 그만둘 필요는 없다. 게다가 조금 자세히 조사해보았더니 그들의 믿음에 문제가 있다는 게 드러났다면, 그들에게 결론을 재검토할 기회를 줌으로써 도움을 줄지도 모른다. 하지만 어떤 믿음이 누군가에게 해가 된다면, 언제라도 그것을 반박할 이유가 충분히 있다. 때로는 어떤 주장을 믿는 사람에게 만약 그 주장이 옳다면 회의론을 두려워할 이유가 없지 않느냐고 말하는 게 도움이 된다. 만약 그 사람이 자신의 주장을 비판적으로 생각하길 거부한다면, 이렇게 말하라.

"그토록 중요하고 명백히 옳다고 말하는 주장에 의문을 품는 걸 왜 그토록 꺼립니까? 도대체 뭐가 무서워서 그럽니까?"

공격에 민감하게 반응하는 사람에게는 회의론적 반론을 부드럽게 제기함으로써 상대방의 기분을 누그러뜨릴 수 있다. 심지어 구체적인 반론을 할 필요조차 없다. 그저 질문을 하는 것만으로도 기적 같은 효과를 얻을 수 있다. 사실과 선언, 비난을 동원해 거칠게 몰아붙이면, 상대방은 그것을 비열한 공격으로 받아들일 수 있다. 반면에 질문은 훨씬 부드럽게 들리는 경향이 있다. 그 요령을 설명하기 위해 이상한 것을 믿는 사람과 회의론자 사이에 벌어질 가상 대화를 다음에 소개한다.

**✦ 이상한 것을 믿는 사람** "이야, 오늘의 별자리 운세가 딱 들어맞네! 이렇게 정확할 수가!"

**회의론자** 하지만 별자리 운세 표현이 모호하지 않나요? 그리고 구체적 사실을 지적한 게 들어맞았다면, 그냥 우연의 일치는 아닐까요? 사실, 그동안 별자리 운세가 틀린 적이 얼마나 많았나요? 수천 번 혹은 수백만 번 틀리다가 겨우 몇 번 맞은 것 가지고는 아무것도 증명할 수 없잖아요? 그리고 점성술은 어떤 원리를 바탕으로 하나요? 천체의 기운은 중력을 통해 작용하나요? 아니면, 다른 것을 통해 작용하나요? 만약 그렇다면, 어떤 행성이나 별의 중력이 어떻게 하여 그 사람의 경력이나 연애 운에 영향을 미치나요?


**✦ 이상한 것을 믿는 사람** "와우! 저 심령술사는 나에 대해 너무 잘 알잖아!"

**회의론자** 심령술사가 정말로 당신에게 중요하거나 독특한 사실들을 안다고 확신하나요? 그게 아니고, 경험을 바탕으로 이런저런 추측을 아무거나 내뱉은 뒤에 당신의 말이나 신체적 반응을 보고서 그런 말을 한 게 아닐까요? 심령술사가 한 말 중 들어맞지 않는 것은 싹 잊어버리고, 들어맞는 것만 귀에 들어오는 건 아닌가요?


**✦ 이상한 것을 믿는 사람** "내가 암에서 살아난 것은 기적이야!"

**회의론자** 암이 나았다니 정말 다행이군요. 하지만 정말로 초자연적인 기적 때문에 그런 일이 일어났다고 생각하나요? 그동안 의사의 치료를 받지 않았나요? 약도 먹고 화학 요법도 받지 않았나요? 만약 그렇다면, 당신을 구한 것은 의학일 수도 있는데, 왜 기적이라고 단정 짓나요? 물론 암은 치명적이지만, 암에 걸렸다가 완치되는 사람이 매년 수백만 명이나 있어요. 그렇다면 암에서 살아남은 사람이 모두 기적 때문에 나은 걸까요?

**✛ 이상한 것을 믿는 사람** "어젯밤에 꾼 꿈이 딱 들어맞았어!"
**회의론자** 전 세계의 모든 사람들이 1년 동안 꾸는 꿈은 얼마나 많을까요? 당연히 아주 많겠죠? 그 수는 족히 수천억 개는 될 거예요. 그 많은 꿈 중에서 수만 개가 순전히 우연히 미래의 사건과 일치한다고 해도 이상할 게 하나도 없지 않나요? 또한, 꿈에 영향을 받아 무의식적으로건 의식적으로건 그 꿈을 현실로 만들려고 노력했을지도 모르지요.

**✛ 이상한 것을 믿는 사람** "어젯밤에 유령을 보았어!"
**회의론자** 당신이 본 것이 유령이라고 어떻게 확신하나요? 그냥 자연 속의 물체를 본 것인데도, 뇌가 그것을 초자연적인 것으로 잘못 해석한 것은 아닐까요? 또, 그것이 당신의 상상이 만들어낸 게 아니라고 어떻게 확신하나요? 똑똑하고 정상이고 정직한 사람들도 실제로 존재하지 않는 사물을 '보는' 일이 비일비재하게 일어납니다. 뇌의 작용 방식을 감안한다면, 살인 현장을 보거나 유령을 만나는 것처럼 중요하거나 특이한 일을 목격한 이야기를 곧이곧대로 믿는 건 합리적이 아니라는 데 동의하지 않습니까? 만약 내가 어제 쇼핑몰에서 엘비스 프레슬리를 보았다고 이야기한다면, 당신은 뭐라고 하겠습니까? 당신은 내 이야기를 믿을 건가요? 왜 못 믿는데요?

**✛ 이상한 것을 믿는 사람** "땅다람쥐 젖꼭지를 기름에 튀겨 만든 천연 추출물을 한 숟가락 먹었더니 독감이 싹 나았어!"
**회의론자** 음, 군침이 도는군요. 하지만 그것 때문에 독감이 나았다고 확신할 수 있나요? 그냥 시간이 흐르면서 몸의 면역 체계가 독감 바이러스를 물리쳐서 나았을 수도 있죠. 나도 독감에 걸린 적이 있는데, 기름에 튀긴 땅다람쥐 젖꼭지나 다른 대체 의학 약품을 전혀 먹지 않고도 나았어요.

## 항상 회의론 방어막을 사용하라

회의론이 부정적이거나 비관적이거나 파괴적이라고 설득하려 드는 사람은 이 주제에 대해 아는 게 전혀 없거나 여러분에게 쓸데없는 것을 팔기 위해 사기를 치고 있는 게 틀림없다. 회의론은 긍정적이고 낙관적이고 건설적이다. 회의론은 아주 소중한 방어 무기로, 평생 동안 매일 필요하다. 훌륭한 회의론자가 되는 게 왜 현명한 선택인지 명백하게 보여주는 이유 세 가지를 아래에 소개한다.

❶ 세상에는 부정직한 사람들이 많으며, 이들은 증거가 약하거나 아예 없어서 사실이 아닐 가능성이 높은 주장을 여러분에게 믿게 해 돈을 빼앗으려고 한다.

❷ 과학 덕분에 인간의 뇌가 어떻게 작용하는지 충분히 많은 것이 밝혀졌기 때문에, 이제 우리는 무엇이 실재하고 무엇이 실재하지 않는지, 그리고 무엇이 옳고 그른지 판단하려고 할 때 조심할 필요가 있다는 사실을 안다. 모든 사람은 평생 동안 다양한 방식으로 자신의 뇌에 아주 많이 속아 넘어간다. 이런 실수를 줄이고 그 피해를 최소화하는 방법은 훌륭한 회의론자가 되는 것뿐이다.

❸ 똑똑하다고 해서 반드시 안전한 것은 아니다. 높은 지능이 엉터리 믿음과 교활한 사기로부터 자신을 안전하게 지켜주리라고 무턱대고 믿어서는 안 된다. 이 책이 전하고자 하는 한 가지 중요한 메시지는 우리 모두가 취약하다는 것이다.

오만에 젖어 있으면, 쓸모없는 쓰레기를 팔려는 사기꾼의 덫에 걸려들기 쉽다. '늘' 경계 태세를 늦추어서는 안 된다. 많은 엉터리 주장은 합리적인 것처럼 보이도록 만들어지고 포장돼 있다. 어떤 것은 아주 똑똑한 사람에게 잘 먹혀들도록 만들어져 있다. 게다가 정신 나간 주장과 가짜 믿음은 수상하고 낯선 사람만이 들고 오는 게 아니다. 우리가 믿고 사랑하는 사람이나 존경하는 사람이나 권위 있는 사람이 들이미는 경우도 종종 있다. 훌륭한 회의론자는 언제 어디서 누구와 이야기하건, 늘 생각할 준비가 되어 있어야 한다.

정 그러길 원한다면 어떤 주장을 깊이 생각하지 말고 그냥 믿어도 된다. 하지만 그런 태도로 인생을 살아간다면, 여러분은 위험에 빠질 것이다. 그러면 여러분은 헛소리로 여러분의 머리를 채우려고 하거나 거짓말로 여러분의 호주머니를 털어가려고 호시탐탐 기회를 노리는 모든 사람들에게 아주 좋은 표적이 될 것이다. 그들은 계속해서 여러분에게 다가와 착각과 기만을 이용해 여러분을 쥐어짤 것이다. 그들의 악랄한 공격을 막아줄 수 있는 무기는 회의론이라는 방어막뿐이다. 그러니 회의론 방어막을 최대한 가동하라.

# 잘 생각하라!

●●● 많은 사람들이 회의론적 사고 능력이 약한 것은 가장 큰 세계적 위험일지도 모른다. 매일 많은 사람들이 과학자처럼 생각하는 방법을 몰라 시간과 돈을 낭비하고 고통을 받고 심지어 죽어간다.

●●● 회의론적 사고의 질과 세기와 일관성은 여러분의 안전과 성공과 삶의 질에 직접적 영향을 미친다. 여러분을 어떻게든 이용해먹으려는 나쁜 생각과 나쁜 사람을 피하도록 최선을 다해야 한다.

●●● 누구든지 과학자처럼 생각할 수 있다. 여러분이 어떤 사람이고, 나이가 몇이고, 얼마나 똑똑한지는 중요하지 않다. 정말로 중요한 것은 이것이다.

(1) 그럴 용기가 있는가?

(2) 자신의 인생은 아주 소중하므로 터무니없는 생각과 광기로부터 지켜야 한다고 생각하는가?

회의론은 군살 없이 효율적인 삶을 살도록 도움을 주며, 그럼으로써 사랑과 가족, 친구, 즐거움, 창조성에 더 많은 시간과 에너지를 쏟을 수 있게 해준다. 생각을 잘 함으로써 최선을 다하며 살아가도록 노력하라. 생각을 잘 함으로써 인간다운 삶을 누리도록 하라!

문제는 뇌가 많은 일을
아주 기묘한 방식으로 처리한다는 점인데,
많은 사람들은 이 사실을 전혀 모른다.
여러분은 이 사실을 빨리 아는 게
좋다.

# 내 머릿속에
# 살고 있는
# 기묘한 존재

## Think
### Why You Should Question Everything

뇌가 어떻게 작용하고, 실제로 존재하지 않는 것을 우리에게 보거나 듣거나 느끼게 하고, 실제로 존재하지 않는 것을 믿게 하고, 터무니없는 생각을 하게 하는지 이해한다면, 여러분은 아마도 다시는 집 밖으로 나가고 싶은 생각이 들지 않을지 모른다. 나는 오랫동안 심리학자들과 뇌과학자들의 연구에 주목해왔는데, 그들의 발견에 충격을 받은 적이 한두 번이 아니다. 불행하게도 대다수 사람들은 뇌가 어떻게 작용하는지 제대로 알지 못해 자신의 뇌가 얼마나 믿을 만한 것인지 잘못 판단한다.

불편한 진실이 하나 있다. 우리 뇌는 사실과 허구를 구별하는 데 매우 서툴다. 이 때문에 잘못된 믿음이 많이 생겨날 수 있다. 따라서 뇌를 제대로 이해하기 위해 최소한 조금이라도 노력을 기울이고, 뇌가 우리를 속이는 방식에 대해 경계심을 늦추지 말아야 한다.

뇌에서 일상적으로 일어나는 기묘한 과정 중 많은 것은 아주 흥미진진할 뿐만 아니라, 우리의 안전과 삶의 질과 직접적 관계가 있다. 이것은 우리 몸에 다른 사람이 함께 살고 있는 상황과 같다. 물론 여기서 다른 사람은 바로 '뇌'인데, 우리는 이 사람에 대해 아는 게 별로 없다. 이 기묘한 동거인은 별나고 비밀스러우며, 게다가 우리의 동의를 전혀 구하지도 않은 채 자기 할 일을 할 때가 많다. 하지만 뇌는 우리에게 선의를 갖고 있으며, 그런 일이 일어나지 않으면 우리가 살아갈 수 없는 일들을 혼자 알아서 처리한다. 그러니 우리 머릿속에 어떤 문제점이 있는지 알아보기 전에 뇌가 우리를 위해 어떤 좋은 일들을 하는지 살펴보기로 하자.

뇌는 우리가 살아가면서 맛보고 냄새 맡고 듣고 보고 만지는 것을 포함해 모든 일을 처리한다. 그리고 호흡과 혈액 순환도 조절한다. 또, 우리 몸을 감시하면서 통증 신호 전달 체계를 통해 부상이나 그 밖의 문제가 생기면 즉각 경고를 한다. 물론 뇌는 우리의 모든 생각과 기억이 있는 곳이기도 하다. 뇌는 우리의 시작이자 끝이다. 뇌가 없으면, 나도 없다.

지금까지 우리 뇌가 어떤 일들을 했는지 생각해보라. 우리 뇌는 나무와 돌로 도구를 상상하고 만들었으며, 우리 조상은 그 도구를 사용해 혹독한 환경을 극복하고, 더 강하고 빠른 포식자를 물리칠 수 있었다. 우리 뇌는 음악과 유머, 환상적인 이야기와 개념을 수없이 만들었으며, 그중 일부 개념은 심지어 우리 우주의 경계를 벗어나 그 너머로 뻗어가기까지 한다. 무게가 1400g 정도 나가는 이 놀라운 기관은 800억~1000억 개의 신경세포(뉴런이라고도 함)로 이루어져 있다. 그리고 이 신경세포들은 시냅스synapse라는 약 1000조 개의 아주 작은 구조를 통해 서로 연결돼 있다. 뇌에서는 전기 신호와 화학 신호가 끊임없이 돌아다니면서 뇌를 조금도 쉬지 않고 계속 작동하는 활동의 중심지로 만든다. 심지어 우리가 잠잘 때에도 뇌는 우리를 위해 계속 활동한다.

문제는 뇌가 많은 일을 아주 기묘한 방식으로 처리한다는 점인데, 많

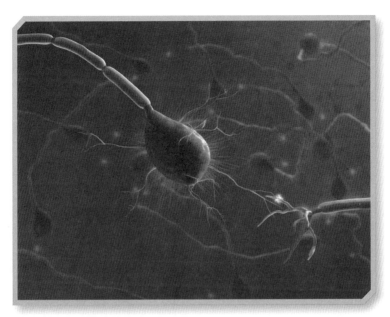

우리 뇌의 신경세포들은 시냅스라는 약 1000조 개의 아주 작은 구조를 통해
서로 연결돼 있다. ⓒ Getty Images/이매진스

은 사람들은 이 사실을 전혀 모른다. 하지만 여러분은 이 사실을 빨리 아
는 게 좋다. 훌륭한 회의론자가 되려면 머릿속에 있는 이 기묘한 존재가
어떤 일을 하는지 기본적인 것을 알 필요가 있기 때문이다. 예를 들어 시
각과 기억의 작용 방식을 전혀 모르는 사람은 하늘에서 외계인의 우주선
이나 복도에서 유령을 볼 가능성이 훨씬 높으며, 또 그 사건을 더 자세히
기억하고 그것이 확실하다고 믿는다. 이들은 자신이 보았거나 기억하는
것은 뇌에서 일어나는 자연적 과정으로 충분히 설명할 수 있다는 사실을
알지 못한다. 어떤 주장이나 증거를 평가할 때 우리 뇌가 제대로 작동하

지 않을 수 있다는 사실을 아는 사람은 거짓말이나 엉터리 믿음에 속아 인생을 낭비할 가능성이 훨씬 낮다. 이야기가 우리 뇌를 어떻게 유혹하는지 모르는 사람은 과학적 증거를 무시하고, 터무니없는 이야기에 쉽게 넘어갈 수 있다.

나는 인지 편향, 기억 결함, 환각 등에 대해 비교적 잘 안다고 생각했다. 하지만 나는 『많은 사람들이 옳다고 생각하는 그릇된 믿음 50가지』라는 책을 쓰기 위해 과학 연구를 조사하고 전문가와 대화를 나누면서 알게 된 사실에 충격을 받은 적이 한두 번이 아니다. 우리 머릿속에는 내가 상상했던 것보다 훨씬 기이한 환경이 자리 잡고 있다. 이 깨달음은 이 책을 쓰는 데 영감을 주었는데, '다른 사람들도 얼른 이 사실을 알아야 해!'라는 생각이 계속 떠올랐기 때문이다. 우리 뇌가 어떻게 작용하는지, 그리고 일상생활뿐만 아니라 특이한 상황에서 뇌가 우리를 어떻게 속이는지 매일 더 많은 것이 밝혀지고 있다. 우리가 보고 느끼는 현실은 뇌가 우리를 위해 '만들어낸' 것이며, 그것은 완전히 신뢰할 수 있는 게 아니라는 사실에 충격을 받을 사람이 많을 것이다.

## 자신의 기억을 믿지 말라

여러분의 가장 소중한 기억조차 믿을 수 없다는 사실을 아는지? 아주 생생하게 떠오르고 100% 확실하다고 느껴진다 하더라도 상관없다. 그 기억 중 일부 또는 전부는 뇌가 우리에게 들려주는 거짓말일 수 있다. 과거에 대한 기억은 뇌가 우리를 위해 안전하게 보관한 것이라고 생각하기 쉽지만, 실제로는 전혀 그렇지 않다. 기억에는 정보가 단편적인 조각 또는 그것들의 집단으로 남아 있는데, 뇌는 그것들을 적당히 꿰맞추어 우리에게 내놓는다. 이것은 과거를 최대한 정확하게 보여주려고 그러는 게 아니라, 우리가 현재를 살아가는 데 유용한 정보를 제공하려고 그렇게 한다. 기억이 추구하는 우선 목표는 정확성이 아니라 기능적 가치이다. 하버드 대학에서 기억을 연구하는 대니얼 색터Daniel Schacter는 뇌가 기억을 하는 방식은 고고학자가 여기저기 흩어져 있는 유물에 의존해 과거의 장면을 재구성하는 것과 비슷하다고 말한다.[1] 그 결과는 유용한 정보를 제공하지만, 절대로 완벽한 것은 아니다. 대부분의 사람들은 기억이 비디오카메라와 비슷한 방식으로 작동한다고 생각한다. 그들은 보고 듣고 만진 느낌 등의 경험이 머릿속의 하드 드라이브 비슷한 곳에 기록된다고 생각하는데, 이것은 완전히 틀린 생각이다. 우리가 과거를 떠올리는 것은 과거의 장면이 정확하게 녹화된 테이프를 재생해서 보는 것이 아니다.

하지만 기억에 이런 취약점이 있다는 사실을 알면서도 우리는 여전히 자신의 기억이 믿을 만하고 정확하다고 여기며 살아간다. 일상생활을 제대로 유지하려면 그렇게 할 수밖에 없다. 대개는 그렇게 살아가더라도 큰 문제가 없는데, 뇌가 그렇게 작동하는 이유도 이 때문이다. 하지만 나는 커튼 뒤에 숨어 있는 마술사를 보았고, 내 머릿속에서 실제로 어떤 일이 일어나는지 알게 되었다. 이제 나는 내가 갔던 장소나 내가 한 일에 대해 절대로 확신할 수 없게 되었다. 예를 들어 오래전의 특별한 날에 나는 같은 3학년 학생 중에서 가장 예뻤던 킴벌리에게 용기를 내 키스를 했는데, 과연 실제로 그랬을까?

나는 그 멋진 날을 정말로 내 기억에 남아 있는 것처럼 시작했을까? 그러니까 전날 밤에 한 시간 동안 끙끙대며 썼던 쪽지, 즉 내 여자 친구가 되어 달라고 간청하는 쪽지를 킴벌리에게 건네주면서 그날을 시작했을까? 내 머릿속에는 그 기억이 생생하게 남아 있다. 그 쪽지에는 "넌 날 사랑하니?"라고 딱 한 줄만 적혀 있었다. 그리고 그 밑에는 킴벌리가 자신의 의사를 표시할 칸이 '응', '아니', '아마도' 이렇게 3개가 있었다. 그날 마지막 수업 시간이 끝나는 벨이 울린 뒤, 나는 정말로 남자답게 용기를 내 킴벌리의 뺨에 모든 초등학교의 역사를 통틀어 가장 낭만적인 키스를 했을까? 나는 그 장면이 아주 선명하고 자세히 떠오른다. 나는 그것을 정확하게 기억한다고 확신한다.

하지만 정말로 그 일이 내가 기억하는 대로 일어났을까? 내 기억이 아무리 실제로 그랬다고 분명히 이야기하더라도, 뇌가 어떻게 작용하는지 알고 있는 나는 반드시 그랬다고 확신할 수 없다. 누가 알겠는가? 어쩌면 그 일이 일어나긴 했지만, 3학년이 아니라 4학년 때 일어났을지도 모른다. 어쩌면 내가 키스하길 간절히 원했던 소녀는 킴벌리가 맞지만, 실제로 키스한 소녀는 딴 사람이었을지도 모른다. 어쩌면 더 나쁘게는 때마침 우리 학급이 농장 견학을 갔고, 나는 킴벌리의 뺨이 아니라 염소에게 키스를 했을지도 모른다. 어쩌면 버스를 타고 학교로 돌아오는 시간 내내 아이들은 그 일 때문에 나를 놀려댔을지도 모른다. 내 기억에는 그런 일은 전혀 남아 있지 않다. 하지만 어쩌면 내 뇌가 나의 행복을 위해 쓰라린 기억을 편집해 아름답게 윤색했는지도 모른다. 마음에 들건 들지 않건, 이런 일이 일어나는 이유는 인간의 뇌가 기억을 처리하는 방식이 그렇기 때문이다. 정말로 염소가 킴벌리였을까? 나는 아니길 바라지만, 그 환상적인 키스 장면을 찍은 사진 증거가 없는 한, 그 진실을 확실히 알 수 있는 방법은 없다. 비웃지 말기 바란다. 여러분의 과거에도 이런 염소 사건 비슷한 것이 분명히 있을 테니까 말이다. 이것은 모든 사람의 뇌가 창조적 기만을 통해 기억을 조작하는 방식으로 작용하기 때문이다.

기억이 실제로 어떻게 작용하는지 이해하는 걸 돕기 위해 비유를 들어 설명해보자. 자신의 머릿속 어딘가에서 모닥불 옆에 아주 작은 노인이 앉아 있다고 상상해보라. 노인은 낡은 옷과 다 찢어진 모자를 쓰고, 얼굴에는 지저분한 회색 수염이 길게 늘어져 있다. 노인은 마치 19세기에 캘리포니아 주에서 금광을 채굴하던 사람처럼 보인다. 그는 때로는 성질을 부리고 비협조적이지만, 내 기억을 관리하는 책임을 맡고 있어 나와 떼려야 뗄 수 없는 관계에 있다. 과거의 일을 떠올릴 필요가 있을 때, 나는 이 늙은 관리인을 찾아가야 한다. 중학교 시절의 어느 축구 경기에서 내가 결승골을 넣었던 그때의 기억을 되살리길 원한다고 하자. 나는 노인의 어깨를 두드리면서 그때의 일을 들려달라고 부탁한다. 그는 대개 어떤 이야기를 해준다. 하지만 충실하게 기록된 문서를 보고 읽는 것도 아니고, 정확한 시점을 파악하기 위해 광범위한 사진 자료를 들여다보는 것도 아니며, 사실을 확인하는 절차가 전혀 없이 입에서 술술 나오는 대로 이야기한다. 그가 녹화된 경기 비디오를 보여주는 게 아님은 분명하다. 그는 대개 그 경기에 승리를 가져다준 나의 환상적인 골 장면에 대한 이야기만 들려준다. 그는 나를 위해 약간의 이미지도 보여주므로, 이것은 슬라이드 쇼를 곁들인 강연과 비슷하다. 훌륭하고 유용하지만, 확실하게 믿을 수 있는 것은 아니다.

내 기억은 내 과거에 대한 '이야기'이다. 노인은 나에게 알리지도 않고 독단적으로 전체 이야기 중 일부를 빼기로 결정할 수도 있다. '자기 생각'에 그것이 중요하지 않다고 판단했기 때문이다. 노인은 가끔 혼란에 빠지기도 하여 내가 작년에 본 공포 영화의 몇 장면을 이야기에 집어넣기도 한다. 그는 이런 짓을 잘한다. 그는 내가 원하는 과거의 장면을 다른 과거의 장면이나 순전히 지어낸 사건과 섞어서 들려주는데, 그 수법이 하도 교묘해서 나는 전혀 눈치채지 못한다. 그리고 반복해서 들려주는 대부분의 이야기와 마찬가지로 핵심 요소와 이름과 이미지도 시간이 지나면서 변한다. 새로 이야기할 때마다 사실과 사람이 뒤바뀌는가 하면, 완전히 사라지기도 한다. 이것이 현실이다. 우리의 기억은 일관성 없고 혼란스러운 이야기꾼의 변덕에 따라 달라질 수 있다.

내 말을 오해하지 말기 바란다. 그렇다고 내가 그 노인을 비난하는 것은 아니다. 그는 우리에게 도움을 주기 위해 이런 식으로 일한다. 그리고 대개는 일들이 별 문제 없이 흘러간다. 보통은 이것이 최선의 방법인데, 우리는 살아가면서 보고 듣고 경험하는 것을 모두 다 기억하길 원하지도 않고 기억할 필요도 없기 때문이다. 정보는 너무나도 많은데, 뇌가 저장하고 이용할 수 있는 정보 용량에는 한계가 있다. 여기서 명심해야 할 요점은 아주 중요하거나 특이한 사건(살인이나 외계인 납치나 유령 목격 같은)을 기억에서 떠올릴 때, 노인은 그것을 정확하게 전달하지 않을 수 있으므로, 기억을 곧이곧대로 믿어서는 안 된다는 사실이다.

## 나는 그날을 절대로 잊지 않을 거야!(편도 그러겠다)

사람들이 일반적으로 믿는 것과 반대로, 극적이고 '절대로 잊을 수 없는' 사건에 대한 기억조차도 믿을 수 없다. 많은 사람들은 이 말이 선뜻 믿어지지 않을 텐데, 자신의 삶에서 아주 중요하고 극적인 순간은 마음에 영원히 '새겨진다고' 생각하기 때문이다. 하지만 진실은 그렇지 않다. 연구자들은 사람들에게 중요한 사건(예컨대 9·11 테러 사건)이 일어났을 때 어디에 있었으며 누구와 함께 있었느냐 같은 질문을 던지는 연구를 통해 이 사실을 입증했다. 먼저 그 사건이 일어난 직후에 그런 질문을 하고 나서 몇 년 뒤에 똑같은 질문을 했더니, 많은 사람들은 그 사건이 일어났을 때 있었던 장소와 함께 있었던 사람들을 자신 있게 이야기했지만, 이전에 했던(따라서 필시 그날에 대해 더 정확하게 기억하고 있었던) 이야기와 다른 경우가 많았다.[2]

기억에서 가장 큰 문제는 실제로 일어난 사건에 대한 기억이 잘못된 기억이나 상상으로 인해 변하거나 오염될 수 있다는 점이다. 심지어 잘못된 기억을 다른 사람이 집어넣을 수도 있다. 충격적이게도 이런 일은 아주 쉽게 일어난다. 기억 연구자들은 어떤 사건을 기억해보라고 하기 전에 어떤 이름을 언급하거나 어떤 이미지를 보여주는 것만으로도 그 사건을 기억하는 방식에 큰 영향을 미칠 수 있음을 보여주었다. 예를 들면, 어떤 사람에게 고등학교에 처음 등교한 날을 기억해보라고 하기 전에 잠시 그 사람과 잡담을 하면서 추운 날씨와 눈에 관한 이야기를 몇 마디 했다고 하자. 그리고 나서 "그날은 추웠나요, 더웠나요?"라고 물으면, 그날은 실제로 더웠는데도 그 사람은 "추웠어요."라고 대답할 가능성이 높다. 그렇다, 이처럼 사람의 기억은 쉽게 변할 수 있다.

더욱 기묘한 것은 다른 사람의 뇌에 완전히 조작된 기억을 집어넣을 수도 있다는 점이다. 그러니까 기존의 기억을 약간 바꾸는 데 그치지 않고, 완전히 새로운 사건에 대한 기억을 만드는 것이다. 이것 역시 생각만큼 그렇게 어려운 일이 아니다. 단지 몇 년 전에 그 사람이 특별한 가족 소풍이나 파티에 있었다고 이야기하는 것만으로도 그 사람의 뇌는 즉각 그날 자신이 겪었던 즐거운 기억을 그럴듯하게 지어낸다. 실제로는 그런 사건이 전혀 없었는데도 말이다. 사람들은 영화나 소설, 들은 이야기에 영감을 받아 완전히 혹은 부분적으로 만들어낸 기억이 생기기도 한다. 이처럼 우리의 기억은 암시를 통해 쉽게 변할 수 있고, 심지어 뇌가 완전히 새로운 기억을 만들 수도 있다. 그러니 기억을 완전히 믿어서는 안 된다.

그런데 이러한 기억의 취약성은 지능이나 정신 건강 문제하고는 아무 관계가 없다. 그저 정상적이고 건강한 뇌가 그런 식으로 작용하기 때문이다. 그러니 이제 사람들이 기묘한 일을 기억한다고 말할 때, 그 이야기에 의심을 품어야 할 이유가 생겼다. 그들의 기억은 정확할 수도 있지만, 정말로 그렇다고 확신할 수 있을까? 그러므로 추가 증거를 내놓으라고 요구해야 한다. 불행하게도 인간의 기억에 대한 과학 연구를 들어본 적이 없는 사람들은 자신의 기억뿐만 아니라 다른 사람의 기억까지도 섣불리 믿는 경향이 있다. 다행히도 우리는 이제 기억을 무조건 믿어서는 안 된다는 사실을 알게 되었다. 누가 초자연적이거나 초정상적인 사건을 목격했다고 주장했을 때, 그 말을 무조건 옳다고 받아들이는 것은 합리적인 태도가 아니다. 설사 그 사람이 아주 똑똑하고 믿을 만한 사람이라 하더라도 말이다.

## 나를 속이는 뇌

뇌의 문제는 기억에만 있는 게 아니다. 우리는 현실을 파악할 때에도 오류를 저지른다. 우리는 자신의 뇌를 믿을 만하고 논리적이라고 생각하지만, 실제로는 뇌는 괴상한 생각들이 마구 뒤섞여서 춤추는 혼란스러운 장소이다. 예를 들면, 우리는 자신의 믿음을 지지하는 증거는 눈에 잘 보이고 기억하는 반면, 자신의 믿음을 부정하는 증거는 무시하고 잊어버린다. 이뿐만이 아니다. 우리는 눈앞의 장면을 보면서 그것에 집중하고 있다고 생각하지만, 중요하거나 특이하거나 예기치 못한 것이 바로 눈앞에 있는데도 알아채지 못할 수 있다. 그렇다, 우리는 뭔가를 보고 있다고 해서 반드시 그것을 보는 것은 아니다. 또한, 뇌는 시각적 입력 정보로부터 의미 있는 이미지를 만들기 위해 강박적으로 '점들을 연결'하려는 경향이 있다. 이것은 어떤 상황에서는 도움이 되는 능력이지만, 다른 상황에서는 실제로 존재하지 않는 것을 보거나 믿게 만드는 정신적 함정이 될 수 있다. 이것들은 우리가 주변에서 일어나는 일을 파악하려고 애쓸 때 맞닥뜨리는 문제들 중 일부에 지나지 않는다.

회의론과 뇌의 작용 방식을 연구하느라 오랜 세월을 보낸 나는 실제로 존재하지 않거나 사실이 아닌 게 거의 확실한데도 기묘한 것을 믿는 사람들에게 큰 공감을 느낀다. 터무니없는 믿음에 낚이기 쉬운 것은 인간의 보편적 조건이기 때문에, 나는 요정을 찾으려고 어딘가를 열심히 돌아다니거나, 외계인 우주선이 착륙할 장소를 준비하거나, 심령술사나 신앙 요법사에게 내가 번 돈 중 절반을 갖다 주지 않는 것을 무척 다행이라고 생각한다. 그래도 좋은 소식이 하나 있다. 뇌가 일들을 어떻게 처리하는지 조금만 이해해도, 현실을 정확하게 파악할 가능성이 크게 높아진다. 뇌가 독자적인 규칙에 따라 자신만의 게임을 한다는 사실을 이해한다면, 자신의 뇌를 무조건 믿지 않음으로써 모든 일에 훨씬 잘 대응할 수 있다.

# 사물을 보는 것은 눈이 아니라 뇌

이번엔 시각을 자세히 살펴보자. "눈으로 봐야 믿을 수 있다."라는 속담이 있다. 그런데 실제로는 반대로 "믿는 대로 보인다."가 옳을 때가 많다. 우리가 본다고 생각하는 것은 자신의 생각과 상상뿐만 아니라 이전에 알고 있던 이미지와 생각에도 큰 영향을 받을 수 있다. 유령이나 UFO를 계속 보는 사람들은 대부분 이미 그것들을 믿고 있던 사람들인 반면, 예전부터 믿지 않던 사람들의 눈에는 유령이나 UFO가 보이지 않는 이유는 이 때문일지 모른다.

실제로 존재하지 않는 사물이 눈에 보이는 일은 누구에게나 일어날 수 있는데, 뇌가 주변의 시각적 현실을 '만들어내고' '해석'하기 때문이다. 우리가 보는 것은 눈을 통해 받아들인 입력 신호를 '바탕으로' 뇌가 우리를 위해 만들어낸 상이다. 그것은 우리 눈이 향한 곳의 풍경을 100% 정확하게 반사한 모습이 아니다. 따라서 우리는 자신이 본다고 생각하는 사물의 모습이 실제로 그런지 확신할 수 없다. 물론 여러분이 머리 위에서 본 것이 천사일 수도 있다. 하지만 여러분의 뇌가 덤불이나 다른 물체를 보고서 잘못 만들어낸 가짜 천사를 보여주는 것인지도 모른다.

우리가 바라보는 사물이 우리가 실제로 '보는' 게 아니라고? 어떻게 이런 일이 일어날 수 있을까? 뇌는 눈을 통해 들어오는 상을 단순히 보여주거나 충실하게 중계한다고 생각할 것이다. 하지만 뇌는 시각 정보를 그런 식으로 처리하지 않는다. 실제로는 빛의 패턴이 눈으로 들어오고, 그것이 전기 신호로 변해 시각 신경을 통해 뇌로 전달된다. 그러면 뇌는 이 전기 신호 자극을 시각 정보로 바꾸는데, 이것이 바로 우리가 뇌 속에서 '보는' 사물의 모습으로 나타난다. 뇌는 거울이나 카메라처럼 주변의 풍경을 반사하거나 중계하면서 세상을 감시하지 않는다. 대신에 그 풍경을 우리를 위해 편리하게 편집하고 손질한 '스케치'를 보여준다. 그것은 마치 뇌가 주변에서 실제로 일어나는 일을 바탕으로 할리우드 영화와 비슷한 것을 제작해 제시하는 것과 같다. 우리가 보는 것은 비디오 자료가 아니라 일종의 다큐드라마이다.

뇌는 무례하게도 눈앞의 풍경에서 자신이 판단할 때 별로 중요해 보이지 않는 세부 내용은 과감하게 삭제한다. 기억과 마찬가지로 이 역시 꼭 나쁜 일은 아니다. 사실, 이는 정보 과부하를 막기 위해 필요하다. 우리는 공원을 둘러볼 때, 모든 나무에 달린 모든 잎을 다 보거나 각각의 풀잎을 아주 자세히 볼 필요가 없다. 그렇게 하면 너무 많은 데이터가 필요할 것이다. 그러면 생각을 효율적으로 하는 데 지장이 생긴다. 우리가 공원을 산책할 때에는 주변 풍경에 대한 일반적인 그림만 있으면 되므로, 뇌는 바로 그런 것을 우리에게 제공한다. 더 자세한 것이 필요하면, 눈과 뇌가 나뭇잎 하나나 풀잎 하나에 초점을 맞추어 자세히 살펴본다.

더 기묘한 일도 일어난다. 뇌는 많은 세부 내용을 누락할 뿐만 아니라, 시각에서 빠진 부분을 실제로는 '보이지' 않거나 심지어는 현실에 존재하지 않는 이미지로 채우기도 한다. 예를 들면, 빨리 움직이는 물체를 눈이 제대로 추적하지 못할 때, 뇌는 가끔 어떻게든 그 물체를 만들어 우리에게 보여준다. 그러는 편이 우리에게 도움이 되리라고 판단하고서 그러는 것이다. 뇌는 또한 정지 장면에서 실제로는 없지만 '그곳에 있어야 할' 요소도 채워 넣는다. 이것 역시 우리가 환경 속에서 무사히 돌아다니는 데 도움이 된다. 마술사는 먼 옛날부터 이 사실을 알았다. 그들은 날랜 손놀

착시 현상의 대표적 사례 중 하나인 '빙빙 도는 뱀 착각'
Akiyoshi Kitaoka ⓒ 2003

림을 이용한 마술을 보여줄 때 시각의 작용 방식을 최대한 이용한다.

뇌는 원래 없던 이미지를 채워 넣을 뿐만 아니라, 패턴을 발견하거나 점들을 연결한다. 뇌는 자동적으로 이 일을 아주 능숙하게 한다. 이렇게 함으로써 그러지 않았더라면 우리가 알아보기 어렵거나 불가능한 사물을 보는 데 도움을 준다. 이것은 여러분과 내가 지금 살아남아 있는 이유 중 하나이기도 하다. 많은 동물과 마찬가지로 선사 시대의 우리 조상은 이 능력에 의존해 먹을 것을 찾고 잡아먹히는 것을 피했다. 보호색으로 위장하고 덤불에 숨어 있는 새나 토끼를 찾아 사냥해야 할 때, 잡다한 사물 사이에서 사물을 분간하는 이 능력은 아주 중요했다. 또, 매복한 포식 동물의 흐릿한 윤곽을 알아보는 것 역시 그에 못지않게 중요했다.

도시에 사는 사람들은 숨어 있는 포식 동물을 발견해야 할 이유가 없지만, 이런 종류의 시각 능력은 여전히 우리의 기본 능력으로 남아 있다. 예를 들면, 카리브 해에서 장거리 바다 수영을 하는 내 친구는 상어 공포증이 없지만, 그것과 상관없이 자신의 뇌는 상어에 대한 경계를 늦추지 않는다고 말한다. 머리를 물속으로 집어넣으면, 뇌의 시각계는 끊임없이 어디선가 상어 윤곽을 찾으려고 애쓰는 것처럼 보인다고 말한다. 그리고 어떤 물체가 상어와 형태가 비슷하기라도 하면, 뇌는 그것을 상어 윤곽으로 '본다고' 설명한다. 실제로는 그중 약 95%는 상어가 아니고, 심지어 물고기도 아닌데 말이다.

《스켑틱》이란 잡지를 창간한 마이클 셔머Michael Shermer는 오래전부터 우리 뇌의 이 강박적인 습관을 연구하면서 논문을 써왔다. 그는 그것을 '패턴화 경향patternicity'이라고 불렀다. 패턴화 경향을 "의미 없는 잡음에서 패턴을 찾으려는 경향"으로 정의한 셔머는 우리 뇌는 이것을 자주 그리고 아주 잘하기 때문에 뇌를 '패턴 인식 기계'로 간주할 수 있다고 말한다.³ 물론 패턴화 경향은 대개는 우리에게 유리한 것이지만, 현실을 뛰어넘어 존재하지 않는 것을 너무 많이 보면 문제가 된다.

해가 지고 나서 숲 속을 걷고 있는데, 우연히 어떤 그림자가 곰 비슷하게 생겼다면, 내 뇌는 즉각 위험한 곰이 숨어 있는 모습을 아주 그럴듯하게 만들어 보여줄 수 있다. 실제로는 그곳에 곰이 없지만, 내 눈에는 곰이 보인다. 나는 "맹세컨대, 날카로운 이빨과 무시무시한 눈을 보았다고요!"라고 말할 것이다. 만약 실제로 곰이 그곳에 숨어 있었더라면, 내 뇌는 빨리 경고를 함으로써 내 목숨을 살렸을지 모른다. 하지만 만약 곰이 그곳에 없다면, 나는 잠깐 놀라고 말 것이고, 그것은 큰 문제가 되지 않는다. 그런데 만약 내가 빅풋이나 악마, 외계인, 신을 보았다고 확신한다면 어떻게 될까? 내 인생은 불필요하게 뒤죽박죽이 되고 말 것이다. 셔머는 이렇게 설명한다.

불행하게도 우리 뇌에는 진짜 패턴과 가짜 패턴을 구별하는 거짓 탐지 네트워크가 진화하지 않았다. 패턴 인식 엔진을 조절하는 오류 탐지 조속기도 없다. 따라서 재현과 동료 심사의 자기 수정 메커니즘이 있는 과학이 필요하다. 하지만 그런 오류투성이 인식 때문에 우리가 유전자 풀에서 제거될 가능성은 희박하며, 따라서 진화도 자연 선택을 통해 그런 오류투성이 인식을 제거하지 못했을 것이다.⁴

우리가 중요한 패턴을 잘 파악하기 위해 실제로 존재하지 않는 패턴까지 본다는 것은 그럴듯하다. 하지만 이 현상 때문에 실제로 존재하지 않는 것을 존재한다고 믿을 위험이 있다. 게다가 패턴화 경향은 시각에서만 일어나는 게 아니다. 청각과 생각에도 영향을 미친다. 훌륭한 회의론자는 뇌가 종종 가짜 패턴을 어떻게 만들어내는지 알기 때문에, UFO 목격이나 그 밖의 특이한 주장을 대할 때 신중해야 한다는 사실을 안다. 사람들이 특이한 것을 보거나 들었다고 주장할 때에는 의심을 품고 추가 증거를 요구하는 것이 올바른 태도이다. 실제로 그런 것을 보거나 들었을 수도 있지만, 엉뚱한 것을 잘못 보거나 들었을 가능성도 있기 때문이다.

## 보이지 않는 눈앞의 고릴라

'부주의 맹시不注意盲視, inattentional blindness'라는 현상도 경계해야 한다. 이것은 우리가 어떤 것을 바라보면서 그것에 주의를 집중하고 있다고 생각하지만, 실제로는 주의를 제대로 기울이지 않는 현상을 말한다. 부주의 맹시는 운전을 하면서 휴대 전화로 통화하는 게 왜 안전하지 않은지 설명해준다. 운전자는 눈을 크게 뜨고 앞의 도로를 보고 있지만, 뇌가 전화 통화에 한눈을 파는 바람에 바로 앞에서 브레이크를 밟는 트럭이나 차 앞으로 빠져나가는 오토바이를 보지 못할 수 있다.

크리스토퍼 샤브리Christopher Chabris와 대니얼 사이먼스Daniel Simons는 재미있는 실험을 통해 부주의 맹시가 우리의 인식을 얼마나 쉽게 마비시키는지 보여주었다. 만약 직접 자신을 테스트해보고 싶다면, 이들의 웹사이트(www.theinvisiblegorilla.com/videos.html)를 방문해 짧은 비디오를 보고 난 다음에 아래 글을 읽기 바란다. 이 실험에서 사이먼스와 샤브리가 밝혀낸 사실은 많은 반복 실험을 통해 동일한 결과가 나오지 않았더라면, 쉽사리 믿기 어렵다. 이들의 비디오에는 두 팀 선수들이 농구공을 드

리블하거나 패스하는 장면이 나온다. 한 팀은 흰색 상의를 입었고, 다른 팀은 검은색 상의를 입었다. 피험자들은 비디오를 보면서 흰색 상의를 입은 선수들이 코트를 돌아다니며 공을 패스하는 횟수를 세라는 지시를 받는다. 이것은 아주 쉬워 보인다. 그런데 피험자들이 패스 횟수를 정확하게 세려고 집중하고 있을 때, 고릴라 복장을 한 여성이 화면 가운데로 걸어나와 자기 가슴을 두드린 뒤에 빠져나간다. 이 장면이 아주 잠깐 동안만 비쳤다가 사라진 것도 아니다. 고릴라는 9초 동안 화면에 등장한다. 연구자들은 피험자들에게 패스 횟수를 물은 뒤에 비디오에서 뭔가 이상한 걸 보지 못했느냐고 물어보았다. 놀랍게도, 전체 피험자들 중 약 절반은 고릴라를 보지 못했다고 대답했다. 그들은 눈앞에서 9초 동안이나 어슬렁거린 고릴라를 보지 못한 것이다. 공에 너무 집중하느라 그들의 뇌는 고릴라를 인식하고 기억하는 데 실패한 것이다. 그들의 눈이 주의 깊게 좇던 공이 고릴라 바로 앞으로 지나갔는데도 말이다!

이것이 바로 부주의 맹시 현상인데, 이상한 결함이 아니라 정상적인 뇌의 특징이다. 우리는 늘 모든 것에 주의를 집중할 수 없다. 그래서 뇌는 특정 사물에 집중하면서 대신에 나머지 풍경을 등한시한다. 이것이 무엇을 의미하는지는 명백하다. 부주의 맹시를 이해하지 못하면, 주변의 모든 것을 지각하면서 중요한 것을 놓치지 않는다고 자신의 능력을 과신하는 위험에 빠질 수 있다. 하지만 부주의 맹시 실험이 보여주듯이, 우리는 고릴라처럼 중요하고 특이한 세부 내용을 너무나도 쉽게 놓친다!

예를 들어 누가 무엇을 보고서 유령이라 생각했다고 하자. 하지만 그 유령은 그 사람의 뇌가 세부적인 것에 집중하느라 나머지 풍경을 무시한 결과로 나타날 수 있다. 예컨대 뇌가 유령이라고 생각한 것에 너무 몰두

the invisible gorilla 사이트의 초기 화면

한 나머지 몇 미터 떨어진 곳에 있는 잔디밭 조명이 덤불에 비쳐 유령 비슷한 이미지를 만들어낸다는 사실을 눈치채지 못할 수도 있다. 따라서 부주의 맹시는 기묘한 것을 목격했다는 이야기를 의심하고 추가 증거를 요구해야 하는 또 한 가지 이유이다.

## 확증 편향

훌륭한 회의론자가 되길 원하는 사람은 '확증 편향'을 이해하고, 의식적으로 그것에 저항해야 한다. 어느 누구도 확증 편향에서 완전히 벗어날 수는 없지만, 그런 것이 있다는 사실을 알면 그 노예가 되어 잘못된 믿음에 빠지는 걸 피할 수 있다. 확증 편향은 자신의 믿음에 대해 생각할 때, 회의론자를 포함해 누구에게나 일어나는 문제이다. 확증 편향에 빠진 사람은 자신의 믿음을 지지하는 증거와 주장에 마음이 끌리는 반면, 자신의 믿음을 부정하는 증거와 주장을 배척하려고 한다. 확증 편향은 기묘하고 증명되지 않은 주장을 훨씬 쉽게 믿게 만든다. 예를 들어 심령술을 믿는 사람의 뇌는 누가 텔레비전에 나와 '과학이 확인한 심령술'에 대해 이야기하면 갑자기 활기를 띠면서 흥분한다. 텔레비전에 출연한 사람이 한 이야기와 제시한 '사실'은 그 사람의 뇌에서 '최우선 순위'로 분류되어 나중에 써먹기 위해 저장된다. 하지만 나 같은 회의론자가 텔레비전에 나와 심령술이 왜 성립하는 것처럼 '보이는지' 그리고 그것을 믿는 것이 왜 어리석은지 설명하기 시작하면, 그 사람의 뇌는 본능적으로 방어 태세에 돌입한다. 회의론자가 하는 이야기는 단 한 마디도 귀에 들어오지 않는다. 귀에 들어오는 말도 즉각 기억에서 영구 삭제되고 만다.

여기서 가장 나쁜 사실은 이상한 것을 믿는 사람이 자신이 얼마나 편향돼 있는지 알아채지 못한다는 것이다. 그는 자신이 아주 합리적이고 공정하다고 생각한다. 이런 일은 단지 심령술을 믿는 사람에게만 일어나는 게 아니다. 우리 모두가 이런 종류의 왜곡된 사고방식에 취약하다.

훌륭한 회의론자는 열린 마음을 유지하려 하고, 아무리 그럴듯하고 인기가 많더라도 자신의 결론과 믿음을 다시 비판적으로 생각해보는 게 좋다는 사실을 안다. 이런 태도를 가져야 하는 이유는, 우리가 사고를 늘 완벽하게 하는 것이 아니고, 모든 것은 변하기 때문이다. 그 어떤 것도 영원히 변치 않을 것이라고 믿어서는 안 된다. 물론 어떤 결론은 아무리 시간이 흘러도 옳을 가능성이 높다. 하지만 어떤 것이 과연 그런지는 확신할 수 없다. 이런 상황에서 우리가 할 수 있는 최선의 행동은 증거로 뒷받침되는 결론을 받아들이고, 나중에 그것을 부정하는 증거가 더 훌륭한 것이 나오면 마음을 바꾸는 것이다.

어떤 주장이나 믿음 또는 결론에 완전히 빠져서는 안 된다. 나는 점성술이 옳지 않다고 생각하지만, 내가 죽을 때까지 무슨 일이 있어도 이 견해를 바꿀 수 없다는 입장은 아니다. 만약 별과 행성의 위치 때문에 천칭자리인 사람은 최고의 애인이고, 염소자리인 사람은 훌륭한 정원사임을 보여주는 과학적 증거가 나온다면, 나는 즉각 점성술에 대한 생각을 바꿀 것이다. 마음을 바꾸는 것은 괜찮다. 그것은 지혜와 성숙을 의미한다. 무슨 일이 있어도 자신의 믿음을 바꾸지 않는 것이야말로 잘못이고 문제이다. 중요한 것은 항상 진실과 현실과 함께 가려고 노력하는 것이다. 그러려면 평생 동안 살아가면서 여러 번 방향을 바꾸어야 한다.

## 불쌍한 그레첸 그린검스 이야기

다음 이야기는 뇌가 어떻게 우리에게 실제로 존재하지 않는 것을 믿게 하는지 그 기묘한 작용 방식을 보여주기 위해 지어낸 것이다.

이것은 훌륭한 회의론자가 되지 못하는 바람에 비극적인 운명을 맞이한 한 소녀의 이야기이다. 그 때문에 아주 똑똑했던 소녀는 아까운 뇌를 썩히고, 헛된 것을 좇느라 인생을 낭비했다. 확실한 증거도 없는 상황에서 특이한 주장을 받아들이려고 하는 자신을 발견할 때마다 이 비극적인 이야기를 떠올리면서 자신을 억제하기 바란다. 그 주장은 옳은 것일 수도 있지만, 믿기 전에 신중하게 생각하도록 최선을 다하라. 합당한 이유 없이 어떤 것을 믿고 싶은 충동이 들 때면 이 소녀에게 일어난 일을 기억하라.

그레첸 그린검스는 장래가 촉망되는 어린이였다. 인구 7495명의 작은 도시 로트브리지에서 그레첸은 가장 똑똑하고 인기 있는 어린이였다. 그레첸은 특별한 아이였고, 모두가 그것을 알았다. 게다가 아주 귀엽기까지 했다. 위턱이 아래턱보다 더 튀어나오고 이마가 네안데르탈인처럼 툭 튀어나오긴 했지만, 그런 것에는 아무도 신경 쓰지 않았다. 그레첸에게는 특별한 재주가 있었고, 사람들은 그것 때문에 그레첸을 좋아했다. 그레첸은 모두에게 사랑과 존경을 받았기 때문에, 5학년 회장으로 출마했을 때 아무도 반대하지 않았다. 그레첸은 늘 기대 이상의 성공을 거두는 특별한 아이였고, 많은 어른은 그레첸이 나중에 크게 출세할 것이라고 생각했다. 여러 사람은 그레첸이 언젠가 로트브리지에서 가장 유명한 사업인 재활용 공장의 운영을 맡을 것이라고 공공연히 이야기했다. 이 재활용 공장에서는 고양이 대소변용 점토를 이용해 틀니와 화려한 담배 파이프를 만들었다. 하지만 그레첸에게는 그것보다 훨씬 원대한 계획이 있었다.

그레첸은 고등학교를 졸업한 뒤에 대학에 진학해 천문학 학위를 따겠다는 목표를 세웠다. 그리고 끈 이론을 증명하거나 틀렸음을 입증하고, 암흑 물질과 암흑 에너지의 수수께끼를 풀겠다는 꿈을 스스럼없이 이야기했다. 로트브리지 주민들은 그게 무슨 말인지 잘 몰랐지만, 그레첸을 잘 아는 그들은 그 야심을 존중했고 그 꿈을 의심치 않았다.

그레첸은 결코 바보가 아니었다. 학계에서 이룰 원대한 꿈 외에도 세상에서 가장 뛰어난 배턴 트월링(baton twirling. 금속봉을 돌리거나 공중에 던지는 연기를 보여 주는 스포츠) 선수가 되길 꿈꾸었다. 그레첸은 이미 프로-아마추어 통합 로트브리지 배턴 트월링 대회에서 3년 연속 우승을 차지했다. 모두 그레첸이 언젠가 프로 선수가 될 것이라고 생각했다. 단지 경험을 좀 더 쌓고 뒤로 던지기에서 봉을 좀 더 높이 던지기만 하면 될 것 같았다. 이처럼 그레첸은 장래가 촉망되는 로트브리지의 어린이 스타였다. 그런데 어느 여름날에 일어난 사건이 그레첸의 운명을 확 바꿔놓았다.

운동장에서 혼자 배턴 트월링 연습을 하다가 그레첸은 배턴을 하늘 높이 던져올렸다. 이 동작은 이전에 수없이 했던 것이었다. 그런데 이번에는 던져올린 배턴을 바라보던 그레첸의 눈에 뭔가 이상한 게 들어왔다. 하늘 저 높은 곳에서 어떤 물체가 공중에 가만히 떠 있었다. 그것은 기묘한 물체였다. 그레첸은 '비행기는 분명히 아니야.'라고 생각했다. 배턴이 땅으로 떨어질 때까지도 그레첸은 계속 하늘을 쳐다보고 있었다. "도대체 저게 뭘까?"

두려움과 호기심이 교대로 반복되다가 마침내 그 정체를 알았다고 생각하는 순간, 온몸에 전기처럼 짜릿한 흥분이 흘러넘쳤다. "잠깐만, 혹시 저건 UFO가 아닐까? 지난주에 역사 채널에서 봤던 것과 비슷해! 오, 이럴 수가! 게다가 모양도 거기에 나왔던 한 우주선과 비슷하잖아! 저건 외계인의 우주선이 분명해! 다른 것일 리가 없어."

믿는 대로 보인다. 많은 사람들은 우리가 눈으로 사물을 본다고 믿지만, 실제로는 눈으로 보는 게 아니라 뇌로 본다. 뇌는 눈을 통해 들어온 상을 바탕으로 그 장면의 그림을 만들어내기 때문이다. 그것은 우리 앞에 실제로 존재하는 풍경을 완벽하게 반사한 모습이 아니다. 더구나 뇌가 보는 것은 뇌가 이미 믿고 있던 것에서 큰 영향을 받을 수 있다. 그레첸은 얼마 전에 UFO를 비과학적으로 다룬 텔레비전 프로그램을 보면서 그것을 완전히 믿지는 않았지만, 그 때문에 실제로 존재하지 않는 것을 '볼' 수 있는 상태로 변했는지도 모른다.

그레첸은 그 물체를 자세히 관찰했다. 심장이 콩닥콩닥 뛰었다. 머리 위에 손을 올리고 오늘은 자기 인생에서 가장 중요한 날이라고 크게 소리쳤다. 이제 그 물체는 가만히 머물러 있지 않고 멀리 지평선 쪽을 향해 움직이기 시작했다. "아주 거대해!" 그레첸은 혼잣말로 크게 외쳤다. "족히 300미터는 되겠어! 그러니 기구나 비행선일 리도 없어! 저건 분명히 우주선이야! 그럴 수밖에 없어!" 그리고 그 우주선에 탄 외계인은 어떻게 생겼을까 상상하기 시작했다. 많은 질문이 머릿속에 떠올랐다. 그들의 행성은 어떻게 생겼을까? 그들은 얼마나 똑똑할까? 그들은 우호적일까? 자신들의 지식을 우리에게 나누어주려고 할까? 만약 나쁜 외계인이라면 어떻게 해야 할까? 우리를 잡아먹으려고 하거나 해를 끼치려 한다면 어떻게 해야 할까?

우리 뇌는 아무것도 없는 곳에서도 의미 있는 패턴을 찾으려고 한다. 뇌는 시각적 잡음 속에서 패턴을 찾으려 하고 점들을 연결해 완전한 이미지를 만들려고 한다. 심지어 점들이 실제로는 연결돼 있지 않고, 거기에 아무것도 없을 때조차. 이 사건에서 그레첸은 멀리 있는 새 떼를 본 것에 지나지 않는데, 새 떼는 많은 UFO 목격담의 주요 원인으로 꼽힌다. 자기도 모르게 그레첸의 뇌는 즉각 무리를 지어 날아가는 새들의 점을 연결해 하나의 이미지를 만들어냈다. 게다가 늦은 오후의 햇살이 새의 배에 반사되면서 그 물체가 유난히 밝게 빛나 보였다. 그레첸이 그 물체를 아주 크다고 생각한 이유는, 하늘에 떠 있는 물체의 정체를 정확히 모르면 그 크기를 제대로 가늠하기가 아주 어렵기 때문이다.

그레첸은 결코 바보가 아니었다. 3학년 담임선생님이 수업 시간에 UFO 목격담을 의심해야 하는 이유에 대해 설명한 것도 기억이 났다. 그래서 눈을 깜빡이고 숨을 깊이 들이쉰 다음에 정신을 최대한 집중하여 그것을 다시 보았다.

하지만 그것은 여전히 그 자리에 있었다. "아니야! 이것은 정말로 저기에 있는 거야. 내 상상이 만들어낸 것이 아니야. 그리고 저렇게 큰 물체는 비행기나 헬리콥터나 그 비슷한 것일 리가 없어! 저것을 설명할 수 있는 물체는 하나도 생각나지 않아. 그러니 저건 외계인의 우주선이 분명해!"

그레첸은 몇 분 동안 그 물체를 계속 관찰
했다. 하지만 자기 뒤쪽에서 해가 지자
UFO도 사라졌다. 방금 경험한 것에 크게
놀란 그레첸은 숨을 깊이 들이쉬었다. "이야!
방금 내가 우주에서 날아온 UFO를 본 거야?"
손이 덜덜 떨렸지만, 더 이상 두렵지는 않았
다. 대신에 흥분에 휩싸였다. 그레첸은 '이건
정말 환상적인 일이야.'라고 생각했다. '이제
나는 확실히 알아. 외계인은 실제로 존재해!
우주에 우리만 있는 게 아니었어!'

그레첸은 집을 향해 최대한 빨리 달렸다.

집에 와서 그레첸은 가족에게 자기가
본 UFO 이야기를 했다. 다음 날, 그레첸은 학
교에 가서도 모두에게 그 이야기를 했다. 그레
첸은 똑똑하고 정직한 것으로 정평이 나 있었
기 때문에 모두가 그 이야기를 믿으려고 했다.

우리가 어떤 장면을 볼 때, 거기에 있는
모든 것이 다 보이는 것은 아니다. 우리
는 어떤 장면을 보면서 거기에 집중한
다고 생각하더라도, 바로 눈
앞에서 일어나는 중요한 것들
을 놓칠 수 있다. 부주의 맹시
는 인간의 뇌에 흔히 일어나는 문제이
다. 앞에서 소개했던 고릴라 실험을 떠
올려보라. 그레첸은 '우주선'에 너무 초
점을 맞춘 나머지 자신의 시야 바로 앞
에서 또 다른 새 떼가 옆으로 날아가는
것을 놓쳤다. 만약 그 새 떼를 보았더
라면, 멀리서 보이는 것이 무엇인지 금
방 알아챘을지도 모르는데 말이다. 또
한 그레첸은 그 물체의 정체를 알 수 없
다는 이유로 그것이 외계인의 우주선이
틀림없다고 성급한 결론을 내리는 실수
를 저질렀다. 훌륭한 회의론자라면, "알
수 없다."라는 결론을 선택했을 것이다.

똑똑하고 정직한 사람도 실수나 잘못
을 자주 저지른다. 초자연적이거나 초
정상적인 경험을 했다고 주장하는 사
람들은 대부분 거짓말을 하
거나 심각한 정신병이 있어서
그렇게 주장하는 것이 아니
다. 그보다는 정말로 뭔가를 보았거나
경험했을 가능성이 높다. 하지만 그 '뭔
가'는 정상적인 사람들도 뇌가 실제 사
건을 잘못 해석하거나 환상을 현실과
혼동할 때 경험할 수 있는 종류의 것이
다. 이런 이유 때문에 우리는 다른 사
람들의 주장뿐만 아니라, 자신의 생각과
지각도 의심해야 한다.

플러스턴 선생님은 "와우! 그렇다면 외계인이 정말로 있다는 이야기군요. 정말로 놀라운 일이에요! 자, 여러분, 이번 주에는 UFO를 주제로 특별 수업을 하는 게 어떻겠어요?"라고 말했다.

학생들은 일제히 "좋아요!" 하고 외쳤다. 플러스턴 선생님은 집에서 '교육적인' 유사역사학 채널에서 방송한 프로그램의 DVD를 몇 개 가지고 오겠다고 말했다. 그리고 그중 하나는 제2차 세계 대전 때 히틀러가 외계인 우주선을 사용해 하마터면 전쟁에서 승리할 뻔했다는 이야기를 소개한다고 설명했다. 학생들은 다시 환호했는데, 이번에는 소리가 더 컸다. 그리고 플러스턴 선생님은 "또 다른 DVD는 외계인이 오래전에 지구를 방문해 실수로 애완동물을 몇 마리 남겨두고 떠났다고 이야기해요. 그런데 이 애완동물이 우리의 먼 조상이었다고 설명해요."라고 덧붙였다. 이번에는 학생들이 모두 자리에서 일어나 열렬히 박수를 쳤다.

학급에서 귀여운 어릿광대 역할을 하는 케빈이 힘차게 손을 들더니, 아빠가 보는 '과학책' 중에 로스웰에 추락한 UFO를 다룬 게 있는데, 그 책을 가져오겠다고 말했다. "그 책에는 외계인의 몸을 촬영한 진짜 사진도 들어 있어요!"라고 말하면서. 플러스턴 선생님은 승낙의 의미로 고개를 끄덕였다. 일부 아이들은 환호하면서 하늘을 향해 주먹을 내질렀다. 심지어 학급에서 성격 나쁘기로 유명한 토드조차 이 분위기에 동참해 "마침내 우리도 진짜 과학을 배우게 됐군요! 좀 더 일찍 했어야 하는 건데!"라고 말했다.

주말 무렵에는 온 학교가 그레첸의 UFO 목격 이야기로 떠들썩했다. 그리고 얼마 후에는 온 도시가 UFO 이야기로 왁자지껄했다. 하루는 그레첸이 학교에서 집으로 돌아오자, 지역 신문 기자가 인터뷰를 하기 위해 기다리고 있었다. 그 다음 날, 지역 신문 일면에 그레첸의 이야기가 실렸다. 그레첸의 설명을 바탕으로 그린 우주선 스케치도 포함돼 있었다. 그 그림에는 그레첸이 보았다고 말하지 않았지만, 화가가 사람들의 흥미를 더 끌 것이라고 생각해 추가한 세부 모습도 여러 가지 포함돼 있었다. 그레첸은 우주선 옆쪽의 기묘한 자국이나 미사일 비슷한 것을 전혀 보지 못했으며, 그림에서 묘사한 것처럼 창문을 통해 손을 흔드는 외계인은 더더욱 본 적이 없었다. 하지만 그 물체의 전반적인 형태는 대체로 비슷했기 때문에 그레첸은 그 점을 지적하지 않았다.

게다가 로트브리지 시장은 시청에서 연 특별 행사에서 공식적으로 그레첸을 치하했다. 심지어 멋진 명판까지 선물했다. 그 행사에서 시장은 그레첸을 영웅이라고 불렀다. 그리고 자신도 UFO를 믿는다면서 모든 사람에게 "그들은 분명히 그곳에 있으니" 하늘을 잘 관찰하라고 권했다.

영웅에게도 세월은 똑같이 화살처럼 빨리 흘러간다. UFO를 본 지 15년이 지난 뒤에도 그레첸은 여전히 똑똑하고 귀여웠다. 하지만 이전과 같은 인기를 누리진 못했다. 그날 이후로 그레첸의 인생은 확 바뀌었다. 그레첸은 우

명성과 지위가 높다고 해서 반드시 옳은 것은 아니다. 이상한 주장을 펼치는 사람의 신뢰도와 명성이 중요하긴 하지만, 거기에는 한계가 있다. 이런 것들은 훌륭한 증거보다 훨씬 덜 중요하다. 특이한 주장을 하는 사람이 아무리 훌륭한 업적을 이루고 정직하다 하더라도, 그 역시 어디까지나 사람이며, 따라서 다른 사람과 마찬가지로 환상과 현실을 혼동할 수 있다는 사실을 명심하라. 언론에 보도되는 내용도 무조건 믿지 않도록 경계해야 한다. 기자들 역시 사람이기 때문에, 그들이 하는 일에도 믿음이나 편향, 약한 회의론이 끼어들 수 있다. 우리가 권위 있는 사람을 존경하고 따르고 믿는 경향도 경계해야 한다. 시장이나 교육자처럼 권력과 신망을 가진 자리에 있다는 이유만으로 그 사람이 다른 사람과 달리 가짜 믿음에 빠지지 않을 것이라고 생각해서는 안 된다.

주선이 다시 돌아올 것이라고 믿었고, 그래서 점점 더 많은 시간을 하늘을 쳐다보고 기다리는 데 보냈다. 세월이 지나면서 고장 사람들과 친구들 그리고 결국에는 가족마저도 그 이야기가 지겨워졌다. 그들은 여전히 그레첸을 좋아했고, 대부분의 사람들은 그레첸이 나쁜 의도로 그랬다고 생각하지 않았지만, UFO를 찾기 위한 다년간의 노력과 끊임없는 외계인 이야기에도 불구하고 아무 성과가 없자, 이 모든 일은 이제 지긋지긋해졌고 이야기하기 쑥스러운 것으로 변했다. 그리고 많은 사람들은 큰 잠재력을 지닌 젊은이가 모든 일을 내팽개치고 허구한 날 하늘만 바라보는 모습을 보는 것이 그리 마음이 편치 않았다.

하지만 그레첸은 개의치 않았다. 그레첸은 날마다 고개를 쳐들고 하늘을 훑으면서 UFO를 찾았다.

하루는 아버지가 "그래도 가끔은 땅을 좀 보고 살렴!" 하고 소리쳤다. "제발! 넌 하루 종일 구름을 쳐다보느라 인생을 낭비하고 있어!" 하지만 그레첸은 계속 하늘만 올려다보면서 외계인이 돌아오길 기다렸다. 슬프게도 그렇게 헛된 세월을 보내는 바람에 그레첸은 이곳 지상에서 펼쳐야 할 자신의 꿈을 모두 잃어버렸다.

그레첸은 대학도 가지 않았다. 재활용 공장을 운영하는 일도 맡지 못했다. 대신에 고등학교를 졸업하자마자 '외계인학'에 푹 빠졌다. UFO와 외계인에 대한 믿음을 조장하는 책과 잡지, 웹사이트는 모조리 다 읽었고, 외계인 납치, 로스웰 UFO 추락 사건, 51구역에서 일어나는 비밀 활동, 외계인과 소통을 한다는 사람들에 관한 글도 찾아 읽었다. UFO를 타고 우주를 여행한 적이 있다고 주장하는 사람들의 강연도 찾아가 들었다. 어느 주말에는 라스베이거스에서 라엘리안 무브먼트(*Raelian movement.* 1973년과 1975년에 외계인 엘로힘과 접촉했다고 주장한 라엘이 1975년 스위스 제네바에서 창설한 무신론적 종교 단체. 인간을 비롯한 지구상의 모든 생명체는 외계인 엘로힘의 DNA 합성을 통해 실험실에서 과학적으로 창조되었다는 이른바 지적 설계론을 주장한다) 회원들과 함께 광란의 파티를 하며 어울리기도 했다. 그리고 〈제3종 근접 조우〉라는 영화 DVD를 너무 많이 반복해서 보는 바람에 어느 날 DVD 플레이어가 수명이 다해 꺼지고 말았다.

그레첸에게 가장 영광스러웠던 순간은 황금 시간대에 방영된 〈노스트라다무스: 비범한 인간인가, 외계인 점성술사인가?〉라는 유사역사학 채널 다큐멘터리에 27초 동안 등장했을 때였을 것이다. 그레첸은 촬영 카메라 앞에서 UFO를 목격한 이야기를 한참 했지만, 그것은 최종 편집을 무사히 통과하지 못했다. 그들은 단지 그레첸이 외계인에게 미래를 예측하는 능력이 있는 것 같으며, 따라서 노스트라다무스가 외계인이거나 적어도 외계인에게서 도움을 받았을 가능성이 있다고 한 말만 따다 썼을 뿐이었다.

그레첸은 UFO 목격 주장을 의심하는 책에는 아무 관심도 없었으며, 전문 천문학자나 SETI(외계 지적 생명 탐사) 연구자, 우주생물학자, NASA 연구자들의 견해에는 전혀 귀를 기울이려 하지 않았다. 이 문제에 관한 한, 이들보다 자신이 더 잘 안다고 믿었다. 자신은 두 눈으로 외계인의 우주선을 똑똑히 보았지만, 그들은 보지 못했기 때문에 그렇게 주장한다고 생각했다. 오빠는 UFO 이야기를 의심했고, 자주 그레첸과 이 문제에 대해 토론을 하려고 시도했지만, 그레첸은 오빠의 말에 귀를 기울이려 하지 않았다. 스스로에게 "오빠는 보지 않았으니까 제대로 알지 못하는 거

확증 편향은 자신의 믿음을 비판적으로 생각하는 걸 방해한다. 우리는 자신의 믿음을 지지하는 정보에는 주의를 기울이고 잘 기억하는 반면, 자신의 믿음을 의심하거나 반박하는 정보는 피하려 하고 잊어버리는 경향이 있다. 이러한 확증 편향은 누구에게나 어느 정도 있기 때문에, 일상생활에서 강한 회의론적 태도를 유지하는 게 중요하다. 터무니없는 생각에 시간을 낭비하고 싶지 않다면, 확증 편향이 어떤 것인지 잘 알고 그것을 물리치도록 노력해야 한다. 열린 마음을 유지하고, 다른 개념과 증거가 아무리 이상하고 불편하게 느껴지더라도 그것을 신중하게 고려하도록 노력해야 한다. 특이한 주장이 틀렸음을 입증하는 것은 회의론자의 책임이 아니다. 그 주장을 한 사람에게 그 주장이 옳음을 입증해야 할 책임이 있다.

야. 게다가 오빠는 내 이야기가 틀렸음을 입증할 수도 없어."라고 말하면서.

그레첸이 UFO를 목격한 그날은 이제 먼 옛날이 되었다. 그레첸은 이제 머리가 하얗게 세었다. 그레첸은 50여 년 전에는 어느 누구도 예상하지 못했던 삶을 살다가 인생의 황혼을 맞이했다. 그동안 로트브리지를 떠난 적은 한 번도 없었고, 끈 이론은 연구하려는 시도조차 하지 않았다. 뛰어난 재능이 있었지만, 5학년 이후에는 배턴 트월링 대회에 나가 다른 사람들과 실력을 겨루지도 않았다.

지금도 그레첸은 고개를 하늘로 향한 채 마을을 돌아다닌다. 거리에서 만난 사람과 대화를 나눌 때에도 상대방과 눈을 마주치는 일이 드물다. 그저 하늘을 바라보느라 바쁘다. 이 때문에 엉망이 된 것은 사교 생활과 경력뿐만이 아니었다. 그레첸의 다리는 온통 흉터로 뒤덮여 있다. 하늘만 보고 걷느라 땅을 제대로 살피지 않아 사고를 많이 당했기 때문이다. 그동안 소화전이나 공원 벤치, 스케이트보드 타는 사람과 부딪치는 사고가 아주 많이 일어나 아직까지 무사히 살아 있는 게 신기할 정도이다. 만약 잘 모르는 상태에서 그녀를 만나 심하게 짓이겨진 흉터투성이 다리를 본다면, 태국에서 킥복싱 선수로 활동하다가 은퇴한 선수가 아닐까 하는 생각이 들 것이다. 그렇다, 그레첸이 UFO를 봤다고 생각한 바로 그날이 그녀의 인생을 완전히 뒤바꿔놓았다.

그레첸은 요즘 작은 아파트에서 홀로 UFO 뉴스레터를 써서 웹에 올리며 대부분의 시간을 보낸다. 유사역사학 채널에 27초 동안 나왔던 자신의 목소리를 듣길 원하는 사람이 있으면 누구에게나 그 DVD를 틀어준다. 그리고 1년에 두 번 로트브리지 공립 도서관에서 'UFO 과학'을 주제로 강연을 한다. 매번 거의 똑같은 소수의 청중이 참석한다. 이들은 UFO를 맹신하는 사람들과 노숙자, 그리고 연애 소설을 찾으러 왔다가 길을 잃고 온 사람들이다. 하지만 그레첸은 자신의 메시지를 전달할 기회를 놓치지 않는다. 강연 시간이 되면 그레첸은 열정이 불타오른다. "저는 외계인이 우리를 찾아온다는 사실을 알고 있습니다. 이 두 눈으로 똑똑히 보았어요. 그들은 이곳에 와 있어요."

눈을 전혀 깜박이지 않는 그녀의 시선에서 어떤 사람은 오싹함을 느낀다. 하지만 어떤 사람은 그녀에게 감명을 받아 그 이야기를 믿는 것처럼 보인다. 그레첸은 대개 이런 식으로 이야기한다.

"오래전 그날의 일이 지금도 생생하게 떠올라요. 내 머리 바로 위에 우주선이 떠 있었지요. 우주선은 은빛이었고, 조명이 번쩍였어요. 선체에는 기묘한 문양들이 있었어요. 양 옆쪽에는 미사일이나 보조 로켓 같은 것이 붙어 있었어요. 심지어 창문 안쪽도 보였는데, 그 안에 머리가 큰 외계인이 타고 있는 게 보였어요. 그 외계인은 아주 창백해 보였고, 몸은 회색 또는 흰색이었어요. 커다란 그 검은색 눈이 결코 잊어지지 않아요. 그러고 나서 그 외계인은 내게 손을 흔들었어요. 그래요, 나는 그 순간을 결코 잊지 못할 거예요."

과학은 우리 기억을 완전히 믿을 수 없다는 것을 보여주었다. 뇌는 과거의 사건을 정확하게 재생해서 보여주지 않는다. 뇌는 단편적인 정보를 바탕으로 기억을 만들어낸다. 이 과정에서 뇌는 기억을 잘라내기도 하고 윤색하기도 한다. 즉, 삭제되는 내용도 있고, 새로 첨가되는 내용도 있다. 때로는 다른 기억이 섞이기도 한다. 영화나 텔레비전, 책에서 본 내용이 섞여 들기도 한다. 이 모든 일은 우리가 눈치채지 못하게 감쪽같이 일어날 수 있다. 결코 일어난 적도 없는 일을 기억하면서 우리는 100% 정확하다고 믿는다. 따라서 신뢰도와 정직성, 지능, 명성 등은 그 사람이 어떤 일을 정확하게 기억하느냐 못 하느냐 하는 것하고는 아무 관계가 없다. 사람을 믿되, 그의 기억은 믿지 말라.

그레첸은 87세의 나이로 세상을 떠났다. 죽기 직전까지도 그녀는 오래전에 외계인의 우주선을 보았다는 자신의 믿음을 의심하지 않았다. 그 사건에 다르게 반응할 수도 있었다는 생각은 결코 하지 않았다. 자신이 본 UFO가 사실은 새 떼와 지는 해와 뇌가 합작해 자신을 속인 것일지도 모른다는 생각은 전혀 하지 못했다. 확증 편향이나 부주의맹시라는 개념은 들어보지도 못했다. 기억은 뇌가 조작할 수 있으므로 확실하게 믿을 수 있는 게 아니라는 개념도 배운 적이 없었다. 알지도 못하는 것을 아는 체하기보다는 답을 모르는 상태로 내버려둔 채 살아가는 게 더 낫다고 충고해준 사람은 아무도 없었다. 똑똑한 소녀에게 무엇을 믿기 전에 신중하게 생각하는 게 중요하다고 가르쳐준 사람도 아무도 없었다.

회의론적 태도가 약해서 그 대가를 치른 사람은 그레첸뿐만이 아니었다. 모두에게 그 피해가 돌아갔다. 가족은 딸이 훌륭한 일에 도전해 노력하는 것을 지켜보는 즐거움과 보람을 잃었다. 로트브리지는 고장에서 똑똑한 인재를 한 명 잃었다.

실제 세계에서도 이와 똑같은 일이 일어난다. 큰 잠재력을 가진 사람들이 비합리적인 믿음에 희생될 때마다 우리 세계의 잠재력은 그만큼 줄어드다. 슬프게도 이런 일은 매일 매분 일어난다. 가상의 이야기에 등장한 그 레첸 같은 수백만 명의 사람들이 허무맹랑한 주장에 빠지는 바람에 훌륭한 뇌를 썩히면서 아까운 인생을 낭비한다.

## 편향에 휘둘리는 뇌

누구나 지닌 정신적 편향과 우리가 생각을 할 때 저지르는 보편적 오류를 다음에 소개한다. 이런 편향과 오류 때문에 우리는 의심스럽거나 틀린 주장과 믿음을 쉽게 받아들일 수 있다. 훌륭한 회의론자가 되려면, 심리학 학위를 딸 필요까진 없지만, 내 생각이 나를 속일 수 있다는 사실을 어느 정도 알고 있어야 한다. 그런 약점에서 완전히 벗어날 수는 없지만, 많이 알수록 스스로에게 속아 넘어갈 위험에서 더 안전하다. 또, 자신이 믿는 것을 다른 사람에게 믿게 하려고 설득하는 사람들이 사고 과정에서 어떻게 잘못된 길로 빠졌는지 이해하는 데에도 도움이 된다. 이 기묘한 사고 과정 때문에 똑똑하고 멀쩡하고 성실한 수십억 명의 사람들이 매일 터무니없는 생각에 빠진다.

어떤 사람들은 이 사실에 깜짝 놀랄지 모르지만, 뇌의 활동 중 의식적으로 일어나는 것은 극히 일부에 지나지 않는다. 매일 뇌에서 일어나는 일 중 90% 이상은 무의식적으로 일어난다. 즉, 이런 일들은 우리가 일어나는지도 모르게 일어난다.

뇌에 관한 기본 정보를 모두가 알아야 하고, 그것도 일찍부터 알아야 할 필요가 있다. 하지만 불행하게도 전 세계의 대다수 사람들은 평생 동안 그것을 배울 기회조차 얻지 못하고 살아간다. 이것은 수많은 뇌가 결국은 잘못된 길로 접어드는 한 가지 이유이다.

하지만 여러분은 그러지 않길 바란다.

✢ **닻 내리기** 이 편향은 과거의 어떤 경험이나 정보에 지나치게 의존하게 만듦으로써 그것과 어긋나는 새 정보(아무리 많거나 더 나은 것이라도)를 무시하거나 거부하게 만든다. 과거의 오류에 닻을 내림으로써 더 풍요롭고 분별 있는 땅으로 자유롭게 항해할 기회를 놓치지 말라.

✢ **권위자의 주장** 우리는 사회적 서열을 생각하는 데 많은 시간을 쓰면서 살아가는 사회적 동물이다. 이 강박 관념의 한 가지 부산물은 서열이 높은 사람의 주장이나 개념을 맹목적으로 신뢰하는 경향이다. 권위가 있거나 우월한 지위에 있는 사람의 인식은 그것이 옳건 그르건 우리에게 큰 영향을 미친다. 훌륭한 회의론자는 어떤 주장의 장단점을 그 주장을 한 사람과 따로 분리해 평가할 수 있다. 우리보다 아래에 있는 사람도 진실을 말할 수 있고, 우리보다 위에 있는 사람도 거짓을 말할 수 있다는 사실을 명심하라. 말하는 사람보다는 그 사람이 전하는 메시지에 더 주의를 기울이도록 노력하라.

✢ **무지에서 비롯된 주장** 모르는 것은 모르는 것이다! 많은 사람들은 정상적이고 분별 있는 답을 얻을 수 없으면, 그 답은 뭔가 특별하거나 마법적이거나 초자연적인 것이라고 믿는 경향이 있다. 하지만 그렇지 않다. 밝혀지지 않은 것은 그저 아직 밝혀지지 않았을 뿐이다. 누가 "정확하게 어떻게 일어났는지 설명할 수 없으니, 그것은 기적임이 분명해."라고 말한다면, "기적이 정확하게 어떻게 일어났는지 설명할 수 없으니, 그것은 자연적으로 일어난 사건임이 분명해."라고 말해주라.

✢ **가용성 폭포** 만약 어떤 말을 계속 반복한다면, 설사 그것이 진실이 아니더라

도, 그 말을 하는 사람은 그것을 점점 진실로 믿게 될 가능성이 높다. 말을 할 때 우리는 자신의 말에 귀를 기울이고, 자신이 듣는 말을 믿게 된다. 그러니 자신이 떠들고 다니는 말에 주의해야 한다. 그것이 과연 옳은지 꼼꼼히 따져보라. 왜냐하면, 여러분의 뇌가 늘 그 말을 듣고 있기 때문이다.

✚ **가용성 발견법** 이것은 아주 큰 편향이다. 우리는 추상적인 사실과 통계 자료보다는 우리 머릿속에 있는 '실제적인' 한두 가지 사례에 훨씬 큰 영향을 받는 경향이 있다. 그래서 신뢰할 만한 연구자들이 귀 캔들링(*ear candling*. 양초를 태워 거기서 발생하는 음압으로 귀지나 귓속의 이물질을 제거하는 시술법)이 건강에 아무런 이득이 없음을 밝힌 연구 결과를 보여주더라도, 약한 회의론자는 시큰둥한 반응을 보인다. 왜냐하면, 그 사람은 너무 바빠서 연구 결과는 귀에 들어오지도 않는 대신에, 코곁굴(*머리뼈 속에서 코 안쪽으로 이어지는 구멍. 부비강이라고도 함*)이 깨끗해졌고 현기증도 나았다고 말한 가족의 의견에 마음이 쏠리기 때문이다.

✚ **역효과** 나는 이런 일이 일어나는 것을 늘 보는데, 그때마다 몹시 화가 난다. 역효과(backfire effect)는 자신이 믿는 것을 반박하는 증거나 강한 논증 앞에서 오히려 잘못된 믿음을 더 강하게 지지하는 편향을 말한다. 자신의 견해를 절대로 바꾸려 들지 않는 이 편향 때문에 더 강력한 증거가 나올수록 오히려 그 사람은 비합리적인 믿음을 더욱 옹호하려 든다. 그러니 이 편향을 경계하고 멀리하도록 노력하라. 그러지 않았다간 여러분도 결국 터무니없는 믿음에 빠지고 말 것이다.

✚ **기저율 오류** 이 편향은 우리를 쉽게 탈선하게 만든다. 우리는 기저율 오류 때문에 더 믿을 만한 정보나 많은 자료를 무시하고, 어떤 주장을 뒷받침하는 적은 정보(예컨대 단 한 가지 이야기)나 나쁜 데이터에 푹 빠지는 경향이 있다.

✚ **편향 맹점** 모든 사람이 이 편향에서 자유롭지 않지만, 나는 회의론자에게 이

편향을 특별히 주의해야 한다고 항상 강조한다. 우리는 자신의 편향이나 비논리적 사고보다는 다른 사람의 편향이나 비논리적 사고가 더 쉽게 눈에 들어오는 경향이 있다. 그래서 다른 사람들보다 자신이 어리석은 생각에 속아 넘어갈 가능성이 적다고 여긴다. 이런 종류의 오만은 여러분을 곧장 거미줄로 인도할 수 있다.

✚ **작화** 작화(作話) 또는 작화증은 자신이 기억하지 못하는 부분을 허구로 메우고는, 자신이 허구로 메운 기억을 사실이라고 믿는 것을 말한다. 이것은 모든 사람이 가진 치명적인 약점으로, 이 때문에 어떤 일을 부정확하게 기억하면서도 그 기억이 정확하다고 생각한다. 앞에서 설명했듯이, 우리 뇌는 사건들의 시간 순서를 뒤섞거나 서로 다른 사건들을 합쳐 그럴듯한 기억을 만들어내는 경향이 있다. 훌륭한 회의론자는 이 점을 명심해야 하는데, 아주 똑똑하고 존경받고 진지한 사람들도 과거에 경험한 것을 이야기할 때 오류를 범할 수 있기 때문이다.

✚ **확증 편향** 앞에서 설명했듯이, 이 해로운 정신적 여과 과정은 자신의 믿음을 뒷받침하는 정보와 경험은 잘 알아보고 기억하는 반면, 자신의 믿음과 반대되는 자료를 무시하거나 거부하게 만든다. 이 편향에 주의하도록 하고, 항상 자신의 주장과 반대되는 증거와 논증에도 귀를 기울이도록 노력하라. 훌륭한 회의론자는 항상 마음이 열려 있어야 한다.

✚ **동조 또는 편승 효과** 여러분은 아마도 자신을 독립적으로 생각하는 개인이며, 다른 사람들의 생각이나 행동에 별로 영향을 받지 않는다고 생각할 것이다. 하지만 사실은 먹고 입고 말하고 '생각하는' 것을 포함해 모든 측면에서 우리는 사회적 압력에 유혹을 받으며 종종 굴복한다. 훌륭한 회의론자는 자신의 믿음과 결론을 검토할 때 이 사실을 기억한다. 이것은 정말로 내가 스스로 생각한 것인가, 아니면 단순히 집단의 생각을 따른 것인가? 이 때문에 부끄러워할 이유는 전혀 없다. 우리는 모두 집단과 어느 정도 동조하는 게 필요하고 또 그러길 원한

다. 다만, 이 강력한 압력에 굴복해 맹목적으로 판단하거나 행동하지 않도록 조심하라.

**✚ 정서 편향성** 이 편향은 아주 단순하지만, 많은 문제를 일으킬 수 있다. 우리는 감정에 쉽게 압도되어 바로 눈앞의 적절한 정보를 보지 못하거나 고려하지 못할 수 있다. 감정은 삶의 활력소이지만, 의사 결정 과정을 지배하도록 내버려두어서는 안 된다. 감정에 휘둘리지 말고, 깊이 생각하라!

**✚ 합의성 착각 효과** 이것은 자신이 믿는 것에 동의하는 사람의 수를 과대평가하는 경향이다. 이 때문에 사람들은 자신의 믿음을 더 확신하는 경향이 있다. 예컨대, '만약 모든 사람이 유령을 믿는다면, 유령은 실재하는 게 틀림없어!'라고 생각하게 된다.

**✚ 거짓 기억** 이것은 모든 사람에게 보편적으로 일어나는 문제로, 상상한 것을 실제로 일어난 일의 기억으로 착각하는 것을 말한다. 이것이 천사 목격에서부터 임사 체험과 외계인 납치에 이르기까지 모든 사건에서 어떤 효과를 나타낼지는 명백하다.

**✚ 포러 효과**Forer effect **또는 바넘 효과**Barnum effect 이 편향은 심령술이나 점성술이 왜 인기가 있는지 설명한다. 예를 들어 일반적인 성격에 대해 이야기하더라도, 많은 사람들은 자연히 그것을 자신의 성격을 독특하고 특별한 방식으로 표현한 것이라고 생각한다. 그 묘사가 아주 모호해서 많은 사람 혹은 심지어는 모든 사람에게 적용할 수 있는 것인데도 말이다.

**✚ 틀 효과** 이 편향은 저자인 나를 불안하게 한다. 우리는 정보와 개념을 그것을 전달하는 사람과 전달하는 방식을 기초로 판단하는 경향이 있다. 따라서 만약 여러분이 나를 좋아하지 않는다면, 회의론이 여러분을 위해 좋다는 내 메시지를 탐탁지 않게 여길 수 있다. 그래서 나는 여러분이 나를 좋아하면 좋겠다. 하지만

설사 여러분이 나를 좋아하더라도, 그 때문에 회의론적 사고를 무조건 받아들이지는 말기 바란다. 스스로 깊이 생각한 뒤에 그것이 옳다고 판단할 때 받아들이도록 하라.

**✦ 환각** 우리가 실제로 존재하지 않는 것을 보는 능력이 있다는 사실은 잘 알려져 있다. 정말로 기이한 것은 환각이 뇌에서 실제로 존재하는 것을 보고 듣는 일을 담당하는 부분들에서 일어난다는 사실이다. 그래서 환각이 실제인 것처럼 생생하게 느껴질 수 있다. 여기서 자연스럽게 떠오르는 의문은 초자연적 현상이나 초정상적 현상을 반복적으로 경험하는 그 많은 사람들이 왜 그것이 환각일 가능성을 먼저 생각하지 않느냐 하는 것이다. 만약 누가 "그것은 너무나도 생생하여 환각일 리가 없다."라고 말한다면, 그 사람은 환각이 어떤 것인지 제대로 이해하지 못한다고 고백하는 거나 다름없다.

**✦ 사후 과잉 확신 편향** 뇌가 자신을 얼마나 너그럽게 바라보는지 과소평가해서는 안 된다. 이 편향은 자신이 뭔가에 대해 분명히 잘못된 판단을 했다는 사실을 알았을 때, 스스로에게 거짓말을 하게 하고 그것을 믿게 만든다. 이런 경우, 자연스럽게 나오는 반응은 "나는 처음부터 그걸 알고 있었어."라는 식의 자기 합리화이다. 그러나 과연 그랬을까?

**✦ 진실 착각 효과** 처음 듣는 주장보다 귀에 익은 주장을 들을 때, 그것을 믿을 가능성이 더 높다. 즉, 단순히 그동안 'X'라는 진술에 많이 노출되었다는 이유 때문에 'X'를 들었을 때 그것을 신뢰하고 믿기가 더 쉽다는 이야기이다. 이것은 자동차 광고와 세제 광고에서 효과를 발휘하는 것과 마찬가지로, 초감각적 지각 ESP와 음모론에서도 효과를 발휘한다.

**✦ 착각 상관** 이것은 아주 보편적으로 일어난다. 우리가 점들을 연결하길 얼마나 좋아하는지 떠올려보라. 우리 뇌는 이렇게 연결 짓길 아주 좋아하기 때문에, 많

은 사람들은 아무 상관이 없는 사건들을 연결 짓고는 한 사건이 다른 사건의 원인이라고 결론 내리거나, 서로 아무 연관이 없는데도 그 사건들이 의미 있는 방식으로 서로 연관이 있다고 결론 내린다.

✚ **부주의 맹시** 우리는 어떤 것을 응시하면서 거기에 주의를 집중하고 있다고 생각하지만, 실제로는 바로 눈앞에 있는데도 중요하거나 특이한 것을 보지 못할 수 있다. 농구 경기 도중에 갑자기 경기장 한가운데에 나타나 가슴을 치다가 사라진 고릴라를 기억하는가?

✚ **내집단 편향** 이 편향은 누구나 알고 있는 것이지만, 특이한 주장에 맞닥뜨렸을 때 이 편향을 인식하고 거기에 저항하려고 노력하는 사람은 몇이나 될까? 우리는 같은 집단(국가, 종교, 학교, 클럽 등)에 속한 사람을 존중하고 그의 주장에 귀를 기울이는 경향이 있다. 이 때문에 집단 밖에 있는 사람이 설사 더 합리적인 주장을 하더라도, 우리는 집단 내에 있는 사람의 주장을 더 믿으려고 한다.

✚ **비합리성 증폭** 이 편향은 제대로 대처하기가 어렵고 불편할 수 있지만, 상황이 요구한다면 강력하게 맞서 싸워야 한다. 이 편향은 어떤 결정이나 믿음에 이미 발을 너무 깊이 들여놓는 바람에 논리나 증거를 바탕으로 이성적으로 생각한다면 그것을 놓고 떠나야 마땅하지만, 그동안 쏟아부은 것이 아까워 그러고 싶은 생각이 들지 않게 만든다. 그러니 나쁜 믿음에 발을 들여놓아 오랜 세월 혹은 평생을 낭비하는 일이 없도록 조심해야 한다. 틀렸다고 생각한다면, 과감하게 거기서 손실을 정리하고 새로운 길을 향해 떠나야 한다.

✚ **관찰 선택 편향** 나는 내 머릿속에서 이 편향을 늘 확인한다. 새로운 랩톱 컴퓨터나 MP3 플레이어나 그 밖의 최신 기기를 새로 살 때마다 갑자기 도처에서 같은 모델이 내 눈에 띄기 시작한다. 물론 이것은 내가 그 물건을 삼으로써 그것을 쉽게 알아보는 인식이 생겼기 때문이다. 이러한 선택적 지각 때문에 우리는 실제

로는 그렇지 않은데도 특별하거나 기이한 일이 일어나고 있다는 착각에 빠질 수 있다. '오, 이럴 수가! 오늘 왜 이렇게 많은 사람들이 나와 똑같은 십자가 목걸이를 걸고 학교에 왔을까? 이건 뭔가 특별한 일이 일어날 조짐임이 분명해.'

✚ **파레이돌리아**pareidolia 이것은 기이한 것을 봤다고 주장하는 사람들을 설명하는 데 도움이 된다. 아무 의미도 없는 것을 보거나 들었을 때에도 뇌는 거기에 뭔가 의미를 부여하려고 하는 경향이 있다. 그래서 뇌는 구름이나 토스트에서 어떤 형상을 만들어낼 수 있다. 또한, 우리는 아무 의미 없는 잡음 속에서 어떤 의미를 지닌 단어를 들을 수 있다.

✚ **점화 효과** 사람을 조종하는 게 얼마나 쉬운지 과소평가해서는 안 된다. 예를 들면, 우리는 어떤 단어를 듣거나 읽는 것만으로도 나중에 아무 상관이 없는 생각이나 활동을 할 때 그것을 생각하고 그것에 영향을 받을 가능성이 높다. 심지어 그 단어를 듣거나 읽었다는 사실을 까마득히 잊은 뒤에도.

✚ **현상 유지 편향** 우리는 습관의 동물이다. 여러분은 어떤지 모르겠지만, 나는 1학년 이후로 지금까지 헤어스타일을 바꾼 적이 없다. 이렇게 평소의 습관을 바꾸길 꺼리는 태도 때문에 우리는 진실과 허구를 구별하려고 할 때 오류를 범할 수 있다. 만약 머릿속에 나쁜 믿음이 몇 가지 있다면, 우리는 아무 이유 없이 그 것을 계속 고수하려고 할 수 있다. 단지 익숙한 것이 좋아서 바꾸고 싶지 않다는 이유 때문에 말이다.

자, 이제 이 모든 편향을 잘 외웠는가? 나는 여러분이 이것들을 잘 기억하길 바란다. 왜냐하면, 여러분 앞에는 시험이 기다리고 있기 때문이다. 그 시험은 바로 여러분의 나머지 인생이다. 사실은, 이 모든 것을 다 외울 필요는 없다. 하지만 이것들에 익숙해지면 살아가는 데 도움이 되며, 자신의 무의식적 뇌가 매일 어떤 일을 하려고 하는지 적어도 어렴풋하게나마 알 수 있을 것이다.

이 기묘한 편향들과 이상한 정신적 과정들이 우리에게 필요한 것이라는 사실을 인정해야 한다. 우리 머릿속에서 일어나는 이 모든 술책과 임기응변과 속임수가 없다면, 우리는 일상생활에서 제대로 기능하지 못할 것이다. 이것은 아주 흥미로운 반전이다. 만약 우리 뇌가 이처럼 기묘하지 않다면, 우리는 모두 미치고 말 것이다. 뇌의 이러한 불가사의한 작용 방식은 효율적으로 생각하고 살아가는 데 필요하다. 그러니 이러한 기만적인 작용 방식 때문에 추론과 지각에서 실수를 범하도록 만든다고 해서 자신의 뇌를 너무 미워하진 말도록.

## 현실과 맞서는 전쟁에 대비해 무장을 철저히 하라

이제 우리는 회의론적 태도가 왜 중요한지 알았고, 뇌가 우리를 속여 터무니없는 것을 믿게 만드는 방법들도 살펴봤기 때문에, 다음 장에서는 현실에서 맞닥뜨리는 구체적인 도전들을 살펴보기로 하자. 만약 큰 인기를 끄는 일부 믿음들과 관련이 있는 핵심 문제들에 익숙하다면, 그런 도전들에 대처하는 데 큰 도움이 될 것이다.

예를 들어 만약 누가 사라진 아틀란티스 대륙이 실제로 존재했으며, 우리보다 우월한 초인이나 외계인 종족이 살고 있었다고 주장한다면, 여러분은 "증거를 내놓아봐요."라고 당당하게 요구할 수 있을 것이다. 하지만 배경 지식을 충분히 알고 있어서 아틀란티스를 믿는 사람에게 예리한 질문을 몇 가지 던짐으로써 그 주장의 약점을 노출시키고 상대방에게 더 깊이 생각하도록 자극한다면, 훨씬 좋을 것이다. 1947년에 로스웰 근처에 외계인 우주선이 추락했다는 이야기를 증명한 사람이 아무도 없다는 것은 확실하다. 하지만 그곳에서 실제로 일어난 이야기를 함께 나눌 수 있다면 더 좋을 것이다.

다음 장에서는 믿기 힘든 이야기와 터무니없는 주장이 난무하는 세계로 거친 여행을 떠날 것이다. 그러니 헬멧을 착용하고 안전띠를 단단히 매도록 하라. 자, 그럼 출발!

## 잘 생각하라!

●●● 자신의 기억에 대해 다음 사실을 절대로 잊지 말라. 기억은 결코 믿을 만한 것이 못 된다! 우리의 기억은 취약하고 오류를 범하기 쉽다. 우리의 기억은 단편적인 정보를 바탕으로 구성하는 이야기처럼 머릿속에서 만들어진다. 기억은 '녹화된 기록'을 재생해 보여주는 것이 아니다.

●●● 뇌는 우리가 보는 것을 '만들어내고' '해석'한다. 우리 머릿속에는 현실을 그대로 보여주는 카메라가 있는 게 아니다. 우리가 보는 것은 눈을 통해 들어온 시각 정보 중 일부를 바탕으로 뇌가 우리를 위해 만들어낸 그림이다. 그 그림은 실제 풍경과 100% 일치하지 않는다. 이런 이유 때문에 눈에 보이는 것이 반드시 옳다고 확신해서는 안 된다.

●●● 모든 사람의 뇌에 일어나는 여러 가지 인지 편향을 알아두는 게 좋다. 주의하지 않으면, 이 기묘한 사고 과정 때문에 실수를 저지를 수 있고, 그 결과 추론에서 오류를 범해 잘못된 믿음을 받아들일 수 있다.

뇌가 독자적인 규칙에 따라 자신만의
게임을 한다는 사실을 이해한다면,
자신의 뇌를 무조건 믿지 않음으로써
모든 일에 훨씬 잘 대응할 수 있다.

— chap·3

# 특이한 주장과
# 이상한 믿음에 맞서는
# 사람을 위한 길잡이

여기서는 입증되지도 않았고 옳을 리가 없는데도 수백만 명이나 되는 사람들이 옳다고 자신하는 구체적인 주장들을 살펴보기로 하자. 이 주장들을 회의론적 시각에서 검토할 때, 훌륭한 회의론자는 특이한 주장이 실재하지 않거나 옳지 않음을 '안다고' 주장하지 않는다는 사실을 명심하기 바란다. 훌륭한 회의론자가 되는 데 아주 중요한 비결은 열린 마음을 유지하는 것이다.

이것은 양 진영에 공평하게 적용된다. 무엇을 믿는 사람이 알지 못하는 것을 아는 체해서는 안 되는 것과 마찬가지로 회의론자 역시 그런 태도를 보여서는 안 된다. 예를 들면, 좋은 증거가 없고, 한정된 공간에서 큰 동물이 그토록 오랜 기간의 탐사에도 불구하고 발견되지 않았을 가능성이 희박하기 때문에, 나는 네스 호에 괴물 네시가 살지 않는다고 거의 확신한다. 하지만 나는 그것이 아예 불가능하다고 선언하지는 않는다. 사실, 지금까지 그보다 더 기이한 일도 일어난 적이 많지 않았던가? 맨눈에 보이지 않는 진드기나 세균이 있다거나 인류가 달을 여행한다는 이야기도 한때는 환상적인 이야기로 들렸다. 그리고 네시가 존재한다는 주장은 알려진 자연의 법칙에 완전히 어긋나는 것도 아니다. 나는 정서적으로도 네시가 존재하지 않는 세계를 더 좋아하는 것은 아니다. 설사 내일 네시가 잡혔다는 소식이 전해지더라도, 나는 분해서 눈물을 흘린다거나 난처해하지 않을 것이다. 사실, 나는 그 소식을 듣고서 흥분을 느낄 것이다. 물론 그렇게 되면 내가 그동안 이 문제에서 틀린 쪽에 서 있었다는 사실이 드러나겠지만, 그래서 뭐가 어떻단 말인가? 어제 내가 잘못을 저질렀다 하더라도, 나는 그것에 크게 개의치 않는다. 다만, 오늘은 바른 판단을 하길 바랄 뿐이다.

회의론자는 흔히 '모든 것에 반대한다'는 비난을 받지만, 실제로는 우리는 실수와 착각과 거짓말 외에는 그 어떤 것에도 반대하지 않는다.

### ✚ 미국 사람들의 머릿속에 들어 있는 여러 가지 믿음 ✚

| | | |
|---|---|---|
| 로스웰에 UFO가 추락했다. | 21% | 6592만 1948명 |
| 백신은 자폐증과 연관이 있다. | 20% | 6278만 2808명 |
| 오바마는 적그리스도이다. | 13% | 4080만 8825명 |
| 빅풋은 실제로 있다. | 14% | 4394만 7966명 |
| 지구와 인류는 생겨난 지 1만 년이 넘지 않았다. | 46% | 1억 4440만 458명 |
| 달 착륙은 사기극이다. | 7% | 2197만 3983명 |
| 유령 | 42% | 1억 3184만 3896명 |
| 점성술 | 26% | 8161만 7650명 |
| 아틀란티스 | 41% | 1억 2870만 4756명 |
| 기적 | 76% | 2억 3857만 4670명 |
| UFO | 40% | 1억 2556만 5616명 |
| 환생 | 20% | 6278만 2808명 |
| 초감각적 지각 | 41% | 1억 2870만 4756명 |

*자료 출처: 갤럽, 공공 정책 여론조사(2013년), 베일러 종교 조사(2006년), 해리스 여론조사(2009).

어떤 것을 믿는 사람과 함께 그 사람의 믿음에 대해 제대로 대화를 나눌 수 있는 훌륭한 회의론자가 너무 부족하다. 단순히 증거를 요구하고, 상대방의 주장에서 몇 가지 허점을 지적하는 것만으로는 부족하다. 만약 건설적인 결과를 원하고, 상대방에게 자신의 믿음에 대해 더 진지하게 생각하게 만드는 게 목적이라면, 다음에 소개하는 일반적인 믿음에 대한 회의론자의 대응 방법을 잘 익혀두라.

## 마술, 초자연 현상, 초정상 현상

모든 곳에 사는 거의 모든 사람에게서 가장 일관되게 나타나는 특징 중 하나는 '실제로 존재하지 않거나 옳지 않을 가능성이 높은, 특이한 것을 믿는다는 사실'이다. 그 어떤 것이라도 누가 주장하면, 어디선가 그것을 믿으려는 사람이 반드시 나타난다. 지난 수천 년 동안 어디에서나 그리고 어떤 사람들 사이에서나 뭔가를 진지하게 믿는 사람들이 항상 있었다. 만약 타임머신을 타고 과거의 어떤 사회를 임의로 선택해 돌아간다면, 그곳이 어디이건 우리 눈앞에 보이는 정상적이고 자연적인 세계를 초월한 대상을 믿는 사람들을 틀림없이 발견하게 될 것이다. 믿음의 대상은 아주 다양하지만, 뭔가를 믿으려는 이러한 충동이나 필요가 보편적으로 존재한다는 사실은 흥미롭고도 중요한 질문을 낳는다. 매일 수십억 명의 신자들이 주장하는 것처럼 우리는 정말로 유령과 신과 마술적 현상이 들끓는 우주에 살고 있을까? 혹은 세대마다 많은 사람들이 계속 확신을 갖고 믿는 이 주장들을 아주 간단하게 설명할 방법은 없을까?

한 가지는 확실하다. 뭔가를 믿어야 직성이 풀리는 종이라는 우리의 조건은 과학 시대인 오늘날에도 여전히 그대로 남아 있다. 갤럽 여론조사에 따르면, 미국의 성인 중 75%는 유령이나 아틀란티스, 초감각적 지각, 심령술, 외계인 납치, 점성술 같은 초자연적이거나 초정상적 믿음 중 적어도 하나를 믿는다.[1] 그들은 현실에 제대로 반응한 것일까, 아니면 현실을 잘못 해석한 것일까? 우리는 이렇게 이상한 것들을 믿어야 할 기본적인 필요가 있을까, 아니면 이것은 전통과 습관에서 나오는 행동에 불과할까? 만약 100년 동안 어른들이 아무도 아이들에게 마술적이거나 초자연적이거나 초정상적 주장을 믿도록 가르치지(혹은 본보기를 통해 영향을 주지) 않는다면, 이런 믿음들은 모두 사라질까? 아니면, 그래도 독자적으로 그런 것들이 반복적으로 계속 생겨날까? 그리고 마지막으로, 이상한 믿음들에 의문을 품고 이런 질문들을 하는 것은 무례한 짓일까?

나는 아니라고 생각하는데, 평생 동안 그런 질문들을 해왔지만, 사람들에게 무례하거나 못되게 굴려고 마음먹은 적이 전혀 없기 때문이다. 나는 단지 호기심을 느낄 뿐이며, 내가 사는 세상과 우주에 대해 최대한 많은 것을 알고 싶을 뿐이다. 나는 실재하지 않는 것들을 믿거나 그런 것들을 중심으로 삶을 꾸려나가면서 아까운 시간과 인생을 낭비하고 싶지 않다. 이런 태도에 무슨 잘못이 있는가? 나는 다른 사람들도 옳지 않은 것을 믿길 원치 않으리라고 본다. 이상한 믿음을 믿는 사람들은 대부분 자신이 옳다고 생각할 것이고, 자신이 혹시나 틀린 것은 아닌지 알고 싶을 것이다. 그렇지 않은가?

다시 한 번 분명히 밝히지만, 나는 과학과 회의론을 장려하면서 누구를 공격하거나 비난하지 않는다. 단지 사람들에게 '자신을 위해' 좀 더 비판적으로 생각하라고 주장할 뿐이다. 자신의 시간이나 돈 심지어는 생명을 엉터리 믿음에 쓸데없이 낭비하고 싶은 사람은 아무도 없을 것이다. 그렇지 않은가? 그래서 나는 사람들에게 그런 엉터리 믿음에 빠지지 않도록 도움을 주려고 한다. 우리는 적이 아니라, 모두 같은 편이다.

옳지 않은 게 거의 확실한 주장이나 믿음에 시간과 자원을 낭비하는 것을 피하기 위해 최선을 다하고 싶다면, 모든 것에 의문을 품으려고 노력하고, 사실과 허구를 구별하려고 최선을 다해야 한다. 베스트셀러가 된 책이나 텔레비전 프로그램에서 그렇게 주장했다고 해서 초정상적 현상이 일어났다는 주장을 액면 그대로 받아들여서는 안 된다. 검증과 증명이라는 과정을 거칠 필요가 있다. 다행히도 우리에게는 이 일을 하기에 아주 적합한 과학이라는 도구가 있다. 일상생활에서 기이한 것들과 마주칠 때마다 과학적 과정을 사용하는 것을 망설이지 말라. 이 과정에는 다음과 같은 단계들이 있다.

**+ 질문을 하라** 이것은 아주 중요하다. 들은 이야기를 그저 수동적으로 받아들이지 말라. 놀랍게도 많은 사람들은 이상한 주장을 들을 때, 아무 질문도 하지 않는다. 정곡을 찌르는 질문 두어 개만 던져도 대부분의 엉터리 주장은 무너지고 만다.

**+ 관찰하라** 주의를 집중해 보고 듣도록 노력하라. 예를 들어 누가 "기도만 하면 어떤 병이든 고칠 수 있다."라고 주장하거든, 주변 세상을 잘 살펴보라. 만약 사람들이 기도를 하는데도 불구하고 병에 걸려 죽어가는 사람이 있다면, 이 주장은 분명히 문제가 있다.

**+ 조사하라** 자세히 조사한다면 대부분의 주장에 대해 믿을 만한 정보를 어렵지 않게 찾을 수 있다. 직접 사실들을 확인해보라. 만약 누가 변비에 탁월한 효과가

있다는 자석 속옷을 팔면서 그 효과를 입증하는 기사가 과학 학술지에 실렸다고 말한다면, 정말로 그런 게 실렸는지 확인해보라.

**✚ 실험하라** 어떤 주장을 받아들이기 전에 그것이 옳은지 검증할 수 있는 실험을 생각해보라. 또, 그동안 그 주장을 검증하기 위한 실험을 한 사람은 없는지 조사해보라. 예를 들어 점성술에 유혹을 느낀다면, 친구에게 매일 다양한 별자리의 운세를 한 달 동안 달라고 하라. 그리고 매일 그 운세들이 얼마나 정확한지 기록하라. 한 달이 지난 뒤에 자신의 '진짜 별자리'를 기준으로 한 운세가 다른 별자리를 기준으로 한 운세보다 얼마나 정확한지 비교해보라.

**✚ 다른 사람들과 생각과 결론을 함께 나누라** 이것은 어떤 주장에 대해 여러분보다 더 많은 것을 아는 사람들에게서 소중한 정보를 얻기에 아주 좋은 방법이다. 좋은 정보가 많을수록 더 좋다는 것은 두말할 필요도 없다. 어떤 주장이 틀렸음을 입증해 비난하거나 망신을 주기 위한 것이 목적이 아님을 명심하라. 어디까지나 목적은 진실에 더 가까이 다가가기 위한 것이다.

과학적 과정은 완벽한 것은 아니지만, 그래도 이만큼 위력적인 것은 없다. 여러분이 누구이고, 무슨 일을 하고, 어디에 사는지는 전혀 문제가 되지 않는다. 나이와 성, 소득, 학력, 국적, 머리색, 신발 사이즈하고도 전혀 관계가 없다. 과학적 과정은 이런 것과 전혀 상관없이 그 효과를 발휘한다. 만약 터무니없는 주장을 찾아내고 속임수를 피하는 데 뛰어나고 싶다면, 가장 좋은 방법은 바로 생각하는 것이다! 과학자처럼 생각하고, 훌륭한 회의론자가 되도록 노력하라. 누가 여러분에게 이상한 믿음을 믿게 하려고 한다면, 즉각 공세를 취하라. 그렇다고 마술적이거나 초자연적이거나 초정상적인 믿음을 암시하는 주장에 대해 반사적으로 격렬하게 화를 내며 반론을 펼치라는 이야기는 아니다.

어떤 사람들은 알려진 사회는 모두 예외 없이 초자연적이거나 초정상적인 것들을 믿기 때문에, 여기에는 '뭔가'가 있다고 주장한다. 역사 전체를 통틀어 그토록 많은 사람들이 그토록 잘못된 판단을 할 수 있겠는가? 그럴지도 모른다. 하지만 회의론자는 실제로 불을 보아야 한다. 믿음이라는 연기가 있다는 것만으로는 충분치 않다. 아무리 많은 사람이 믿는다 한들 그게 무슨 소용이 있단 말인가? 특이한 주장을 받아들이려면, 다수결의 결정보다 더 확실한 증거가 필요하다. 과거를 돌아보라. 어떤 사회에서 거의 모든 사람이 중요한 것에 대해 잘못된 생각을 한 적이 얼마나 많았던가? 종교만 해도 그렇다. 적어도 최초의 문명이 탄생한 이래 오늘날까지 각자 독특하면서 서로 모순되는 수백만의 신들이 등장했다가 사라져가지 않았는가? 그 신들이 모두 존재할 수 없다는 것은 명백하다. 논리와 기초 수학을 바탕으로 생각하면, 대부분의 사람들은 자신들이 믿던 신에 대해 그릇된 판단을 한 게 분명하다. 그리고 과거에는 대륙이 이동한다는 이야기를 들었을 때 거의 모든 사람들이 말도 안 되는 이야기라며 일축했다. 하지만 아무리 많은 사람들이 대륙이 절대로 움직이지 않는다고 믿는다고 해서 대륙이 움직이지 않는 것은 아니다.

자연적이고 정상적인 것과 초자연적이고 초정상적인 것을 나누는 경계선은 어디일까? 자연 자체가 얼마나 기묘하고 놀라운 존재인지 잘 알려진 지금, 그 경계는 어디에 있을까? 심지어 그러한 경계 자체가 존재한다고 말할 수 있을까? 평행 우주와 우리 바로 옆에 다른 차원의 존재가 서 있을 과학적 가능성이 있는 마당에 초자연적 유령 따위가 필요할까? 모두를 깜짝 놀라게 할 양자 얽힘의 물리학이 연구되고 있는 지금, 입증되지 않은 마술의 약속 따위가 필요할까? 응용 뇌과학이 실제로 감정을 읽고, 거짓말을 드러내고, 생각으로 물질을 움직일 수 있는데, 의심스러운 초감각적 지각이나 심령술 따위에 신경 쓸 필요가 있을까?

초자연적이거나 초정상적 믿음은 두 가지 중 하나이다. 완전히 틀린 것이거나 아직까지 제대로 발견되거나 확인되지 않은 것이다. 회의론자는 초자연적이거나 초정상적이라고 묘사할 수 있는 것을 모두 다 무조건 반대하지 않는다. 그중에서 어떤 것은 언젠가 옳은 것으로 밝혀질지도 모른다는 사실을 알기 때문이다. 하지만 대부분은 의심스러우며, 그중 일부는 사실로 밝혀질 확률이 불가능에 더 가깝다. 그런데 옳을 가능성이 있는 것은 어떤 것일까? 우리가 그것을 판단할 수 있을까? 사실로 밝혀질 가능성이 더 높은 것은 무엇일까? 악마일까, 유령일까? 외계인 납치일까, 아틀란티스일까? 대부분의 대체 의학일까, 대부분의 기적일까? 과학적 과정을 통해 확인되기 전에 이 중에서 어느 것을 믿기로 어떻게 선택할 수 있을까? 나는 미래를 알 수 없다. 그러니 겸손한 태도로 열린 마음을 유지하면서 증명되기 전까지는 기묘하고 중요하고 특이한 것에 대한 믿음을 보류하는 게 최선이다.

## UFO

오, 이것만큼은 제발 사실이었으면! 만약에라도 나의 회의론이 욕망이나 편향, 감정, 환상을 이겨내지 못하고 무너지는 일이 일어난다면, 입증되지 않은 이상한 주장 중 나를 굴복시킬 첫 번째 후보는 바로 이것이다. 나는 대부분의 강연과 인터뷰에서 희망과 꿈을 가지는 것은 아무 문제가 없다고 늘 강조한다. 터무니없는 상상을 하면서 그와 동시에 훌륭한 회의론자로 살아가는 것은 전혀 모순적이거나 위선적인 태도가 아니다. 지식이 끝나는 지점과 희망이 시작되는 지점을 잘 알고 구별하기만 하면 아무 문제가 없다. 예컨대 내가 UFO를 의심하는 마음을 가졌으면서 UFO를 믿는 심장도 가지고 있더라도, 아무 문제가 없다. 나는 외계인이 지구 주변에 일상적으로 출몰한다고 생각하지 않지만, 그 가능성을 기꺼이 받아들인다. 심지어 그랬으면 좋겠다고 고백하는 것조차 전혀 부끄럽지 않다. 우주 어딘가에 외계 지능 생명체가 존재할지도 모른다는 생각에 나는 전율을 느낀다. 외계 지능 생명체와 접촉하거나 적어도 그들이 실제로 존재한다는 사실이 밝혀진다면, 그것은 내게는 그야말로 평생의 꿈이 실현된 거나 다름없는 일이 될 것이다.

하지만 나는 과학자처럼 생각하고, 회의론자처럼 특이한 주장에 대응하려고 최선을 다할 것이다. 따라서 내가 UFO에 대한 믿음(외계인이 이미 이곳에 와 있다는 주장)을 받아들이기 전에 그 믿음은 몇 가지 간단한 질문을 통과해야 한다. 불행하게도 그 믿음은 이 관문을 통과하지 못한다. 하지만 그래도 나는 외계인의 존재 가능성에 대한 기대를 버리지 않는다.

UFO 문제에 관해 모든 사람이 내 견해에 동조하는 것은 아니다. 갤럽 여론조사에 따르면, 미국의 성인 중 약 4분의 1은 "외계인이 과거 언젠가 지구를 방문한 적이 있다."라고 믿는다.[2] 미국 국립과학기술위원회와 국립통계지리학연구소가 공동으로 이 믿음을 조사한 결과에 따르면, 미국의 성인 중 무려 3분의 1이 외계인이 이미 이곳에 와 있다고 믿는 것으로 드러났다.[3]

나는 우주에 관심이 많고, 과학에 흥미를 느끼며, 외계 생명체에 경이로움을 느끼기 때문에, NASA의 탐사 임무와 우주생물학자(외계 생명체가 만약 존재한다면 어떻게 생겼고, 어디에 살까와 같은 질문의 답을 알아내려는 과학자)들의 노력과 SETI의 조사 결과를 추적한다. 2012년, SETI의 라디오 프로그램에 게스트로 출연해 녹음을 한 뒤, 나는 SETI 연구소를 개인적으로 방문하고 싶다고 요청해 허락을 받아냈다. 물론 앨런 망원경 집합체는 캘리포니아 주 마운틴뷰의 본관에 없고, 또 그날은 토요일이라 사무실은 거의 텅 비어 있었지만, 나처럼 열정적인 팬에게는 그런 것은 아무 문제가 되지 않았다. 나는 프랭크 드레이크(*Frank Drake*. 우주에 존재하는 외계 문명의 수를 추정하는 드레이크 방정식을 만든 사람)와 질 타터(*Jill Tarter*. 오랫동안 SETI 과학자로 일했고, 영화 〈콘택트〉에서 조디 포스터가 연기한 주인공

SETI에서 설치, 운용 중인 전파망원경 (출처: SETI)

엘리의 모델이 된 인물)가 일하던 텅 빈 사무실을 둘러보는 것만으로도 흥분을 느꼈다. 나는 혼자서 '와우! 이 건물은 우리 종이 지금까지 던진 심오한 질문 중 하나, 즉 우주에는 우리뿐인가라는 질문에 답을 찾기 위해 세운 출발점이잖아!'라고 생각했다. 아마도 그날의 나보다는 디즈니 테마파크에 처음 간 여섯 살짜리 꼬마 아이들이 훨씬 더 점잖고 품위 있어 보였을 것이다. 나를 맞아준 세스 쇼스탁Seth Shostak과 바버라 밴스Barbara Vance는 품위가 넘쳤으며, 나의 멍청한 질문들에도 싫은 기색 없이 친절하게 답해 주었다.

방문이 끝날 무렵, 쇼스탁의 사무실 선반 위에서 흥미로운 물건을 하나 발견했다. 그것은 표본 보관 용기에 들어 있는 외계인 모형이었다. 나는 그것을 보고 무척 기뻤다. 그 외계인 역시 회의론자의 마음과 믿는 자의 심장을 가진 것처럼 보였다. 쇼스탁은 SETI에서 선임 천문학자로 일하며, 『외계인 사냥꾼의 고백』이라는 훌륭한 책도 썼다. 나는 그가 수백만 명의 사람들에게 큰 인기를 끄는 UFO 믿음을 믿지 않는다고 확신한다. 그는 외계 생명체 탐사에 평생을 바쳤을지 모르지만, 여전히 과학자와 회의론자의 태도를 잃지 않고 있다. 쇼스탁은 확실한 증거가 없는 이상 외계인이 존재한다고 아는 체하는 건 잘못임을 안다. 하지만 그는 외계인이 실제로 존재하며, 심지어 이미 이곳에 와 있다는 '생각'을 즐긴다. 그는 SF 영화 팬이며, 재미를 위해 고무 외계인 모형을 보관하는 것 이상의 행동은 하지 않는다. 나 역시 지금까지 외계인을 여럿 보관한 적이 있다. 하나는 지금 내 침실 서랍장 위에 놓여 있다. 여기서 내가 말하고자 하는 요지는 UFO를 믿는 사람들이 외계 생명체의 존재 가능성에 대해 느끼는 매력이나 흥분까지 포기할 필요는 없다는 것이다. 대신에 그 열정을 유지하되, 헛된 믿음과 근거 없는 확신에 빠지지 말고, 과학을 바탕으로 한 회의론적 태도를 지녔으면 한다.

UFO 믿음의 주요 문제는 쉽게 알 수 있다. 첫 번째 문제는 '훌륭한 증거가 전혀 없다는' 점이다. 외계인이 지구 대기권을 날아다닌다는 주장이 나온 지 수십 년(어떤 사람은 수백 년 혹은 수천 년이라고 말하기도 하지만)이 지났지만, 그것을 입증할 만한 구체적 증거는 '하나도' 나오지 않았다. 외계인이 남긴 것이 분명하다고 과학적으로 확인된 증거를 내놓은 사람은 지금까지 아무도 없다. 지금까지 나온 것은 이야기와 사진과 비디오뿐인데, 그마저도 확실하게 입증할 수 있는 게 하나도 없다. 사진이나 비디오보다 목격담이 훨씬 많지만, 목격담은 신빙성이 훨씬 떨어진다. 여기서 칼 세이건이 널리 유행시킨 "특이한 주장에는 특이한 증거가 필요하다."라는 격언을 다시 상기할 필요가 있다. 외계인의 우주선이 우리 머리 위로 날아다닌다는 주장은 특이한 주장임이 분명하다. 그렇다면 특이한 증거는 어디에 있는가?

또 한 가지 문제는 우리 눈이나 기억을 완전히 믿을 수 없다는 점이다. 제2장에서 설명했듯이, 우리는 인간이라는 조건 때문에 어쩔 수 없이 지니고 있는 약점들이 있다. 우리 뇌는 불완전한 이미지와 단편적인 정보를 바탕으로 우리가 본 일이나 일어난 사건을 나름의 이야기로 새로 만들어서 제시한다. 그리고 모든 이야기와 마찬가지로 기억도 변하며, 기억은 반드시 과거에 일어난 일에 충실한 것이 아니다. 이것들은 과학계에서 이론의 여지가 없는 사실로 받아들여지고 있다. 이것들은 UFO 주장에 적용할 때 중요한 의미를 지닌다.

목격담 자체를 완전히 신뢰할 수 없다는 사실이 밝혀진 마당에 어떤 사람이 UFO를 목격했다는 이야기를 어디까지 신뢰할 수 있겠는가? 우리의 일반적인 기억도 신뢰할 수 없는데, UFO를 보았다는 사람의 기억을 얼마나 신뢰할 수 있겠는가? 우리 뇌를 얼마나 믿을 수 없는지 생각한다면, 사람들이 하는 이야기보다 더 확실한 증거가 필요하다는 것은 상식이다. 과학자들이 분석하고 조사할 수 있는 외계인 우주선의 파편처럼 분명히 실재하는 증거가 필요하다. 그런 증거가 없는 상황에서 UFO 주장은 높은 하늘에 나타난 유령 이야기나 다름없다.

## 대체 의학

대체 의학은 회의론자를 곤경에 빠뜨릴 수 있는 주제 중 하나이다. 대체 의학은 인기가 많으며, 이것을 믿는 사람들은 충성도가 매우 높아 대체 의학을 적극 옹호하려고 한다. 하지만 입증되지 않은 약과 치료법을 믿는 사람들이 매일 바가지를 쓰고 해를 입는다면, 논란이 두렵다는 이유로 침묵을 지켜서는 안 된다. 대체 의학의 심각한 문제를 안다면, 용감하게 나서서 그 문제를 지적해야 할 것이다. 대체 의학을 맹신하다가 죽음까지 맞이할 수 있는 사례를 몇 가지 살펴보자.

✚ 당뇨병을 앓던 8세의 여자 아이 헬레나 로즈 콜리트웬주는 대체 의학 약품 세일즈맨인 로렌스 페리의 말에 넘어간 어머니가 인슐린 투여를 중단하는 바람에 죽고 말았다. 페리를 만나기 전에도 어머니는 침술과 상어 배아 세포 이식을 포함해 여러 가지 대체 의학 치료법을 사용했다. 재판 기록에 따르면, 어머니는 페리가 진짜 의사인 것처럼 행세했다고 한다. 페리는 하얀 가운을 입었고, 사무실

에 '의료 장비'가 있었으며, 바이러스에 관해 정부에 조언을 한 적도 있다고 말했다고 한다. 아이가 죽은 뒤, 노스캐롤라이나 주 법원은 페리에게 과실치사와 무면허 의료 행위에 대해 유죄 판결을 내렸다.[4]

✦ 하버드 대학에서 실시한 조사 결과에 따르면, 2000년부터 2005년까지 남아프리카 공화국에서는 정부가 HIV(에이즈 바이러스)에 감염된 사람들에게 정통 의학보다는 대체 의학을 권장한 것이 원인이 되어 약 36만 5000명이 더 살 수 있는데도 일찍 죽었다고 한다.[5]

✦ 급성 콩팥 기능 부전을 앓은 아프리카 사람들을 조사했더니, 상당히 높은 비율의 사람들은 해로운 대체 의학을 사용한 것이 원인이 되어 심각한 건강 문제가 생긴 것으로 드러났다.[6]

✦ 유방에 멍울이 있다는 진단을 받고 나서 의사가 권고한 조처를 미룬 파키스탄 여성들 중 34%는 대체 의학을 믿는 바람에 정통 의학의 적절한 도움을 받지 못했다. 이들이 의존한 대체 의학은 주로 동종 요법과 '영성 의학'이었다.[7] 암에 걸렸을 때 치료 시기를 놓치면, 병이 악화되거나 심지어 생명까지 위험할 수 있다.


대체 의학 제품을 팔거나 옹호하는 사람들이 뭐라고 말하건, 대체 의학은 전혀 안전하지 않다. 그런데 이 경우에는 문제는 약한 회의론뿐만이 아니다. 가난한 나라에서 많은 사람들은 의지할 데가 민간 요법과 전통 의술밖에 없다. 그렇다 하더라도 사실이 변하는 건 아니다. 대체 의학은 사람들에게 해롭다.

이렇게 잘못된 것이 옳다고 믿는 문제는 지능이나 교육 수준과 별로 상관이 없다. 누구라도 대체 의학의 증명되지 않은 주장에 넘어갈 수 있다. 엉터리 믿음을 막는 최선의 방법은 과학자처럼 생각하고 늘 회의론으로 무장한 채 경계를 늦추지 않는 것이다. 총명한 지성만으로는 엉터리 믿음의 교묘한 침입을 막기에 역부족이다. 스티브 잡스Steve Jobs를 멍청한 사람이라고 생각할 사람은 아무도 없을 테지만, 그는 췌장암에 걸린 뒤 대체 의학에 의존하다가 목숨을 잃은 것으로 보인다. 잡스 자신도 물 치료, 침술, 허브 의학, 심지어 심령술 따위에 소중한 시간을 허비한 것을 후회했다.[8] 가까운 친구인 데이비드 켈리David Kelly는 2013년에 잡스가 죽기 얼마 전에 치료에 대해 어리석은 결정을 한 것이 죽음을 앞당긴 원인이었다면서 의학을 더 신뢰했어야 했다고 말했다고 밝혔다.[9] 스티브 잡스의 전기를 쓴 월터 아이작슨Walter Isaacson은 잡스가 죽기 얼마 전에 그 점에 대해 후회를 털어놓았다고 말했다.[10] 이 이야기가 주는 교훈은 명백하다. 여러분이 얼마나 똑똑하고 멋지고 인기가 많고 부자인가 하는 것은 전혀 중요하지 않다. 훌륭한 회의론자가 아닌 사람은 누구라도 대체 의학의 유혹에 넘어갈 수 있다.

오늘날 가장 인기 있는 대체 의학 중 하나는 동종 요법이다. 나는 전에 쓴 책에서 동종 요법을 자세히 조사했는데, 그것이 무엇이고 어떻게 작용하는지도 모르면서 동종 요법을 믿고 사용하는 사람이 너무나도 많은 현실에 깜짝 놀랐다. 그들은 과장된 설명이나 친구에게서 효과가 있다는 이야기를 듣길 좋아하는 것처럼 보이며, 그래서 주저하지 않고 동종 요법 제품을 산다. 하지만 번지르르한 홍보와 입소문을 자신의 건강 관리 방법을 결정하는 기준으로 삼아서는 절대로 안 된다.

동종 요법은 18세기 말에 사무엘 하네만Samuel Hahnemann이라는 독일 의사가 창시했다. 그가 창시한 이 '의학'은 설명하기가 아주 쉬운데, 사용하는 약이 그냥 물이기 때문이다. 여기서 말하는 물은 문자 그대로 맹물을 뜻한다. 실제로 그 속에는 어떤 성분도 들어 있지 않다. 나는 알약의 형태로 판매되는 동종 요법 제품도 보았지만, 이 제품 역시 별다른 성분이 들어 있지 않기는 마찬가지다. 동종 요법은 기본적으로 물이 원래의 혼합물에 들어 있던 활성 성분을 '기억'하며, 논리적 설명과는 정반대로 그 용액을 더 많이 희석시킬수록 약효가 더 커진다고 주장한다. 대부분의 동종 요법 치료제는 처음의 혼합물을 극도로 희석시키기 때문에 결국에는 원래의 활성 성분은 그 용액에 '하나도' 남아 있지 않다! 이것은 절대로 과장된 표현이 아니다. 전형적인 동종 요법 치료제는 수많은 희석 단계를 거친 나머지, 원래 성분의 분자를 단 하나만 섭취하려고 해도 그 용액을 약 25톤이나 마셔야 할 정도이다.[11]

게다가 활성 성분을 선택하는 것 자체도 매우 의심스럽다. 하네만은 특정 질병이 일으키는 것과 유사한 증상을 일으키는 물질이 그 질병을 치료하는 데 도움을 준다고 믿었다. 만약 환자가 욕지기로 고생한다면, 욕지기를 유발하는 물질을 욕지기에 대한 신체의 방어 체계를 살짝 자극할 만큼 소량 투여해야 한다고 주장한다.(물론 여기서 말하는 '소량'은 실제로는 '무'와 다름없다.) 이것이 바로 "같은 것으로 같은 것을 치료한다."라는 원리이다. 이것은 표면적으로는 백신의 원리와 비슷해 보이지만, 속을 들여다보면 차이가 있다. 백신은 우리 몸의 면역 체계가 질병의 증상을 표적으로 삼는 것이 아니라, 질병을 옮기는 병원균을 표적으로 삼아 공격하는 것을 돕도록 설계돼 있다. 또, 백신은 활성 성분을 포함하고 있으며, 지금까지 수억 명의 목숨을 구함으로써 그 효능이 입증되었다. 마지막으로, 동종 요법의 물이 원래 약품의 성분을 '기억'한다는 주장은 현재까지 물에 대해 알려진 사실과 모순된다. 이것은 분명히 기이한 주장이며, 화학계와 물리학계 전체가 제발 그 증거가 나오길 학수고대하고 있다. 하지만 아직까지는 동종 요법은 그저 그럴싸한 믿음에 지나지 않는다.

이 모든 결함에도 불구하고, 동종 요법은 어떤 사람의 눈에는 과학적으로 보인다. 나는 얼마 전에 유명한 슈퍼마켓에서 이와 비슷한 마법의 물 제품이 진열돼 있는 것을 보았다. 그 제품이 내세운 주장은 아주 놀라웠는데, '의심'과 '외로움', '자신감 부족'까지도 치료할 수 있다고 했다. 몇 주일 뒤에 다트머스 대학의 심리학 강의에서 내가 이 이야기를 꺼냈더니, 한 학생이 자신도 그것과 비슷한 약을 안다고 말했다. 그러면서 "그것은 맥주라고 부르지요."라고 말했다. 하지만 맥주는 동종 요법 제품과는 아주 다른데, 활성 성분을 포함하고 있고 효과가 있기 때문이다.

동종 요법은 정통 의학보다 안전하다고 선전하는데, 공정하게 평가한다면 이 주장은 옳다. 당연히 그럴 수밖에 없는 것이 성분 자체가 그냥 물이기 때문이다! 포함한 성분이 물밖에 없는 약이라면, 부작용이나 중독의 위험은 거의 없다고 할 수 있다. 하지만 불행하게도 이걸로는 어떤 병도 고칠 수 없다. 그리고 안타깝게도, 동종 요법에 대한 믿음 때문에 병이 악화되거나 죽는 사람도 있다. 오스트레일리아의 한 동종 요법 의사와 그 아내는 동종 요법에 대한 믿음 때문에 어린 딸을 천천히 고통스럽게 죽어가도록 방치했다. 동종 요법 의사인 토머스 샘Thomas Sam은 심각한 피부 감염이 일어난 딸을 병원으로 데려가 적절한 치료를 받게 하라는 조언을 무시했다. 대체 의학에 대한 믿음이 너무나도 깊었던 이들 부부는 딸의 머리가 하얗게 변하고 몸이 쭈그러들고 피부에서 출혈이 일어나고 각막이 녹는데도 전혀 마음을 바꾸지 않았다. 딸은 그렇게 몇 달 동안 고통에 신음하다가 결국 죽고 말았다. 부모(둘 다 대학까지 나온)는 과실 혐의에 대해 유죄를 선고받았다. 아버지는 최소 6년, 최대 8년 징역형을 선고받았고, 어머니인 만주 샘은 최대 5년 4개월 징역형을 선고받았다.[12]

비슷한 사례로 일본에서는 2009년에 아기가 뇌경막밑혈종으로 사망하는 일이 일어났다. 부모는 의사의 권고대로 비타민 K 보조제를 아기에게 먹이라고 산파에게 일렀지만, 산파가 부모 몰래 독자적으로 동종 요법물을 사용하는 바람에 일어난 사고였다.[13] 많은 대체 의학처럼 동종 요법물 자체는 안전할지 몰라도, 정통 의학의 치료법을 무시하고 그것을 선택한다면 큰 대가를 치를 수 있다.

이런 이야기를 더 소개하면 여러분이 대체 의학의 위험을 실제보다 과장해 받아들일 염려가 있으므로 이 정도로 그치기로 하자. 물론 일부 대체 의학은 직접적으로 환자에게 해를 입히고, 심지어는 목숨을 앗아가기까지 한다. 하지만 마법의 물을 마신 뒤에 사람들이 거리에서 파리처럼 픽픽 쓰러져 죽는다거나 하는 일은 없다. 대부분의 대체 의학은 직접적으로는 별 해가 없다. 하지만 문제는 단지 돈을 허비하거나 사람들의 건강을 위협하는 것에 그치지 않는다. 대체 의학은 현대인의 사고에서 과학과 회의론을 침묵하게 만든다. 대체 의학을 무조건적으로 신뢰하면, 터무니없고 비합리적인 집착에 빠질 수 있다.

**하지만 그래도 천연 성분이 아닌가?** "천연 성분이 더 안전하다."라는 주장이 큰 인기를 얻고 있지만, 그렇다고 이 주장이 비판적 사고의 검증에서 살아남을 수 있는 것은 아니다. 무엇보다도 '천연 성분'이라는 라벨이 붙은 대체 의학이 모두 다 안전한 것은 아니다. 그리고 판매에 유리하다고 판단하여 '천연 성분'을 내세우겠지만, '천연 성분'은 '안전한 것'과 동의어가 아니다. 코브라의 독도 천연 성분이지만, 여러분은 절대로 코브라를 손으로 만지려 하지 않을 것이다. 그리고 물보다 더 자연스러운 것이 있는가? 하지만 물도 너무 많이 마시면 독이 되며, 심지어 죽을 수도 있다.[14]

**정통 의학 역시 완벽하지 않은 것은 마찬가지 아닌가?** 대체 의학 지지자들이 흔히 사용하는 한 가지 전술은 주류 의학, 즉 증거를 바탕으로 한 정통 의학 역시 많은 문제가 있다고 주장하는 것이다. 주류 의학 역시 부작용이 있으며, 심지어 사람을 죽이기까지 한다. 나는 이 주장에 동의한다! 많은 약은 심한 부작용이 있다. 모든 의사가 다 능력이 뛰어난 것은 아니다. 모든 보건 행정가가 윤리적인 것도 아니다. 의학이 특정 질병에 대처하는 방법을 몰라 환자에게 아무 도움도 주지 못한 적도 많다. 환자가 병원을 방문할 때 마치 고장난 자동차를 끌고 자동차 정비소를 찾아가는 것처럼 비참한 생각이 드는 것도 사실이다. 대체 의학을 옹호하는 사람들이 주장하는 주류 의학에 대한 비판 중 상당수는 옳다. 정통 의학이 효과적인 치료에 중점을 두다 보니 환자를 배려하는 측면이 부족한 것도 사실이다. 우리에겐 감정과 두려움이 있는데, 의사들은 이것을 간과할 때가 많다. 또, 주류 의학은 질병 예방보다는 치료와 관리에 너무 중점을 두는 경향이 있다. 따라서 주류 의학에 심각한 문제들이 있다는 주장에 나는 동의한다. 하지만 그렇다고 해서 대체 의학의 주장이 옳은 것이 되진 않는다. 주류 의학이 실패했다고 해서 동종 요법이나 반사 요법, 귀 캔들링 같은 것이 실제로 효과가 있다고 증명되는 것은 아니다.

대체 의학의 또 한 가지 중요한 문제는 해석 오류에서 비롯된다. 우리는 원인을 확인하는 데 매우 서툴다. 예를 들어, 많은 사람들은 병이 생기면 병원을 찾아가는 동시에 대체 의학에 의존하기도 한다. 그러다가 병이 나으면, 의사나 처방 약 때문에 나았다고 생각하지 않을 수 있다. 또, 그저 시간이 지나거나 몸의 자연 치유력 때문에 저절로 나았을 가능성도 고려하지 않는다. 그들은 대체 의학 때문에 병이 나았다고 믿고, 또 다른 사람들에게 그렇게 이야기한다. 과연 실제로 그랬는지 확인할 수 없는데도 말이다.

나는 평생 동안 대체 의학에 한 번도 의존한 적이 없지만, 지금까지 걸린 병에서 모두 나았다. 만약 병에 걸렸을 때 대체 의학 요법을 사용했더라면, 확실한 걸 모르면서도 대체 의학 덕분에 병이 나았다고 믿었을지 모른다. 불행하게도 사람들은 누가 효험을 봤다는 대체 의학 요법 이야기를 무분별하게 퍼뜨린다. 그러니 최선의 치료법을 선택할 때, 단순한 입소문이나 이야기를 판단 기준으로 삼아서는 절대로 안 된다. 항상 '표본 집단의 크기'를 염두에 두어야 한다. 여기저기서 몇 사람이 하는 말만으로는 충분치 않다. 그것이 합리적인 결론을 이끌어낼 만큼 충분히 많은 사람을 대상으로 과학적 검증 절차를 거쳤는지 확인하라.

세일즈맨이나 친구나 가족에게서 대체 의학을 칭찬하는 이야기를 들으면, 플라세보 효과를 감안할 필요가 있다. 이 기묘한 현상은 실재하며, 돌팔이 의사가 성공을 거두는 데 중요한 역할을 하는 게 틀림없다. 어떤 사람들은 가끔 진짜 약 대신에 속임약(의학적으로 아무 효능도 없는 알약이나 주사제, 혹은 그 밖의 치료법)을 투여받았을 때, 실제로 치료 효과가 나타난다. 이 현상을 보여주는 사례들은 잘 기록돼 있지만, 아직 그 이유는 완전히 밝혀지지 않았다. 하지만 문제점도 있는데, 이 효과는 일관성 있게 나타나지 않으며, 또 환자의 건강에 일부 긍정적인 이득이 있긴 하지만, 환자를 안전하게 낫게 하는 데에는 충분치 않을 수 있다는 점이다.

따라서 플라세보 효과는 누구나 믿고 의지할 수 있는 방법이 못 된다.

나는 궁극적으로 대체 의학에 무슨 문제가 있는지 사람들에게 보여줄 수 있는 최선의 방법은 대체 의학이 무엇인지 정확하게 정의하는 것이라고 생각한다. 만약 대체 의학이 왜 정통 의학이 아니라 대체 의학으로 분류되는지 더 많은 사람들이 이해한다면, 대체 의학은 지금과 같은 인기를 누리지 못할 것이다. 대체 의학은 그저 '입증되지 않은 의학'일 뿐이다. 이것은 부당한 비판이 아니라, 대체 의학의 실체를 제대로 표현한 것이다. 만약 공개적으로 과학적 절차에 따라 검증하여 유효하다는 것이 입증된다면, 그 대체 의학은 그저 보통 의학이 될 것이다. 따라서 대체 의학은 '입증되지 않은 의학'이라고 불러야 한다. 다른 이름으로 부른다면, 많은 사람들은 그 이름에 속아 넘어가 대체 의학을 실제보다 더 믿을 만한 의학으로 여길 수 있다. 물론 '입증되지 않은' 의학이라고 해서 그 방법이 반드시 효과가 없다는 이야기는 아니다. 나는 플라세보 효과를 넘어서서 상당한 효과가 있는 대체 의학이나 치료법도 분명히 있을 것이라고 생각한다. 하지만 누군가 과학적 방법으로 밝혀내기 전에는 어떤 것이 효과가 있고 어떤 것이 효과가 없는지 알 수 없다.

## 유령

나는 지금 '미국에서 가장 유명한 유령의 집' 복도에 홀로 서 있는데, 잠시 후 오싹한 경험을 하게 될 것이다. 웨일리 하우스Whaley House는 19세기의 그리스 복고 양식 저택으로, 한때 샌디에이고 올드타운의 가정집과 법원 청사로 쓰였다. 이 저택은 역사 유적으로 잘 보존돼 있으며, 관광 명소로 인기가 높다. 나는 집을 둘러보기 전에 밖에서 유령을 믿는 사람과 대화를 나눴다. 그녀는 이 집에 들어갔다가 전 주인인 토머스 웨일리 유령을 만난 적이 있다고 했다. 전설에 따르면, 1890년에 죽은 웨일리가 아직도 집 안을 떠돌아다닌다고 한다. 그녀는 내게 이렇게 말했다.

"이 집 안에는 분명히 뭔가가 있어요. 나는 갑자기 서늘한 기운이 엄습하는 걸 느꼈고, 그러면서 말할 수 없는 두려움에 휩싸였지요. 겁이 나서 눈을 감았는데, 그가 그곳에 있다는 걸 알 수 있었어요. 그는 그냥 나를 뚫고 지나가려고 하는 것 같았어요. 뭔가가 일어나려고 한다는 걸 알면서도 너무나도 겁이 나서 몸을 전혀 움직일 수 없었어요. 그때, 뭔가가 내 머리카락 사이로 지나갔어요. 내 머리카락에 닿는 감촉을 분명히 느꼈지요. 그 느낌이 어떤 것인지 당신은 절대로 상상하지 못할 거예요. 그것은 바로 죽음의 기운이었어요."

그녀는 조금 있다가 다시 같은 말을 반복했다.

"이 집에는 분명히 뭔가가 있어요. 그 가족들이 여기 있어요. 나는 그들이 이 집에 들러붙어 있다고 생각해요. 당신도 그들의 존재를 느낄 거예요. 그들은 이 집을 떠나려 하지 않는 것 같아요."

정말 흥미로운 이야기였다. 이야기를 극적으로 표현하는 솜씨도 훌륭했다. 내가 유령을 믿지 않는 게 천만다행이었다. 그렇지 않았더라면, 나는 이 집 근처에 얼씬도 하지 않았을 것이다.

웨일리 하우스는 오래된 집치고는 깨끗하고 상태가 좋았다. 유령의 집이라고 하면 흔히 낡고 먼지가 수북하게 쌓이고 거미줄이 드리워져 으스스한 분위기가 떠오르지만, 그런 집하고는 거리가 멀었다. 분위기는 애미티빌(*Amityville. 뉴욕 주 서퍽 카운티 바빌론에 있는 마을 이름. 1974년에 로널*

웨일리 하우스의 내부
(출처: Library of Congress, Prints & Photographs Division, HABS CAL,37-OLTO,5)

드 디피오가 자신의 가족 6명을 쏘아 죽이고 자살한 사건이 일어난 뒤, 이 집에서 유령이 나온다는 이야기로 유명해졌다. 이 이야기를 주제로 〈애미티빌 호러〉라는 영화와 소설도 만들어졌다)보다는 몬티셀로(Monticello. 버지니아 주 샬러츠빌에 위치한 미국 역사 기념물. 미국 제3대 대통령 토머스 제퍼슨이 팔라디오 양식을 기초로 설계한 신고전주의 건축물)에 더 가까워 보인다. 하지만 나는 우리가 상황과 암시에 얼마나 취약한지 보여주는 교훈을 원한다. 나는 철저한 회의론자일지 몰라도, 여러분과 다름없는 인간이며, '미국에서 가장 유명한 유령의 집'에 혼자 들어가기 직전에 두려움에 벌벌 떠는 사람에게서 오싹한 유령 이야기를 듣는 것은 세상에서 가장 하고 싶지 않은 일 중 하나이다. 그날 내게 분명히 무슨 일이 일어나긴 했는데, 나는 그것이 내 편도체(뇌의 두려움 중추)를 건드린 그 여성과 관계가 있다고 확신한다. 하지만 여러분에게 스릴 넘치는 오싹한 이야기를 들려주지 못해 유감이다. 나는 유령은 구경도 하지 못했다. 웨일리는 내게 차가운 기운을 느끼게 하지도 않았고, 내 머리카락을 만지지도 않았으며, 나를 뚫고 지나가지도 않았다. 그리고 유령의 존재에 관한 기존의 내 생각을 재고할 만한 이유를 전혀 발견하지 못했다. 하지만 '무언가 있다는 느낌'을 받긴 했다.

**유령에 홀린 뇌** 그날은 웨일리 하우스에서 시간이 천천히 흐르던 날이었다. 몇 안 되는 방문객은 모두 아래층에 있었고, 나만 홀로 위층에 있었다. 그런데 정말로 나만 홀로 있었던 것일까? 잘 보존된 침실에서 나는 낡은 옷과 책, 깃펜, 경대 위에 놓인 빗 등을 보았다. 방을 아주 훌륭하게 꾸며놓았다. 금방이라도 웨일리 부부가 구석에서 걸어나와 침대 위에 눕기라도 할 것 같은 느낌이 들었다. 하지만 기묘한 느낌이 든 곳은 아이들 방이었다.

낡은 흔들의자 위에 작은 인형이 앉아 있었다. 영혼이 없는 작은 악마가 생명이 없는 검은색 눈을 통해 나를 노려보았다. 집은 제쳐놓고 이 오싹한 인형 하나만으로도 스티븐 킹Stephen King의 공포 소설을 열 편이나 쓸 수 있는 영감을 줄 것 같았다. 바로 그 순간, 밝은 빛이 번쩍하고 지나가는 바람에 나는 소스라치게 놀랐다. 나는 즉시 뒤를 돌아보았지만, 거기에는 아무것도 없었다. 처음에는 당황했지만, 잠시 후 밖에서 지나가는 차창에 햇빛이 반사되었을지도 모른다는 생각이 들었다. 그 가능성이 떠오른 것이 정말 다행이었다. 그러지 않았더라면 나는 그날 내내 그 생각에 사로잡혀 두려움에 떨었을지도 모른다. 솔직하게 말하면, 그때 나는 아드레날린이 약간 분비되면서 심장 박동이 조금 빨라졌고 약간 들뜬 기분이 들었다. 집 안을 계속 돌아보는 동안 내 마음은 뭔가에 약간 홀린 상태가 되었다. 긴 복도를 바라보면서 나는 19세기에 이곳에서 살았던 웨일리 가족을 상상했다. 뛰어노는 아이들과 대화를 나누고 언쟁을 하는 부부 등 그들이 살아가는 모습이 내 눈앞에 '보였다.' 그러다가 나는 그들이 모두 죽었다는 사실을 떠올렸다. 그렇다, 내가 지불한 돈이 충분한 가치를 한 것 같았다. 내 눈앞에 죽은 사람들이 보이지만, 오직 내 머릿속에서만 보인다. 그들은 정말로 이곳에 있을까? 유령 가족이 내 주위를 떠다니고 있을까? 그럴지도 모르지만, 나는 의심한다. 이곳 웨일리 하우스도 '유령이 나온다는' 나머지 집들과 똑같다. 즉, 그 주장을 입증할 만한 훌륭한 증거가 없다.

유령을 보았다는 그 밖의 진지한 이야기도 모두 마찬가지로 설명할 수 있다. 즉, 눈앞의 광경이나 소리를 잘못 해석하거나, 보통 사람들의 상상력과 비합리적인 두려움에서 생겨나는 기이한 감정 때문에 유령을 보았다는 착각에 빠질 수 있다. 유령이 실제로 존재한다고 말하는 사람들이 수십억 명이나 된다 하더라도, 유령의 존재를 증명할 수 있는 사람은 아무도 없다. 유령을 믿는 사람들은 대부분 오싹한 느낌이 들거나 뭔가의 존재를 느끼거나 예상치 못한 광경이나 소리에 놀랄 때, 자신들이 회의론자와 별로 다를 바가 없다는 사실을 모르는 것 같다. 나는 잠깐이라도 유령이 실재한다고 생각한 적이 없지만, 그 15분 동안 이 모든 것을 경험했다.

혹시 유령을 믿는 사람들의 수가 얼마나 되는지 궁금한가? 아주 많다. 해리스 폴Harris Poll의 조사 결과에 따르면, 미국의 성인 중 42%가 유령이 실재한다고 믿는 것으로 나타났다.[15] 아마도 어린이 사이에서는 그 비율이 더 높을 것이다. 갤럽의 여론조사에 따르면, 미국의 성인 중 37%가 유령이 사는 집이 있다고 믿으며,[16] 20%는 그런 집을 방문하거나 그런 집에서 산 적이 있다고 말한다.[17]

유령을 믿는 사람들이 알아야 할 사실이 하나 있다. 그것은 최선의 '증거'가 목격담뿐이라는 것이다. 목격담을 신뢰할 수 없는 이유를 여기서 다시 열거하지는 않겠다. 대신에 많은 목격담은 그 사람이 보거나 들은 것에 관한 이야기이며, 그 정체가 뭔지 확실히 모르면서도 보거나 들은 것을 유령이라고 '해석한' 것이라는 사실을 생각해보라. 내가 웨일리 하우스에 들어가기 전에 이야기를 나눴던 그 여성을 기억하는가? 그녀는 토머스 웨일리를 보았다거나 그의 목소리를 들었다는 말은 결코 하지 않았다. 그녀는 단지 "그의 존재를 느꼈고, 그것이 그라는 것을 알아챘다."라고 말했을 뿐이다. 이 이야기는 극도의 상상력이 빚어낸 결과로 들리지 않는가? 이런 종류의 일은 너무나도 흔해서 어떤 환경에서 사람들이 나타내는 정상적인 반응으로 보인다. 결국 잠깐 동안 나를 홀린 것은 스쳐 지나간 반사광과 오싹한 인형에 지나지 않았다.

실제로 존재하지 않는 것에 쉽게 속아 넘어가지 않는 훌륭한 회의론자가 되려면, 정답을 모르는 상황에서 어떤 답을 내놓으려는 충동을 억제해야 한다. 예를 들면, 유령의 집을 경험한 사람들은 대부분 침대에 누워 있다가 복도나 다른 방에서 들려오는 오싹한 소리를 들었다. 실제로는 마루가 삐걱거리거나 물체가 달가닥거리는 소리가 사슬이 질질 끌리는 소리로 들릴 수 있다. 수많은 유령 이야기가 바로 그런 소리에서 유래했다는 것은 의심의 여지가 없다. 집, 특히 낡은 집에서는 많은 이유로 다양한 소리가 날 수 있다. 벽 속을 달려가는 생쥐나 외풍이 심한 방이 그런 소리를 낼 수 있다. 사람들은 그 소리를 듣고 엉뚱한 추측을 한다. 하지만 확인되지 않은 소리는 그저 확인되지 않은 소리일 뿐이다. 훌륭한 회의론자는 자신이 모르는 것을 아는 체하지 않는다. 이것은 시각적 경험에도 똑같이 적용된다. 불가사의한 그림자나 움직이는 한 줄기 안개 혹은 내가 본 것처럼 예상치 못한 섬광을 보았을 때, 확실한 증거가 없는 한 그것을 설명하는 데 적절한 답은 '유령'이 아니다.

많은 사람들이 내게 직접 경험한 유령 이야기를 들려주었는데, 나는 그중 적어도 90%는 미지의 광경이나 소리를 그저 '유령'으로 해석한 것에 불과하다고 본다. 그들도 분명히 알아볼 수 있는 얼굴의 특징이나 인간의 형체를 가진 존재가 자기 앞에 서 있거나 공중에 떠 있는 걸 보진 못했고, 그 유령이 유령으로 살아가는 어려움이나 유령이 나타나는 집에 대한 이야기를 하는 걸 들은 적도 없다고 순순히 인정했다. 현실에서 보고되는 대부분의 유령 이야기는 유령의 모습을 분명히 보고 유령과 대화를 나누는 『크리스마스 캐럴』의 이야기와는 큰 차이가 있다. 그 이야기들은 대부분 미지의 현상을 부적절하게 유령으로 정의한 것에 지나지 않는다.

나는 무조건 유령에 반대하는 사람이 아니다. 단지 현실과 실재를 중시할 뿐이다. 허구 속에서 즐거움과 스릴을 제공하는 유령에 대해서는 나는 아무 문제도 느끼지 않는다. 때때로 감정적 충격을 주기 위해 불안과 죽음에 대한 공포를 이용하는 것은 좋다고 생각한다. 오싹한 이야기는 내 취향에 딱 맞는다. 예컨대 나는 아들을 데리고 몬스터팔루자Monsterpalooza에 가길 좋아한다. 캘리포니아 주 버뱅크에서 매년 열리는 이 공포 영화와 괴물 분장 축제는 정말 신나는 경험이다. 유령들은 흥미진진하고, 괴물들은 멋있다. 다만, 나는 모든 사람이 환상과 현실과 아직 알려지지 않은 것을 구별할 줄 알아야 한다고 생각한다. 회의론자도 얼마든지 유령 팬이 될 수 있다. 롤러코스터나 공포 영화, 섬뜩한 소설은 우리가 좋아하는 방식으로 우리를 공포로 몰아넣는다. 심지어 가끔 나타나는 그림자나 한밤중의 불가사의한 소음을 두려워하는 것도 괜찮다. 그런 것은 우리에게 긴장의 끈을 놓지 않게 하고, 살아 있다는 느낌을 강렬하게 일깨워주고, 계속 그렇게 살아가길 원하게 한다. 다만, 사실과 허구, 그리고 알려진 것과 알려지지 않은 것을 구별하려고 노력해야 한다는 사실을 명심하라.

## 외계인 납치

몸에서 이유를 알 수 없는 타박상을 발견한 적이 없는가? 만약 그런 적이 있다면, 밤중에 외계인이 몰래 여러분을 침실에서 끌어내 우주선으로 데려가 실험을 한 것은 아닐까? 물론 그럴 가능성도 있다. 어쩌면 그들은 그 사건을 여러분의 기억에서 지웠을지도 모른다. 최근에 몸이 다소 불편한 느낌이 든 적은 없었는가? 확실한 이유는 알 수 없지만, 몸에 뭔가 이상이 있는 것 같지 않은가? 혹시 최면술사를 찾아가면, 외계인 접촉 같은 외상성 사건의 기억이 되살아날지 모른다.

최면 요법을 몇 번 받고 나면 외계인이 여러분을 데려가 몸에다 끔찍한 일들을 저지른 그날 밤 일이 생생하게 기억난다. 이제 어떤 일이 일어났는지 알고 나니 몸이 한결 가뿐하다. 하지만 납치 사건의 기억이 여전히 머릿속에서 맴돌며 여러분을 괴롭힌다.

이것은 대부분의 사람들에게는 아주 기이한 일처럼 보이겠지만, 결코 농담이 아니다. 어떤 사람들은 정말로 이와 비슷한 일이 자신에게 일어났다고 믿으며, 이 때문에 심한 고통과 불안에 시달린다. 고문에 가까운 실험과 심지어 강간까지 당했다는 사례도 있다. 또, 정자나 난자를 적출해가고, 태아나 외계인의 기술 장비를 몸속에 이식했다는 사례도 있다.

물론 회의론자는 이 모든 일이 실제로는 외계인이 관여한 것이 아니라, 상상과 매우 의심스러운 정신 치료, 문화적 영향, 암시에 오염되기 쉬운 인간 기억의 취약성이 결합돼 일어났을 가능성이 높다고 본다. 한 여론조사에 따르면, 미국의 성인 중 약 400만 명이 "밝은 빛을 만났고, 외계인 접촉을 시사하는 기묘한 자국이 몸에 생겼다."라고 믿는다.[18] 만약 이러한 믿음이 사실이라면, '상당히 많은 사람들'이 외계인을 만났거나 납치되었다고 생각한다는 것을 의미한다. 여기에 더해 다른 사람들에게 이런 일이 일어났다고 생각하는 사람들의 수까지 더해보라.

외계인에게 납치를 당했다는 주장을 공정하게 평가하려면, 정신 건강이나 지능, 교육 수준은 이 믿음과 별 상관이 없다는 점을 강조하는 것이 중요하다. 그 이유는 오늘날 외계인에게 납치되었다고 주장하는 사람들은 일상적인 대화에서나 할리우드의 영화에서나 조롱의 대상이 되는 경우가 많기 때문이다. 하지만 주의할 필요가 있다. 그들을 비웃기 전에 그와 비슷한 일이 자신에게도 일어났을지 모른다는 사실을 생각해보라. 환각을 동반한 수면 마비를 들어본 적이 있는지? 놀랍도록 흔한 이 현상은 전체 성인 중 많게는 약 20%가 경험한다.[19] 20%라면 10명 중 2명꼴이니, 상당히 많은 수이다. 그러니 누가 알겠는가? 다음번에는 여러분이 그런 경험을 하게 될지. 잠을 잘 때 뇌는 꿈꾸는 동안 자신의 머리를 쥐어박는 사고를 막기 위해 신체의 움직임을 제약한다. 그리고 잠에서 깨어날 때, 뇌는 신체를 이 부분 마비 상태에서 풀어준다. 그런데 가끔 몸의 마비 상태가 풀리기 전에 뇌가 먼저 '깨는' 경우가 있다. 그러면 그 사람은 잠이 반쯤 깼는데, 몸이 마음대로 움직이지 않는 상태에 놓이게 된다. 여기에 악몽이나 환각이 겹치면, 그 사람은 혼란스럽고 당혹스러운 사건을 경험하게 된다.

수면 마비는 일부 사람들에게 외계인 납치를 경험하는 데 완벽한 무대를 제공한다. 그런데 외계인과 우주선, 끔찍한 실험과 같은 구체적이고 자세한 기억은 어디서 온 것일까? 이것은 인간의 기억이 어떻게 작용하는지 살펴보면 쉽게 설명할 수 있다.

제2장에서 보았듯이, 기억은 가장 똑똑한 사람도 속인다. 기억은 비디오 재생 장치와 비슷한 게 아니다. 우리는 과거에 일어났을 수도 있고 일어나지 않았을 수도 있는 일에 대해 '이야기를 만들어내는' 기묘한 과정을 통해 과거의 일을 기억한다. 하지만 사실은 그 기억은 편집된 것이다. 자신의 생애 중 다른 순간에 일어나거나 일어나지 않은 일, 다른 사람에게 일어난 일, 혹은 어느 누구에게도 일어나지 않은 일을 포함해 다른 요소들도 기억에 첨가될 수 있다. 또, 우리의 기억은 들은 이야기나 읽은 책, 본 영화 등에서도 큰 영향을 받을 수 있다. 외계인 납치를 믿는 최면술사는 당연히 고객에게 그런 일이 일어났다고 가정하고, 그런 기억을 떠올리도록 부추길 수 있다.

그런데 이런 주장은 외계인에게 납치된 사람이 아무도 없음을 증명하는가? 물론 그렇지 않다. 비록 아무리 기이하고 일어날 법하지 않은 일이긴 하지만, 그래도 그런 일이 일어날 가능성은 있다. 어쨌든 우주는 아주 넓지 않은가? 현재 우리가 알고 있는 지식으로는 외계인의 지구 방문이 아예 불가능한 것은 아니다. 그리고 만약 외계인이 지구를 방문했다면, 곤충학자가 자세한 연구를 위해 아마존에서 개미를 몇 마리 잡는 것처럼 외계인도 연구를 위해 사람을 몇 명 잡아갈 수 있다. 하지만 확실한 증거가 없다는 사실과 우리가 잘못된 기억을 만들어낼 수 있는 방법에 대해 알려진 지식을 합쳐서 생각하면, 외계인 납치는 합리적으로 지지할 수 있는 결론이 아니다.

마지막으로, 한밤중에 인간이 아닌 기이한 존재가 집 안으로 침입하는 이야기는 전혀 새로운 게 아니다. 오늘날 일어나는 사건이 과거의 사건과 유일하게 다른 점은 그들이 우주선을 타고 와 마당에 착륙한다는 점이다. 오늘날의 외계인 납치 이야기는 과거의 유령과 도깨비 이야기가 우주시대의 첨단 기술을 반영해 수정된 것으로 보인다. 외계인 납치 이야기를 의심하는 칼 세이건도 이 점을 잘 알고 있었다. "악마는 고대 그리스 시대부터 있었고, 신들은 지상으로 내려와 사람과 교접을 했으며, 중세에는 남자 악령과 여자 악령이 잠자는 사람을 성적으로 괴롭혔다. 요정도 있었다. 이제는 외계인이 등장했다. 내게는 이 모든 것이 너무나도 친숙하게 느껴진다."[20]

## 빅풋과 미확인 생물

미확인생물학은 용이나 네시, 예티, 빅풋처럼 신화에 나오는 동물이나 발견되지 않은 동물을 다루는 '과학'이다. 하지만 미확인생물학은 과학적 과정과는 정반대 과정을 따르기 때문에 과학이라기보다는 의사과학으로 보는 게 타당하다. 미확인생물학 팬들은 확고한 결론(이들 동물이 분명히 존재한다는)에서 시작해 그것을 뒷받침하는 증거와 논증을 찾으려고 애쓴다. 과학은 이런 과정을 따르지 않는다. 과학은 결론을 내리기 전에 먼저 증거부터 찾는다. 과학자도 무모한 직감이나 엉성한 단서에 의존해 발견되지 않은 기묘한 동물을 찾아나설 수 있지만(여기에는 잘못된 것이 전혀 없다), 증명하기도 전에 미지의 동물이 존재한다는 사실을 확실히 '안다고' 선언하진 않는다.

빅풋에 열광한 사람들이 오랜 세월 동안 자신들의 주장을 입증하는 데 실패했는데도, 미국의 성인 중 16%는 빅풋이 '절대로' 혹은 '아마도' 실재한다고 대답한다.[21] 만약 살아 있는 빅풋이 생포되거나 죽은 시체라도 발견된다면, 나는 무척 기뻐할 것이다. 나는 빅풋을 믿지 않지만, 빅풋을 실제로 촬영했다는 장면을 보거나 거대한 발자국 본을 볼 때마다 얼굴에 저절로 미소가 떠오른다. 나는 유인원을 좋아하며, 미지의 유인원 종이 바로 우리 눈앞에서 살고 있다는 개념에 마음이 설렌다. 여러분도 이 점은 좀 이해해주어야 하는데, 나는 어릴 때 〈혹성 탈출〉이라는 영화에 홀딱 빠진 사람이기 때문이다. 나는 특집 기사를 쓰기 위해 유명한 '루시' 화석을 발견한 도널드 조핸슨Donald Johanson과 위대한 영장류학자 제인 구달 Jane Goodall과 긴 인터뷰를 한 적이 있었는데, 인터뷰를 한 지 한 시간이 지난 뒤 질문을 억지로 멈추느라(아마추어처럼 보이지 않으려고) 애를 먹었다. 심지어 집에서도 아내를 설득해 박물관 수준의 오스트랄로피테쿠스 아파렌시스와 호모 에렉투스 머리뼈를 거실에 진열해두었다.

나는 내가 아는 사람들 중 절반보다 샌디에이고 동물원에 있는 보노보 한 쌍에게 더 친밀감을 느낀다. 사실, 만약 빅풋이 발견된다면, 대부분의 미확인생물학자들보다 내가 오히려 더 기뻐하고 흥분할 것 같다는 생각이 든다. 어쨌든 나는 훌륭한 증거에 절대로 반대하지 않으며, 그것을 억누르거나 부정하려고 시도하지도 않을 것이며, 불편해하지도 않을 것이다. 훌륭한 회의론자는 비행접시나 유령 등이 절대로 존재하지 '않는다고' 선언하지 않는다는 사실을 기억하라. 우리는 단지 그 주장의 문제점을 지적하고 훌륭한 증거를 요구할 뿐이다. 훌륭한 증거가 나오지 않으면, 합리적인 사고를 통해 그 주장은 옳지 않을 가능성이 높으니 믿지 않는 게 좋겠다는 결론을 내린다. 하지만 우리는 세상과 우주에 어떤 것이 존재하지 않는지 확실히 안다고 주장하진 않는데, 세상과 우주는 너무나도 거대하기 때문에 거기에 무엇이 존재하는지 혹은 존재하지 않는지 확신할 수 없다.

빅풋이 발견된다면, 그것은 영장류의 진화에 대해 우리가 알고 있는 지식을 수정하게 함으로써 과학에 큰 도움이 될 것이다. 우리는 새로운 종인 빅풋을 우리 가족의 일원으로 기꺼이 환영할 것이다. 빅풋이나 그 비슷한 것을 믿는 사람들은 흔히 회의론자가 자신들의 주장에 반대한다고 생각한다. 하지만 그것은 사실이 아니다. 우리는 단지 모르는 것을 안다고 내세우지 않을 뿐이다.(그것이 사실이길 간절히 바랄 때조차도.)

그렇다면 태평양 북서부나 미국 남부 습지에 거대한 영장류가 돌아다닌다는 주장에는 어떤 문제점이 있을까? 가장 큰 문제는 빅풋의 신체가 발견된 적이 없다는 점이다. 회의론자들은 단 하나라도 좋으니 "그 신체를 보여달라."라고 말한다. 하지만 빅풋의 신체는 지금까지 단 하나도 발견되지 않았고, 이것은 의심을 품어야 할 중요한 이유가 된다. 오랜 시간이 지났음에도 불구하고, 야영객이나 삼림 감시원, 등산객, 숲 속을 달리는 사람, 벌목꾼, 산악자전거를 타는 사람, 어부, 사냥꾼 중에서 빅풋의 시체를 발견한 사람이 단 한 명도 없기 때문이다. 딱 하나의 시체만 있으면 충분하다. 북아메리카에서 키가 3미터나 되는 두발 보행 유인원으로, 빅풋에 가까운 것으로 확인된 시체는 딱 하나뿐이다. 실제로는 그렇게 크지 않았을 수도 있다. 생물인류학자들은 중요한 뼈 몇 개만 가지고도 그 사실을 충분히 증명할 수 있다. 사실, 그들은 수십만 년 전에 몸무게 540킬로그램에 키가 2.7미터나 되는 유인원 기간토피테쿠스*Gigantopithecus*가 아시아의 숲 속을 걸어다녔다는 사실을 알아냈다. 그것을 알아내는 데에는 완전한 골격조차 필요하지 않았다. 화석으로 변한 이빨과 턱뼈만으로도 충분히 그것을 알아낼 수 있었다. 따라서 빅풋을 확인하는 데에는 표본 중 '일부'만 있으면 충분하다. 그런데 우리에게는 아무것도 없다. 그토록 오랜 세월이 흘렀는데도 아직 단 하나의 턱뼈도 발견되지 않았다. 이빨도 전혀! 특이하게 긴 영장류의 넙다리뼈도 하나 발견되지 않았다. 그렇다면 빅풋은 죽은 자를 비밀리에 우리 눈에 띄지 않는 곳에 매장한다고 믿어야 한단 말인가?

또 한 가지 문제는 빅풋이 단 한 명만 존재할 리가 없다는 점이다. 빅풋이 계속 살아남으려면 숲 속에서 사람들의 눈길을 피해 살아가는 빅풋의 수가 아주 많아야 한다. 내가 오리건 주(빅풋이 산다고 알려진 지역)에 사는 친구 인류학자에게 이 점을 지적했더니, 그는 어떤 지역에서 유전적으로 장기간 살아남을 수 있는 개체군을 유지하려면 그 수가 적어도 500명은 되어야 한다고 추정했다. 수백 명의 빅풋이 살아 있다면, 그 시체가 발견될 가능성이 더 높아지리란 것은 말할 것도 없다. 하지만 빅풋의 시체는 전혀 발견된 적이 없다. 실망스럽긴 하지만, 현실이 늘 우리의 기대처럼 나타나는 것은 아니다. 우리 눈앞에 보이는 모습 그대로가 현실이다.

샌디에이고 인류 박물관에 있는 기간토피테쿠스 복원 모형
(출처: Wikimedia Commons)

나는 지금 여러분이 무슨 생각을 하는지 안다. 그렇다면 그 유명한 빅풋 촬영 필름은 무엇인가? 그리고 거대한 발자국의 본을 뜬 석고 모델은 무엇인가? 이것들은 확실한 물질적 증거가 아닌가? 아니다. 왜냐하면, 거대 유인원의 존재를 끌어들이지 않고도 이것들을 얼마든지 설명할 수 있기 때문이다. 첫째, 패터슨-김린 빅풋 촬영 필름을 생각해보자. 1967년에 캘리포니아 주 북부에서 로버트 패터슨Robert Patterson과 밥 김린Bob Gimlin이 촬영한 이 짧은 필름은 전 세계의 많은 사람들에게 빅풋을 믿게 하는 데 큰 영향을 미쳤다. 하지만 나는 사람들이 왜 그 필름을 보고 빅풋의 존재를 믿는지 그 이유를 알 수 없는데, 그 필름이 아주 조잡한 것이었기 때문이다.(이 촬영 장면을 잘 모르거나 최근에 본 적이 없다면, 온라인에서 '패터슨 빅풋 동영상'을 검색해 찾아보고 스스로 판단해보라.)

나는 영장류학자는 아니지만, 이 '동물'은 내 눈에 아주 어색하게 보인다. 이 동물은 야생 동물처럼 보이지도 않고, 야생 동물처럼 움직이지도 않는다. 대신에 유인원 옷을 입은 사람처럼 보이고 움직인다. 게다가 패터슨과 김린 옆을 과시하듯 지나가고, 숲 속으로 사라지기 전에 카메라를 향해 의도적으로 고개를 돌리는 장면은 촬영의 편의를 위해 연출한 것이 아닌가 하는 의심을 불러일으킨다. 게다가 패터슨은 사전에 사람들에게 그날 빅풋을 발견해 촬영할 것이라고 말했다고 한다. 한번 생각해보라. 그가 그토록 운이 좋을 확률이 얼마나 되겠는가? 땅딸막하고 평발에 서양배처럼 생긴 빅풋이 실제로 그날 두 사람 앞에 나타났을 수도 있지만, 나는 그 가능성을 의심한다. 연출한 사기극이라는 느낌이 너무나 강하기 때문에 누구나 그 가능성부터 맨 먼저 생각해보는 게 당연하다. 그런 사기극이 종종 일어난다는 사실은 잘 알려져 있다. 그리고 그 옷을 입었던 당사자인 밥 헤이로니머스Bob Heironimus가 나와서 고백을 했다![22] 그 레그 롱Greg Long이 쓴 『빅풋 만들기』란 책에 더 자세한 이야기가 나온다. 이 책은 전체 이야기를 자세히 소개하며, 패터슨이 1967년에 모리스 코스튬스라는 회사에서 고릴라 복장을 산 정보도 알려준다. 이 회사의 소유주인 필립 모리스Phillip Morris의 증언에 따르면, 패터슨이 "그 복장으로 재미있는 일을 할" 계획을 세웠다고 말했다고 한다.[23] 그리고 패터슨은 정말로 그 말대로 한 것처럼 보인다.

빅풋 발자국 석고 모델은 촬영 필름보다 신빙성이 더 떨어진다. 1970년대에 태평양 북서부 지역에서는 큰 발자국을 위조하는 행위가 일종의 가내 수공업처럼 유행했다. 한때는 모든 사람이 그 짓을 하고 있는 것처럼 보였다. 최초의 발자국을 만든 사람은 도로 건설 노동자였던 레이 월리스Ray L. Wallace로 추정된다. 2002년에 그가 죽고 나서 아들인 마이클 월리스Michael Wallace가 《뉴욕타

1967년 로버트 패터슨과 밥 김린이 촬영한 빅풋 필름의 한 장면

임스》에 아버지가 타고난 장난꾸러기였으며, 이미 1958년부터 나무로 큰 발을 만들어 그것을 신고 숲 속을 걸어다니면서 발자국을 남겼다고 털어 놓았다. 그러면서 아버지가 무슨 복잡한 계획을 세우고 그런 행동을 했던 것은 아니며, 그 일이 그렇게 큰 논란을 불러일으키리라고는 상상도 하지 못했다고 말했다. 단지 재미로 주변 지역의 주민들을 놀리려고 그랬을 뿐이라고 했다.[24]

**과학이 발견한 진짜 괴물** 미확인생물학자를 지망하는 사람에게 좋은 소식이 하나 있다. 굳이 과학의 테두리를 벗어나지 않고도 좋아하는 일을 얼마든지 할 수 있다. 만약 새로운 동물을 찾는 데 흥미가 있다면, 과학이 바로 그 길을 제공한다. 생물학, 동물학, 미생물학, 곤충학, 우주생물학 등에서 마음에 드는 분야를 골라보라. 이 과학 분야들은 단지 새로운 발견 가능성이 '열려' 있을 뿐만 아니라, 미확인생물학과 달리 새로운 생물을 실제로 늘 발견한다!

많은 사람들은 잘 모르겠지만, 지구상에 살고 있는 생물을 모두 발견하고 분류하려면 아직도 갈 길이 멀다. 아마존 열대우림과 아시아의 산악 지역, 아프리카의 덤불 숲, 그리고 그 밖의 외딴 장소들에는 아직도 미지의 생물이 많이 살고 있다. 더 유망한 곳은 바다이다. 과학자들은 깊은 바다에서 바닷물 시료를 끌어올려 조사할 때마다 새로운 종을 발견한다. 개성이 아주 강한 과학자이자 몽상가인 크레이그 벤터Craig Venter는 동료들과 함께 새로운 생명체를 찾기 위해 9년 동안 바닷속을 조사했다. 지금까지 그의 팀은 새로운 종 '수십만' 종과 이전에 알려진 적이 없는 유전자 '6000만' 개를 발견했다.[25]

지구상에 살고 있는 모든 생명체는 그만두고라도, 심지어 우리 몸에 사는 생명체도 다 확인하지 못했다. 과학자들은 우리 몸에 사는 미생물을 발견하고 이해하기 위해 많은 노력을 기울이고 있다. 반드시 큰 생물만 흥미롭거나 중요하거나 으스스하다고 생각해서는 안 된다. 물론 키가 3미터나 되는 유인원은 분명히 인상적이지만, 지금 여러분의 피부나 집 안을 기어다니는 작은 동물들의 모습을 본 적이 있는가? 내 눈에는 이 작은 동물들이 꼭 괴물처럼 보인다. 미생물이 할 수 있는 놀랍고도 기괴한 일들과 미생물이 사는 기상천외한 장소들에 대해 얼마나 알고 있는가? 지금 당장 발견되길 기다리고 있는 진짜 괴물이 수백만 종이나 있으며, 그것들을 발견하는 길이 바로 과학에 있다. 하버드 대학의 유명한 과학자 에드워드 윌슨Edward O. Wilson은 아직도 신비에 싸여 있는 미생물 세계에 경외감을 느낀다.

> 세균, 원생생물, 선충, 진드기, 그 밖의 작은 동물들이 우리 주위에 바글거리고 있는데, 이것들은 지표면을 결합시키는 동물 기반이다. 만약 지평선까지 경계가 뻗어 있는 세상에서 시선을 아래로 돌려 팔 하나 길이 안에 있는 세상까지·시야에 포함시키려고 마음만 먹는다면, 이 동물들은 끝없는 연구와 감탄의 대상이 된다. 한 그루의 나무 줄기 주위를 살펴보는 데에도 마젤란의 항해에 필적할 만한 탐사를 하면서 한평생을 보낼 수 있다.26

심지어 새로운 생명체를 찾는 노력을 이곳 지구에서만 할 필요도 없다. 급성장하는 우주생물학은 우주 전체를 새로운 기회의 장소로 간주하는 과학 분야이다. 물론 우주생물학자는 외계 생명체가 확실히 존재한다고 주장하진 않지만, 그 가능성이 충분히 있으므로 외계 생명체를 탐사할 가치가 충분히 있다고 생각한다. 그런데 이들이 하는 연구 중 많은 부분은 이곳 지구의 아주 뜨겁거나 춥거나 산성이 매우 강한 환경에서 살아가는 기묘한 생물을 찾아 조사하는 것이다. 이전에는 이런 환경에서는 생명체가 절대로 살 수 없다고 생각했다. 이런 연구는 발견될 가능성이 거의 희박한 네시나 빅풋, 혹은 그 밖의 전설적인 괴물을 찾으려고 하는 것보다 훨씬 흥미진진하고 보람도 있다.

## 심령술

과학적 과정으로 입증되지 않은 기묘한 정신 능력을 믿는 사람이 미국에 수천만 명, 전 세계에는 수십억 명이나 있다. 갤럽 여론조사에 따르면, 미국의 성인 중 초감각적 지각을 믿는 사람은 41%, 텔레파시를 믿는 사람은 31%, 죽은 사람과 대화를 나누는 게 가능하다고 믿는 사람은 21%나 된다.[27] 이런 것들을 증명하려는 시도가 번번이 실패로 돌아갔는데도 불구하고, 이런 결과가 나온다. 이들은 전문 심령술사(다른 사람의 마음을 읽고 미래를 예측하는 사람)와 영매(죽은 자와 대화를 나누는 사람)가 보여주는 일에 감명을 받는 것처럼 보인다. 하지만 심령술사와 영매가 많은 사람들에게 감명을 주는 이유는 훨씬 간단하게 설명할 수 있다. 예를 들면, 콜드 리딩(cold reading. 초능력이 있는 것처럼 보이기 위해 사용하는 속임수. 대략적인 이야기를 던져 상대방의 반응에서 정보를 얻은 뒤, 마치 자기가 미리 알고 있었다는 듯이 행세하여 상대를 믿게 만드는 방법)은 인간의 자연적인 편향을 이용하여 자신에게 초자연적 능력이 있는 것처럼 보이게 할 수 있다. 나는 콜드 리딩에 큰 호기심을 느껴 직접 시도해보기로 했다.

나는 콜드 리딩에 관한 내용을 충분히 읽어 그 방법을 잘 알고 있었지만, 그래도 막상 직접 시도하려고 마음먹으니 많이 망설여졌다. 이 방법은 근거 있는 추측을 바탕으로 그럴듯한 말을 던짐으로써 상대방의 마음을 읽는다는 인상을 주는 것이다. 단지 어떤 사람과 대면하여 그 사람의 마음을 읽는 것처럼 행세하는 것만 해도 상당한 배짱이 필요하다. 다양한 인구 집단과 성, 종교, 국적, 나이 등에 따라 나타나는 공통적인 추세와 경향을 많이 알아두면 도움이 된다. 상대방의 실시간 반응과 피드백에 재빨리 대응하는 임기응변 능력도 중요하다. 하지만 콜드 리딩을 연구하는 것과 그것을 실제로 행하는 것은 큰 차이가 있다. 그래도 나는 용감하게 한번 시도해보기로 마음먹고 실천에 옮겼다.

첫 번째 '고객'은 30대 중반의 여성이었다. 그녀는 똑똑하고 매력적이었는데, 무엇보다도 중요한 것은 심령술에 알 수 없는 뭔가가 있다고 생각한다는 점이었다. 그러니까 그녀는 이미 나를 믿을 준비가 되어 있었다. 그렇다면 이것은 이미 80%는 이기고 들어가는 싸움인데, 사전의 믿음과 기대는 자신의 경험을 해석하는 데 큰 영향을 미친다고 알려져 있기 때문이다. 갑자기 자신감이 솟구쳤다.

그녀는 나를 쳐다보면서 말을 시작하길 기다렸다. 나는 천천히 말하면서 중간에 자주 말을 멈추었는데, 그렇게 하면 자신감이 있는 것처럼 보일 것이라고 기대해서였다. 나는 잠깐 동안 별 의미 없는 말을 늘어놓았는데, 대부분은 그녀의 생각이 '느껴진다거나' 그녀의 긴장을 풀게 해 마음을 열게 하려고 노력하고 있다는 따위의 이야기였다. 나는 빠른 속도로 이런저런 말과 질문을 쏟아놓음으로써 콜드 리딩을 본격적으로 시작했다. 그러면서 그녀의 눈과 얼굴 표정과 보디랭귀지를 유심히 살폈다.

내가 한마디 할 때마다 어떤 반응을 보이는지 주목했다. 나는 그녀가 결혼반지를 끼고 있지 않다는 사실을 알아챘다. 내가 연애 실패에 관한 말을 던지자, 그녀는 큰 관심을 보였다. 나이가 30대이니 그녀에겐 결혼이 큰 관심사일 거라고 추측했다. 반응으로 보아 이 주제는 정곡을 찌른 것처럼 보였다. 그래서 나는 과거에 그녀에게 실망을 안겨줬던 남자 친구들에 대해 잘 아는 척하며 지어낸 이야기를 늘어놓았다.

내가 지어낸 예언과 많은 여성에게 공통적으로 적용되는 일반화를 사용해 할 수 있는 이야기를 충분히 했다고 판단한 나는 이번에는 돈 문제로 옮겨 갔다. 나는 그녀가 탐욕이 많진 않지만, 돈을 좀 낭비하는 경향이 있다고 말했다. 그러고 나서 훌륭한 사람이 되는 것과 행복한 삶을 사는 것에 대해 몇 마디 더 했다. 전체적으로 보아 나는 비교적 연기를 꽤 잘했다고 생각한다. 하지만 과연 그녀가 믿을까? 내가 정말로 그녀의 마음을 들여다보고 미래를 본다고 생각할까? 그럴지도 모른다. 하지만 확신할 수는 없었다.

나는 말을 계속했다. 성과 나이, 국적, 종교 등을 바탕으로 그녀에게 들어맞을 가능성이 높은 질문과 이야기를 했다. 상대를 치켜세우는 발언도 간간이 했다. 나는 바로 앞에 앉아 있는 사람의 '마음을 읽으려고' 시도하면서 그 사람에게서 얼마나 많은 단서를 얻을 수 있는지 발견하고 놀랐다. 딱 들어맞는 이야기를 하면 그녀는 웃었고, 어긋나는 말을 하면 아무 반응이 없거나 불편해하는 기색을 보였다. 그것은 정말 말처럼 아주 쉬운 일이었다. 나는 상대에게 희망을 주는 상투적인 말로 마무리했다.

"당신의 미래는 밝아요. 최선을 다해 노력해보세요. 절대로 포기해서는 안 됩니다."

내가 이야기를 마치자, 그녀는 감사를 표시하고 나서 갑자기 휙 떠났다. 그럼, 그렇지. 그렇게 쇼는 끝났다. 나는 풀이 죽었다. 나는 실패했다는 결론을 내렸다. 콜드 리딩은 내가 생각한 것보다 훨씬 어려운 일인지 모른다.

하지만 이틀 뒤에 그 여성을 다시 만났는데, 그녀는 나를 보고 가까이 다가왔다. 그리고 이렇게 말했다.

"그날, 어떻게 그리 잘 알아맞혔어요? 정말 놀라웠어요. 심령술사로 일한 지는 얼마나 되었나요? 저에 대해 너무나도 잘 아는 것 같아요."

와우! 나는 생각보다 훨씬 잘한 게 분명했다. 그녀는 '완전히' 그렇게 믿었다. 물론 나는 그 자리에서 내가 특별한 독심술 능력이 있는 것이 아니며, 나도 할 수 있는지 콜드 리딩을 시도해본 것뿐이라고 설명했다. 나는 사과를 하면서 그날 이 사실을 밝혀야 했는데, 어차피 나를 믿지 않는 것 같아 그럴 필요를 느끼지 못했다고 설명했다. 그 여성은 처음에는 약간 당황한 듯 보였지만, 내가 그 원리를 알려주고 확증 편향을 설명하자, 이러한 지식을 알려주어 고마워하는 것처럼 보였다. 이 경험에서 내가 얻은 교훈은 어떤 사람에게 심령술을 믿게 하는 데에는 그다지 큰 노력이 필요하지 않다는 것이었다. 내가 첫 번째 시도에서 이 정도의 성공을 거두었다면, 수년간 같은 일을 반복한 사람은 수많은 사람을 감쪽같이 속여 큰돈을 벌 수 있을 것이다.

이것은 실로 놀라운 발견이었다. 나는 그다지 뛰어나지 않은 연기로 그럭저럭 흉내를 내는 데 그쳤지만, 그 결과는 생각보다 훨씬 좋은 것이었다. 어떻게 그렇게 좋은 결과를 얻을 수 있었을까? 그 여성은 사전에 심령술을 어느 정도 믿었고, 따라서 내 말을 받아들일 준비가 되어 있었다.

그녀는 또한 인간의 뇌를 가지고 있었다. 이것은 제2장에서 보았듯이 확증 편향에 취약하다는 뜻이다. 콜드 리딩의 모든 희생자와 마찬가지로, 그녀 역시 필시 내가 한 말 중 정확하거나 정확한 것에 가까운 말을 전부 다 받아들이고 기억했을 것이다. 그런 말은 심령술에 대한 자신의 믿음을 강화시켜주기 때문이다. 하지만 내가 한 말 중 틀린 말은 그냥 흘려듣거나 기억에 남지 않았을 텐데, 내 실수는 그녀의 편향을 강화시키지 않기 때문이다. 그리고 기억도 내가 정확하게 알아맞혔던 일을 과장함으로써 내게 유리하게 작용했을 것이다.

확증 편향을 이해하고 경계하는 게 중요한데, 확증 편향은 비단 심령술뿐만 아니라 그 밖의 이상한 주장들에 맞닥뜨렸을 때 오류를 범하게 하기 때문이다.

우리가 이미 얻은 결론과 일치하는 정보만 선별적으로 받아들인다면, 사실상 어떤 것이라도 실재하거나 합리적인 것으로 보일 수 있다. 이것은 어둠 속에서 다트를 1000번 던진 뒤 불을 켜고 보니 과녁에 정확하게 명중한 다트를 10개 발견한 상황과 비슷하다. 어둠 속에서 다트를 던져 과녁에 10개나 명중시켰다고 하면 아주 대단한 것처럼 들리지만, 빗나간 다트 990개를 무시하거나 아예 보지 않을 때에만 그렇다. 심령술사가 100가지를 이야기할 때, 우리는 정확히 들어맞는 것만 주의를 집중해 듣고, 틀린 것은 그냥 흘려버린다. 모호한 이야기나 질문을 대단한 것인 양 믿어서는 안 된다. 심령술사의 말이 정말로 신빙성이 있는지, 아니면 그저 사람들을 속이기 위해 지어낸 교묘한 추측에 불과한 것인지 판단하려면 점수를 자세히 기록할 필요가 있다. 그리고 표본 집단의 크기도 잊지 말아야 한다. 어떤 심령술사를 평가할 때 단 한두 명의 개인을 대상으로 한 결과만을 살펴보아서는 안 된다. 예를 들어 어떤 심령술사가 100명을 대상으로 심령술을 시도했다면, 그중에서 몇 명은 예외적으로 심령술사의 말이 아주 잘 들어맞을 수 있다. 하지만 제대로 들어맞지 않은 사례들과 합쳐서 살펴본다면, 심령술사의 능력은 매우 의심스러울 것이다.

내 친구 중에 심령술에 아주 뛰어나 그 일을 하면서 돈을 번 사람이 있다. 그는 냉혹한 사기꾼도 아니었고, 인간의 마음을 이해하는 데 도움을 얻기 위해 실험을 한 것도 아니었다. 그는 자신에게 특별한 능력이 있다고 착각에 빠져 있었다. 그 일로 돈을 많이 벌고 고객들도 그의 능력에 감탄했지만, 그는 점점 의심이 생기기 시작했다. 그는 자신이 고객들에게 하는 이야기가 아무라도 할 수 있는 추측에 불과하다는 사실을 깨달았고, 결국 자신의 심령술 능력뿐만 아니라 모든 초자연적 주장과 초정상적 주장을 믿지 않게 되었다. 오늘날 그는 훌륭한 회의론자가 되었으며, 과학적 과정을 열렬히 지지한다. 그는 내게 자기 자신을 포함해 사람들을 속이는 게 얼마나 쉬운지 강조해서 말한다.

영매도 죽은 사람과 대화를 나눈다고 주장하지만, 이들 역시 심령술사와 비슷한 방법을 사용한다. 심령술사 중에는 영매로 활동하는 사람도 많은데, 이 두 가지 일은 사실상 똑같은 게임이기 때문에 충분히 가능하다. 영매는 죽은 사람에 대해 추측과 질문과 진부한 이야기를 늘어놓으면서 배우자나 가족, 친구의 반응을 살핀다.

"오, 그가 지금 여기 와 있어요. 그는 당신을 사랑하며, 당신이 열심히 살아서 기쁘다고 말해달라는군요. 또한, 자기 사진을 간직해주어 고맙대요. 그리고 계속 열심히 노력하고, 스스로를 믿으라고 하는군요."

훌륭한 회의론자라면 이것이 뻔한 수작임을 즉각 눈치챌 것이다. 하지만 가족을 잃어 비탄에 빠진 사람은 영매가 전하는 말을 의심하고 싶은 생각이 들지 않는다. 죽은 사람과 의사소통을 하거나 연결되고 싶은 마음은 충분히 이해가 되지만, 그런 소망에 사로잡힌 나머지 이와 같은 상황에 맞닥뜨렸을 때 올바른 생각을 하는 능력을 포기해서는 안 된다. 설사 영매의 말을 듣는 것이 잠깐 동안은 위안이 될지 몰라도, 사기꾼에게 감정적으로 이용당하거나 농락당해서는 안 된다.

심령술사나 영매의 주장을 검증하는 게 충분히 가능하다는 사실을 잊지 말아야 한다. 만약 누가 살아 있거나 죽은 사람의 마음을 들여다보고, 그의 과거와 현재와 미래를 자세히 알 수 있다면, 정말로 그 사람에게 그런 능력이 있는지 결정적으로 확인할 수 있는 방법이 있다. 만약 심령술사들이 원한다면, 과학이 그들의 능력을 온 세상 사람들에게 확인시켜줄 수 있다. 그들이 단지 과학적 검증 과정에 순순히 응하기만 하면 된다. 하지만 이에 응하는 심령술사가 거의 없다는 사실만 봐도 이들의 주장은 신빙성이 없음을 알 수 있다. 만약 진실을 밝히기 위해 과학적 검증을 하자는 제의에 굳이 응해야 할 동기를 느끼지 못한다면, 큰돈을 걸면 어떨까? 제임스 랜디 교육재단은 신뢰할 만한 과학적 검증 조건에서 초자연적 또는 초정상적 능력이 있음을 입증하는 사람에게 100만 달러의 상금을 주겠다고 했다. 하지만 오늘날 유명한 심령술사와 영매 중에서 이에 응한 사람은 아무도 없는데, 그 이유는 충분히 짐작할 수 있다. 이들은 사람의 마음을 읽을 수 있고, 죽은 사람에게서 지식을 얻을 수 있다고 주장하지만, 그것을 증명한 뒤 가져가라고 테이블 위에 올려놓은 100만 달러에는 전혀 관심을 보이지 않는다.

부디 여러분은 훌륭한 회의론자가 되어 심령술사나 영매가 펼치는 게

임에 속아 넘어가지 않길 바란다. 하지만 여러분 주위에는 필시 그런 속임수에 넘어가는 사람들이 있을 것이다. 그 사람들에게는 내 이야기를 들려주라. 내가 서투른 솜씨로 처음 시도한 콜드 리딩에서 똑똑한 성인에게 내가 마음을 읽는 능력이 있다고 믿게 한 이야기를 해주라. 나같이 서툰 사람도 성공할 수 있다면, 아무라도 할 수 있을 것이다. 그러니 늘 의심과 경계를 늦추어서는 안 된다.

## 로스웰 UFO 추락 사건

지금까지 나온 UFO 이야기 중에서 가장 이목을 끈 것은 1947년 여름에 뉴멕시코 주의 작은 도시 로스웰 부근 사막에 외계인 우주선이 추락했다는 이야기이다. 이것은 단순히 하늘에서 기묘한 물체를 봤다는 목격담에 불과한 것이 아니다. 이 이야기에는 군 당국의 확인, 회수했다는 우주선 잔해, 심지어는 외계인 시체까지 등장한다. 로스웰 사건은 UFO 믿음의 성배나 다름없다. 하지만 이 이야기에는 한 가지 문제점이 있는데, 바로 사실일 가능성이 극히 희박하다는 점이다.

내 말을 오해하지 말기 바란다. 나는 '로스웰 사건'을 아주 좋아한다. 하지만 나는 이 이야기를 곧이곧대로 믿지는 않는다. 그래도 로스웰 사건을 믿는 사람들이 주장하는 것 중에는 사실도 몇 가지 있다. 사막에 뭔가 이상한 물체가 추락했고, 기묘한 잔해를 수거한 것은 사실이다. 그리고 실제로 정부가 그 사실을 덮으려고 했던 것도 사실이다.

이 모든 소동은 1947년 6월에 로스웰 외곽 사막에서 목축업자 맥 브래절Mack Brazel이 잔해를 발견하면서 시작되었다. 그는 그것을 누가 버린 쓰레기로 여기고 그냥 지나쳤다.(만약 그것이 어떤 종류이건 추락한 비행체였다면, 브래절의 행동은 기대하기 힘든 반응이라는 데 유의할 필요가 있다.) 며칠 뒤, 켄 아널드Ken Arnold라는 민간 비행사가 로스웰에서 멀리 떨어진 태평양 북서부 지역을 비행하다가 공중에서 괴상한 물체를 목격했다고 보고했다. 그는 그 물체를 납작한 부메랑 비슷하게 생겼다고 묘사했지만, 언론에서는 '비행접시'라는 용어를 널리 사용했고, 그렇게 해서 대중 사이에 그 용어가 뿌리를 내렸다.

만약 언론에서 아널드의 목격담을 정확하게 보도했더라면, 1950년대에 비행접시 열풍 대신에 '비행 부메랑' 열풍이 불었을 것이고, 그 당시의 흑백 SF 영화들도 지구를 공포로 몰아넣는 외계인의 우주선을 비행접시 대신에 비행 부메랑으로 묘사하지 않았을까? 아널드의 이야기가 알려지자, 곧 미국 전역에서 UFO를 목격했다는 사람이 수천 명이나 나타나기 시작했다. 그러면서 UFO 시대가 활짝 열렸는데, 이것은 그후에 전개된 로스웰 사건에 영향을 미쳤을 가능성이 높다.

브래절은 잔해를 발견한 지 3주일쯤 지난 뒤에 차를 몰고 로스웰 시내로 갔는데, 그곳에서 필시 아널드의 UFO 목격담이나 다른 '비행접시' 이야기를 들었을 것이다. 어쨌든 이런저런 이유로 브래절은 자신이 발견한 것이 중요한 것일지도 모른다는 생각이 들어 로스웰 보안관에게 그 사실을 보고했고, 보안관은 근처에 있던 로스웰 육군 비행장에 그 사실을 알렸다. 그러자 기지에서 파견된 요원들이 잔해를 수거해 갔고, 로스웰 UFO 추락 이야기가 본격적으로 퍼지기 시작했는데, 열정적인 홍보 담당관이 '비행 원반'을 회수했다는 내용의 보도 자료를 배포한 게 큰 이유였다. 그 직후에 《로스웰 데일리 레코드》라는 지역 신문은 "로스웰 육군 비

로스웰 UFO 발견을 최초로 알린 《로스웰 데일리 레코드》
1947년 7월 8일자

행장 요원들이 로스웰 지역에서 비행접시를 포획하다"라는 제목으로 머리기사를 실었다.[28] 그 당시에는 '비행접시'나 '비행 원반'이 오늘날처럼 반드시 외계인 우주선을 의미하는 것으로 받아들여지지 않았다는 사실에 유의할 필요가 있다. 따라서 그 보도자료는 오늘날 우리가 느끼는 것처럼 지나치게 과장된 표현은 아니었다.

그런데 이 모든 이야기에는 아주 중요한 사실이 한 가지 있다. 최초 발견자인 브래절이 발견 직후에 한 말을 보면, 그가 발견한 잔해가 외계에서 날아온 우주선의 잔해가 절대로 '아님'을 분명히 보여준다. 다음에 소개하는 구절들은 최초의 '비행 원반' 이야기가 나온 지 하루 뒤인 1947년 7월 9일에 《로스웰 데일리 레코드》 1면에 실린 기사에서 인용한 것이다.(굵은 글자로 표시된 부분은 강조를 위해 내가 표시한 것이다.)

✛ "윌콕스[로스웰의 보안관]는 로스웰 육군 비행장에 연락했고, 제시 마셀 소령과 사복 차림의 군인 한 명이 그와 함께 현장으로 가 '원반'의 나머지 잔해를 수거했으며, 그의 집으로 가 그것을 복원하려고 시도했다."

✛ "브래절의 말에 따르면, 그들은 그것을 제대로 복원할 수 없었다고 한다. 그들은 그걸로 연을 만들려고 시도했지만 성공하지 못했으며, 달리 제대로 들어맞게 조립할 수도 없었다."

✛ "브래절은 그 물체가 하늘에서 떨어지는 걸 보지 못했고, 부서지기 전의 모습도 보지 못했기 때문에, 정확한 크기나 모양을 알 수 없지만, 테이블 윗면만 한 크기였을 거라고 생각한다고 말했다. 그리고 만약 기구(氣球)로 작동한 것이라면, 그것을 하늘로 올려보낸 기구는 그가 앉아 있던 방의 크기로 거리를 가늠할 때 그 길이는 3.6m쯤 되었을 것이라고 추정했다. 고무는 연기에 그을려 회색이

었고, 지름 약 180m의 지역에 흩어져 있었다."

✛ "잔해를 한데 모은 **은박지와 종이, 테이프, 막대** 등의 무더기는 길이 약 90cm, 두께 17.5~20cm 정도였고, 고무 무더기는 길이 약 45~50cm, 두께 약 20cm였다. 모두 합쳐서, **그는 전체 무게가 22.5kg쯤 나갈 것이라고 추정했다."**

✛ "엔진에 사용되었을지 모르는 금속의 흔적은 이 지역에서 **전혀 발견되지 않았고**, 프로펠러의 흔적도 없었다. 다만, **일부 은박지에 들러붙었던 종이 안정판이 최소한 하나 발견되었다."**

✛ "이 장비 어디에도 단어는 전혀 적혀 있지 않았다. 다만, 일부 부품에 문자가 있었다. **이 장비를 만들 때 상당량의 스카치테이프와 꽃무늬가 인쇄된 테이프가 사용되었다."**

✛ "끈이나 철사는 전혀 발견되지 않았지만, **종이에 작은 구멍이 여러 개 나 있었는데,** 이것은 어떤 종류의 물체가 붙어 있었음을 시사한다."**29**


이 기사는 사건 직후에 보고된 내용을 바탕으로 작성한 것이어서 몇 년 뒤에 소개된 기묘한 기억 이야기보다 훨씬 믿을 만하다. 잔해 부근에서 외계인 시체가 발견되었다는 이야기가 전혀 없다는 사실을 알아챘는가? 만약 그런 게 있었다면, 당연히 브래절과 사람들의 눈길을 단번에 끌지 않았겠는가? 하지만 그들의 눈에는 오로지 고무와 끈, 스카치테이프 따위만 들어온 것으로 보인다. 또 한 가지 중요한 사실은 현장에서 잔해를 수거한 사람들이 그것으로 '연을 만들려고' 시도했다는 점이다. 그 시도는 실패했지만, 어쨌든 그러려고 시도했다는 사실은 이 비행체가 어느 행성에서 왔는지에 대해 충분한 단서를 제공한다. 그들이 이 잔해를 우주선 잔해로 보지 않았다는 사실은 분명하다. 사막에 추락한 우주 왕복선 잔해를 여러분이 발견했다고 상상해보라. 그 잔해들을 보고 맨 먼저 그 걸로 '연'을 만들 생각이 들 확률이 얼마나 되겠는가? 나는 다른 세계에서 지구로 여행할 능력이 있는 외계인이라면 우리보다 문명이 훨씬 앞설 것 이라고 확신하지만, 그들이 이곳 지구에서 고무나 나무를 아교와 테이프 로 이어 붙여 그런 우주선을 만들 수 있을 만큼 뛰어나다고는 생각하지 않는다.

그 이후에 일어난 일을 계속 추적해보면, 현장에서 수거한 잔해는 텍사 스 주의 포트워스 육군 항공 기지로 옮겨졌는데, 그곳 전문가들은 그것 이 무엇인지 단번에 알아챘다. 그들은 종이와 은박지, 고무, 발사나무 막 대로 이루어진 잔해를 한번 훑어보고는, 그것은 '기상 관측 기구'가 추락 한 것에 불과하다는 공식 보고서를 발표했다. 그걸로 그 사건은 종결되 었다. 대부분의 사람들은 그 발표를 받아들이고 그 사건을 잊어버렸는 데, 세월이 한참 지난 뒤에 로스웰 UFO 추락 사건이라는 전설이 생겨났 다. 그런데 이 이야기는 누락된 부분이 조금 더 있다.

군 당국이 거짓말을 한 것은 사실이다. 그렇다, 로스웰 사건을 일반 대 중에게 정확하게 알리지 않고 진실을 덮으려는 시도가 있었던 것은 분명 한 사실이다. 오늘날에는 그 진실이 완전히 밝혀졌는데, 브래절이 발견한 것은 단순한 기상 관측 기구가 아니었다. 하지만 아쉽게도 이 이야기에도 외계인 UFO 추락 같은 것은 나오지 않는다. 진짜 이야기가 전설이 된 로 스웰 사건 이야기보다 인기가 없는 것은 이 때문일 것이다.

군 당국의 설명 중에서 유일하게 솔직한 것은 '기구'에 관한 부분이었 다. 하지만 이 기구가 보통 기상 관측 기구보다 훨씬 흥미롭고 특이한 것 이라는 사실은 감추었다. 그 잔해는 모굴 계획Project Mogul에 따라 기구에 매달아 띄워 올린 많은 청음 장비 중 하나인 게 분명했다. 이 일급 비밀 계획은 아주 높은 고도까지 솟아오르는 대형 기구를 많이 사용했다. 다수의 기구를 끈으로 연결해 거대한 '비행 열차'로 만든 것도 있었다. 아래로 길게 늘어뜨린 줄에는 전자 청음 장비가 달려 있어 소련의 지상 핵폭탄 실험에서 일어나는 것과 같은 먼 곳의 폭발 소리를 감지할 수 있었다. 이런 계획을 실행에 옮긴 때가 1950년대 중반과 후반이라는 사실을 감안해야 한다. 그때에는 정찰 위성도 없었고, U-2나 SR-71 같은 장거리 초음속 정찰기도 없었다. 하지만 냉전은 진행 중이었고, 미국은 주요 경쟁자인 소련을 철저히 감시하려고 온갖 노력을 기울였다. 그 무렵에 미국은 유일한 핵 보유국이었고, 혹시라도 소련이 핵폭탄을 개발하지 않을까 촉각을 곤두세우고 있었다. 이 모든 일은 극비리에 진행되었기 때문에, 군 당국이 그 사건을 비밀에 부친 것은 그다지 놀라운 일이 아니다.

모굴 계획에 참여했던 길든버그B. D. Gildenberg는 그 계획은 극비리에 진행되어 계획에 참여한 사람들 중에도 그 계획의 이름이나 구체적으로 추진하는 일이 무엇인지 모르는 사람이 많았다고 말한다.[30] 모굴 계획은 1972년에 가서야 비밀문서에서 해제되었다. 미국이 이 계획을 극비에 부친 이유는 소련이 그 사실을 알면 감시하기가 훨씬 어려운 지하 핵실험을 할까 봐 염려해서였다. 길든버그는 브래절이 1947년에 발견한 잔해가 연처럼 생긴 레이더 반사체 중 하나였을 거라고 확신한다.[31] 기구 밑에 매달려 있던 이 반사체는 지상 요원들이 레이더로 기구를 추적하는 데 도움을 주었으며, 고무와 발사나무 막대, 종이, 은박지, 테이프, 아교로 제작되었다.

로스웰 UFO 추락 사건 이야기가 정교하게 지어낸 이야기임을 뒷받침하는 중요한 단서 한 가지는 1947년 당시에는 우주선을 보았다거나 외계인 시체를 회수해 51구역으로 옮겨 갔다는 이야기를 한 사람이 단 '한 명도' 없었다는 사실이다. 이 이야기에서 흥미진진한 요소들은 '30년'이 지난 뒤에야 나타나 표준적인 요소로 포함되었다. UFO 믿음이 널리 퍼지고, 할리우드에서 외계인이 등장하는 SF 영화를 쏟아내고, 외계인 납치 이야기가 알려지고, 작은 몸통에 큰 머리를 가진 외계인 이미지가 대중문화에 확산된 뒤에야 비로소 로스웰 이야기는 오늘날의 형태로 발전했다.

1947년 이후에 이 지역에서 비밀리에 진행된 다른 군사 계획들도 이 전설을 부풀리는 데 일조했을지 모른다. 그중에서도 특히 파일럿을 위한 고공 탈출 장치 시험이 큰 역할을 했을 가능성이 높다. 나는 그 당시 시험 비행사로 일했던 조 키팅어Joe Kittinger를 2001년에 만나 그의 놀라운 비행 경력에 대해 인터뷰했는데, 그는 자신이 참여한 시험 비행이 로스웰 사건 전설을 부풀리는 데 일조했을 가능성이 있다고 털어놓았다. 그의 팀은 키 작은 인형에 미래형 우주복처럼 보이는 것을 입혀 높은 고도에서 떨어뜨리는 실험을 했다고 한다. 그랬다면 해당 지역의 주민이 그 인형을 보고 외계인으로 착각했을 가능성은 없었을까? 키팅어는 "분명히 그렇게 착각했을 겁니다."라고 말했다.

"우리가 기구에서 떨어뜨린 인형들은 [은빛] 여압복을 입었기 때문에 아주 기이해 보였습니다. 한번은 우리가 떨어뜨린 인형이 높은 산에 떨어졌어요. 그 인형은 무게가 110킬로그램이 넘었어요. 그러니 그것을 산에서 회수하려면 어떻게 했겠어요? 우리는 그것을 들것에 싣고 앰뷸런스가 있는 곳까지 운반했지요. 만약 수풀 속에서 이 과정을 지켜본 사람이 있었더라면, 분명히 '와우! 저들이 실어가는 것은 외계인이 분명해.'라고 떠들고 다녔겠지요. 우리는 외계인 목격담 중 상당수는 실제로는 시험용 인형

을 운반하던 우리를 본 것이라고 생각합니다."³²

하지만 이 인형 실험은 1947년에 '추락' 사건이 일어나고 나서 몇 년 뒤에 일어났다. 그렇다면 어떻게 사람들은 1947년에 외계인(혹은 인형)을 보았다고 기억하는 것일까? 그것은 바로 인간의 기억이 작용하는 방식 때문이다. 아주 똑똑한 사람도 과거의 사건들이 일어난 시점을 혼동할 수 있다는 사실은 연구를 통해 분명히 밝혀졌다. 어떤 사건이 실제로 일어난 때는 5년이나 10년 전인데도 20년 전에 일어난 것으로 잘못 기억하는 일은 아주 쉽게 일어나며, 또 자연스러운 현상이다. 실제로 일어난 사건에 대한 기억이 영화나 책에서 얻은 정보로 오염되는 일도 아주 쉽게 일어난다. 그러면서도 당사자는 잘못된 기억이나 오염된 기억이 절대로 옳다고 생각할 수 있다.

2011년에 애니 제이콥슨Annie Jacobson이 쓴 『51구역: 미국 최고 군사기지의 숨은 역사』가 출판되자, 로스웰 사건에 대한 언론과 대중의 관심이 다시 끓어올랐다. 제이콥슨은 51구역에서 수십 년 동안 비밀리에 진행된 중요한 연구의 역사를 대부분 솔직하고 믿을 만하게 서술했지만, 책 말미에 로스웰 UFO 추락 사건과 관련해 기묘한 이야기를 포함시켰다. 제이콥슨의 주장에 따르면, 정말로 비행접시가 있었고, 현장에서 휴머노이드도 수거했다고 한다. 하지만 비행접시와 휴머노이드는 외계에서 날아온 것은 아니라고 한다. 제이콥슨이 신원을 공개하지 않은 정보원의 말에 따르면, 그 우주선은 소련이 제작한 첨단 비행체로, 미국의 방공망을 시험하고 미군 당국과 일반 대중을 공포에 빠뜨리게 할 목적으로 미국 영공으로 침투시킨 것이라고 한다. 그리고 승무원은 외계인이 아니라 어린이인데, 소련 과학자들이 외과적 방법과 유전적 방법으로 큰 머리에 큰 눈을 가진 외계인처럼 보이게 만들었다고 주장한다. 제2차 세계대전 때 아우슈비츠에서 유대인을 대상으로 악명 높은 실험을 한 의사인 요제프 멩겔레[Josef Mengele]는 그 당시 소련에 억류돼 있었고, 불행한 어린이를 외계인 침입자로 변형시키는 작업을 도왔다고 한다.[33] 정말 대단한 이야기가 아닌가! 하지만 이 이야기를 믿을 만한 사실로 내세우는 것은 전혀 훌륭한 태도가 아니다. 익명의 출처에서 나온 특이한 이야기는 아무리 흥미진진하다 하더라도, 좋은 증거나 증명이 될 수는 없으며, 사람들이 수천 년 동안 이야기해온 수십억 가지 이야기에 또 하나의 과장된 이야기를 보태는 것에 불과할 뿐이다.

## 음모론

나는 2012년 샌디훅 초등학교 총기 난사 사건 이후에 생겨난 음모론의 확산 속도에 큰 흥미를 느꼈다. 그 사건이 일어나고 나서 몇 시간은 아니더라도 며칠 만에 거짓말과 은폐 주장이 전 세계에 퍼졌다. 국제적으로 문제를 일으키려는 목적으로 한 이스라엘 암살단이 저지른 짓이라는 주장도 있었고, 미국 정부가 개인 소유 총기를 모두 몰수하려고 새로운 총기 규제법을 단행할 목적으로 저지른 짓이라는 주장도 있었다. 음모론자들은 모든 논리를 무시하고 증거도 없이 학교에서 살해된 어린이는 아무도 없었다고 주장했다. 슬퍼하는 부모도 넋이 빠진 교사도 없었다고 주장한 것은 물론이다. 그리고 텔레비전에 나와 기자들과 인터뷰를 한 사람들은 우리를 속이기 위해 맡은 역할에 따라 연기를 한 '위기 대응 배우'들이라고 했다. 샌디훅 초등학교 총기 난사 사건에는 케네디 대통령

암살 사건과 9·11 테러 사건을 비롯해 그 밖의 수천 가지 불행한 사건과 마찬가지로 불안감을 조장하는 입증되지 않은 음모론이 영원히 따라다닐 것이다. 어떻게 이런 일이 끊이지 않고 계속 이어지는 것일까? 왜 사람들은 이런 종류의 주장을 믿을까?

음모론 현상을 분석하기 전에 사악하고 범죄적인 음모가 실재한다는 사실을 분명히 짚고 넘어갈 필요가 있다. 그런 음모는 항상 일어난다. 함께 모여 나쁜 일을 계획하고 실행에 옮기는 사람들은 역사를 통해 항상 존재했다. 큰 인기를 끄는 음모론은 자연계의 작용 방식에 대해 우리가 알고 있는 지식과 어긋나는 것으로 보이지 않는다는 점에서 초자연적 또는 초정상적 주장과 다르다. 문제는 나쁜 일이 일어났을 때 복잡하고 극적인 설명을 찾으려는 충동이나 필요를 느끼는 사람들이 많은 것처럼 보인다는 데 있다. 그 설명이 아무리 증거가 부족하고, 겉보기에 비논리적이고 실현 가능성이 극히 희박하다 하더라도 말이다. 이것은 결코 놀라운 일이 아니다. 다음에 소개하는 인간의 '표준적인' 특성 때문에 사람들은 음모론에 흥미를 느끼며, 일부 사람들은 음모론을 거부하지 못하고 받아들인다.

✦ **우리는 이야기를 좋아한다.** 이야기를 하고 듣는 것은 인간의 기본적인 본성이다. 우리는 모두 이야기꾼이다. 단지 타블로이드 신문과 단순한 사람만 소문을 좋아하는 게 아니다. 소문은 우리를 결합시키는 데 중요한 접착제 역할을 한다. 선사 시대부터 이야기와 소문은 중요한 정보를 공유하고, 서로에게 위험을 알리고, 영감을 주고받는 도구로 사용돼왔다. 훌륭한 음모론들이 공통적으로 지닌 특징 한 가지는 바로 '훌륭한 이야기'라는 점이다. 거기에는 대개 희생자와 악당,

비밀, 그리고 정의를 구현할 기회(충분히 많은 사람들이 그 이야기를 믿기만 한다면)가 등장한다.

**✚ 우리는 큰 질문에 작은 답을 좋아하지 않는다.** 리 하비 오스월드(Lee Harvey Oswald) 혼자서 세계 최고의 권력자인 케네디 대통령을 죽일 수 있었다는 사실을 순순히 받아들이기에는 우리의 정의감이 용납하지 않는다. 분명히 그 사건에는 많은 권력자가 연루돼 있을 것이다, 그렇지 않은가? 반드시 그렇진 않다. 때로는 도저히 일어날 법하지 않은 일이 일어날 수도 있으며, 때로는 우리가 알고 있는 공정성과 합리성 개념에 어긋나는 사건이 일어나기도 한다.

**✚ 그 지긋지긋한 점들!** 우리는 실제로 연결되지 않은 '점들'을 연결함으로써 실제로 존재하지 않는 것을 볼 뿐만 아니라, 그런 식으로 '생각'하기도 한다. 구름과 잉크 얼룩을 바라보는 행동을 멈추더라도, 패턴을 찾으려는 우리의 성향은 멈추지 않는다. 가끔 우리는 이야기와 정보에서도 임의적인 점들을 연결한다. 마음속에서 우리는 사실들과 말들과 사건들과 사람들 사이에서 연결 고리를 찾으려고 한다. 그렇게 억지 연결이 충분히 많이 일어나면, 실재하는 것이건 실재하지 않는 것이건 간에 음모론이 생겨난다. 우리 뇌가 흘러가는 구름에서 괴물의 모습을 만들어내고 보는 것처럼, 많은 사람들은 큰 사건에서 괴물 같은 비밀을 만들어내고 볼 수 있다. 실제로 존재하는 것이 아니더라도 말이다!

현실에서 음모가 실제로 일어나기 때문에, 모든 음모론을 다 같은 것으로 취급해서는 안 된다. 많은 음모론은 공정성을 위해서, 그리고 은폐 주장에 맞서기 위해서라도 귀를 기울일 필요가 있다. 나는 감정을 배제하고 확실한 증거를 바탕으로 이 주장들을 생각하는 게 중요하다고 본다. 사람들이 음모론에 대해 생각하고 말하는 것을 보면 매우 놀랍다.

2012년에 나는 〈코스트 투 코스트〉라는 라디오 쇼에 게스트로 출연해 회의론과 과학에 관해 토론을 했다. 우리는 많은 주제를 놓고 이야기를 나누었지만, 그 쇼가 방송되고 나서 몇 주일 동안 가장 기묘한 반응이 나온 것은 바로 음모론이었다. 나를 수익성이 높은 백신을 홍보하고 대체의학에 대한 허위 정보를 퍼뜨리기 위해 돈을 받고 출연한 '거대 제약 회사'의 꼭두각시라고 비난하는 이메일과 웹페이지의 글들이 있었다. 9·11 테러의 배후가 알카에다일 가능성이 있으며, 달 착륙이 사기극이라는 주장은 틀렸다는 내 견해에 대해 일부 사람들은 내가 정부에서 급료를 받고 대중을 오도하는 공작을 하는 '비밀 공작원'이 '분명'하다고 선언했다. 일부 사람들은 감정과 의심에 사로잡힌 나머지, 증거에 초점을 맞춰야 한다는 사실을 망각한 게 분명했다. 하지만 그렇지 않은 음모론자들도 있다. 그들은 증거를 바탕으로 극단으로 치닫는다. 그들에겐 증거가 산더미처럼 많으며, 상황이 허락만 한다면 기꺼이 그 증거들로 여러분을 묻으려 든다. 내 경험에 따르면, 증거를 수집하려고 온갖 애를 쓰는 음모론자는 전혀 멍청하지 않다. 그들은 똑똑하고 정력적으로 활동하면서 깊이 생각하는 사람들인 경우가 많다.

하지만 그들이 깨닫지 못한 것처럼 보이는 사실이 하나 있는데, 음모론은 사람들을 확증 편향에 빠뜨리기에 거의 완벽한 덫이라는 점이다. 복잡한 범죄나 중요한 사건을 분석할 때, 한쪽으로 치우친 견해를 제시하려고 자료를 선별적으로 선택하는 우를 범하기가 아주 쉽다. 나는 그들이 부정직하다고 주장하진 않는다. 누구나 자연스럽게 무의식적으로 그런 행동을 할 수가 있는데, 확증 편향은 아주 보편적으로 일어나기 때문이다. 음모론자가 아무리 머리가 좋고 진지한 사람이라 하더라도, 확증 편향에 빠질 위험에서 완전히 자유로운 것은 아니다.

음모론자에게 내가 줄 수 있는 최선의 조언은 열린 마음을 유지하라는 것이다. 왜냐하면, 사람들의 집단과 기업, 종교 단체, 정부는 정말로 어떤 일이라도 할 수 있기 때문이다. 그것은 역사가 증명한다. 하지만 혼자서 사실일 수도 있다고 생각하거나 사실일 수밖에 없다고 판단하여 음모론을 경솔하게 받아들여서는 안 된다. 그럴싸한 이야기라고 해서 쉽게 수긍해서는 안 된다. 끝까지 확실한 증거를 요구해야 한다.

## 점성술

점성술은 우주의 천체가 우리를 포함해 지상의 생물들에게 영향을 미친다고 주장한다. 이 놀라운 개념은 수천 년 전에 생겨나 지금까지 죽 이어져왔다. 하지만 오늘날 점성술을 믿는 사람들에게 천체들이 우리의 행동에 직접적인 영향을 미치는지, 아니면 직접적인 영향은 미치지 않고 단순히 앞으로 일어날 일을 알려주기만 하는지 물어보면, 상반된 설명들을 듣게 된다. 어느 쪽이건, 별과 행성과 우리가 불가사의하게 연결돼 있다는 상상은 아주 흥미롭다. 과거에는 많은 사회에서 가장 교양 있는 사람들조차도 점성술을 합리적이라고 믿었다. 점성술은 존중할 만한 과학이자 생산적인 정보 수집 수단으로 간주되었다. 하지만 고대 바빌로니아 시대 이후로 우리는 우주와 인간 심리에 대해 많은 것을 알아냈다. 예를 들면, 과학자들은 얼마 전에 별과 행성의 위치는 개인의 성격과 운명에 감지할 수 있거나 측정 가능한 영향을 미치지 않는다는 사실을 알아냈다. 정말이다! 화성과 토성은 여러분이 직장에서 승진하거나 이상적인 배우자와 결혼하는 문제하고는 아무 관계도 없다. 금성은 여러분이 응시한 고등학교 치어리더 선발 테스트 결과에도 아무 영향을 미치지 않는다.

한 가지 사실을 분명히 짚고 넘어갈 필요가 있는데, 그것은 바로 점성술이 과학적 과정을 따르지 않는다는 점이다. 점성술은 증거에 기반을 두지 않는다. 점성술이 우리의 삶을 알아내거나 미래를 예측할 수 있다는 사실은 입증된 바가 전혀 없다.

점성술은 입증되지 않았다는 사실 외에도 아주 불리한 사실이 두 가지 더 있다. 첫째, 그 기원을 살펴보면, 점성술이 얼마나 효과가 있는지에 대해 알아야 할 것이 다 드러난다. 점성술이 맨 처음에 어떻게 탄생했는가 하는 단서는 선사 시대의 안개 속에서 영영 사라지고 말았다. 하지만 초기 인류가 하늘에서 별과 행성과 달을 보면서 거기에 개인적인 의미를 투영했으리라는 것은 쉽게 상상할 수 있다. 누가 이들을 비난할 수 있겠는가? 그들은 천문학을 전혀 몰랐고, 따라서 전형적인 밤하늘을 수놓는 아름답고 불가사의한 천체들은 마술적 사고를 부추겼을 것이다.

*하늘의 저 빛들은 뭔가를 의미하는 게 분명해. 왜 그렇지 않겠는가? 어쩌면 나는 저 천체들과 연결돼 있을지 몰라. 어쩌면 저 천체들은 내 인생의 의미를 이해하는 데 도움을 줄지도 몰라. 그리고 내가 사는 이 혼란스러운 세상을 이해하는 열쇠가 저 천체들에 있을 거야. 하늘의 천체들은 인생과 세상의 비밀을 알려줄지도 몰라.*

역사에서 점성술을 최초로 언급한 기록은 3천~4천 년 전의 고대 수메르와 바빌로니아 문화에서 발견된다. 세계 각지에서 여러 형태의 점성술은 역사를 통해 인류 사회에 아주 큰 영향을 미쳤고, 어떤 측면에서는 천문학의 조상이라고 할 수 있다. 하지만 점성술이 천문학의 조상이라는 말에 너무 큰 의미를 부여하진 말기 바란다. 이것은 영장류의 털 고르기 행동(동료의 몸에서 이와 진드기를 잡아내 먹는 것)이 이발과 면도의 조상이라고 말하는 것과 비슷하다. 그것은 아마도 사실이겠지만, 점성술은 오늘날을 살아가기 위해 우리가 반드시 의지해야 할 취미가 아니다. 수백 년 혹은 수천 년 동안 대부분의 사회에서 왕과 여왕부터 장군과 의사에 이르기까지 많은 사람들은 중요한 결정을 내릴 때 점성술사의 말을 참고했다. 현대에도 세계적인 지도자들 중에서 점성술에 큰 영향을 받은 사람들이 있었다.[34] 하지만 여러분은 점성술의 오랜 역사와 영향력에 지나치게 감명을 받지 않도록 조심하라. 큰 인기와 약간의 역사적 영향력이 있다는 것만으로 점성술을 구하기에는 역부족이니까.

고대 바빌로니아 인은 개인의 성격과 천체의 움직임 사이에 어떤 관계가 있는지 과학적 연구를 한 적이 전혀 없다. 고대 수메르 인은 미래의 역사적 사건을 신뢰할 수 있게 예측하기 위해 과거의 역사적 사건들과 별들의 위치 사이에 상관관계가 있다는 것을 보여주는 자료를 수집한 적도 없다. 그들은 그저 별들을 바라보면서 마음대로 점들을 연결하고는 자신들이 본 것이나 보았다고 상상한 것에 어떤 의미가 있다고 선언했을 뿐이다. 만약 오늘날의 점성술사가 어떤 책이나 문서를 참고한다고 말한다면, 그 제목이 무엇인지 물어보라. 그리고 그것의 기원이 무엇인지 물어보라. 단순히 점성술을 설명하는 데 그치지 않고 그 기원과 작용 방식까지 설명하는 초기의 문헌이 있는지 물어보라. 하지만 그 기원을 충분히 먼 과거까지 추적해보면, 항상 낯익은 장소에 도착하게 된다. 그곳에는 바로 인간의 상상력이 자리 잡고 있다.

점성술은 지어낸 이야기들이 겹겹이 쌓여 만들어진 것이다. 따라서 이것은 결코 과학이 아니다. 그 예언 능력은 존재하지 않는다. 점성술은 별이나 행성과 아무 관계가 없다. 단지 인간의 내면 우주에 있는 편향과 망상과 관계가 있을 뿐이다.

두 번째 근본적인 문제는 점성술이 어떤 원리로 성립하는지 아는 사람이 아무도 없다는 점이다. 내가 점성술을 믿는 사람들에게서 가장 흔히 듣는 설명은 "그냥 들어맞는다."라는 것이다. 점성술은 초기 천문학의 발전에 중요한 역할을 했을지 모르고, 시간 측정과 농업 발전에도 큰 도움을 주었을 수 있다. 하지만 오늘날 사람들이 믿는 점성술은 그냥 사이비 과학일 뿐이다. 점성술을 설명하는 배경 이론도, 뒷받침하는 지식 체계도, 검증하는 실험도 전혀 없다. 내가 이 사실을 확실히 아는 이유는 직접 전문 점성술사들에게 물어보았기 때문이다. 나는 열린 마음으로 그들의 설명에 귀를 기울였는데, 내 별자리가 천칭자리여서 이런저런 일이 일어날 것이고, 나는 이런저런 식으로 생각하고 느끼는 경향이 있다는 이야기를 듣고 나서 이런 사실을 어떻게 아느냐고 물어보았다. "그야 별들이 그렇게 알려주니까요."라는 말은 물론 제대로 된 대답이 아니다. 별들이 '왜' 그렇게 알려주는가? 별들은 그것을 '어떻게' 알려주는가? 이것들은 반드시 답해야 할 간단한 질문이지만, 나는 그 답을 결코 듣지 못했다. 점성술을 믿는 사람들이 어딘가에 거대한 점성술 문서 보관고가 있고, 그곳에 오늘날 점성술사들이 만드는 천궁도의 원자료에 해당하는 방대한 자료가 보관돼 있다고 믿는 게 아닐까 하는 의심이 든다. 아니면 모든 점성술사들이 사용할 수 있게 필요한 계산을 해주는 점성술사들의 최고 위원회가 어딘가 있다고 생각하는지도 모른다. 하지만 이런 것들은 어디에도 없다.

마지막으로 모든 사람이 알아야 할 사실이 하나 있다. 별점이 인기가 있고 많은 사람에게 들어맞는 것처럼 보이는 이유는 대부분의 별점이 사실상 모든 사람에게 자신에게만 특별히 적용되는 것처럼 보이는 방식으로 작성되기 때문이다. 별점을 잘 치는 사람은 50여 개의 단어만으로 상대방에게 그것이 자기에게만 특별하게 적용되는 예언이라는 느낌을 줄 수 있다. 사전에 그 사람에 대해 아는 정보가 약간 있다면, 당사자에게 별점이 잘 들어맞는다는 느낌을 더 강하게 줄 수 있다. 이것은 심령술사가 콜드 리딩을 사용하는 것과 원리가 비슷하다. 대부분의 사람들에게 공통되는 문제와 관심사에 초점을 맞춰 이야기하면, 뭐든지 쉽게 믿는 성향이 있는 사람은 그것을 자신에게만 특별하게 들어맞는 것으로 받아들일 수 있다. 미래의 일을 예언할 때에는 두 가지 우군이 점성술사를 돕는데, 그것은 바로 모호한 예언과 확증 편향이다. "이번 주에는 재물 운이 좋습니다."와 같은 예언은 로또에 당첨되는 걸 뜻할 수도 있고, 길에서 5천 원짜리 지폐를 줍는 걸 뜻할 수도 있고, 원래 받기로 돼 있던 주급을 받는 걸 뜻할 수도 있다. 확증 편향은 들어맞는 확률이 낮은 점성술사의 예언을 듣고서도 들어맞는 말만 기억하고 틀린 말은 잊어버리게 한다.

누가 내게 점성술이 정말로 신통하다는 이야기를 하면, 나는 그 사람과 논쟁을 하지 않는다. 그저 몇 가지 질문을 던지고, 어떤 대답이 나오는지 주의를 기울인다. 여러분도 따라해 보라. 별과 행성이 어떻게 우리 삶에 영향을 미치고, 또 우리의 미래를 어떻게 예언하는지 물어보라. 이 모든 일을 일으키는 힘은 무엇인가? 그것은 어떻게 작용하는가? 그 힘은 중력인가? 만약 중력이라면, 멀리 있는 행성보다는 실내에 있는 식물이 내게 더 큰 중력을 미치는데, 그렇다면 식물의 영향이 행성보다 더 중요하지 않을까? 그리고 10월에 태어난 사람이 12월에 태어난 사람과 성격과 재능이 다른 이유를 물어보라. 그들이 어떻게 다른지 설명하는 말을 주절주절 늘어놓지 않게 하라. 그저 그들이 '왜' 다른지만 설명해달라고 하라. 이 중요한 질문들을 던지고, 공허한 대답에 흘려 옆길로 새지 않는 것이 훌륭한 회의론자가 되는 비결이다.

## 기적

기적을 믿는 사람들은 아주 많다. 그저 주변을 둘러보고, 사람들의 말에 귀를 기울여보라. 기적은 도처에 널려 있다. 그냥 거리를 걷거나 텔레비전을 켜기만 해도 누군가 기적이 일어났다고 주장하는 이야기를 들을 수 있다. 해리스 폴 여론조사에 따르면, 미국의 성인 중 76%가 기적을 믿는다고 한다.[35] 기적을 믿기는 아주 쉽다. 하지만 기적에 대해 진지하게 '생각'하려면 약간의 노력이 필요한데, 기적에 관한 그 많은 이야기에도 불구하고 대부분의 사람들은 그런 노력을 기울이려 하지 않는다. 그들은 기적을 의심의 여지가 없는 기정 사실로 받아들이는 것처럼 보인다. 하지만 훌륭한 회의론자는 주변 사람들 대부분이 사실이라고 말한다고 해서 그 이야기를 그냥 믿지는 않는다.

기적은 일반적으로 신이나 마술적 존재나 특별한 능력을 가진 사람이 일으키는 초자연적 사건으로 간주된다. 기적을 믿는 사람들의 말에 따르면, 기적은 자연의 정상적인 작용에 도전하는 기묘한 현상이다. 따라서 긴 가뭄 끝에 독실한 농부가 간절히 기도한 결과로 제때 내리는 자연적인 비도 기적이 될 수 있고, 신이나 목사가 초자연적 수단으로 죽은 사람을 되살아나게 하는 것도 기적이 될 수 있다.[36]

어쩌면 기적은 실제로 일어나는지도 모른다. 나는 확실한 것을 모른다. 하지만 내가 듣는 기적 이야기는 거의 다 사람들이 비판적으로 생각하지 않고 훌륭한 회의론자가 아님을 명백하게 보여주는 사례라고 확신한다. 어떤 일이 예기치 않게 비정상적으로 혹은 기묘하게도 딱 알맞은 때에 일어났다고 해서 그것이 반드시 마술적 사건은 아니다. 물론 기묘한 일은 항상 일어난다. 기묘한 일이 전혀 일어나지 않는다면, 오히려 그것이 이상한 일이 아닐까?

사람들이 기적에 대해 생각할 때 한 가지 중요한 문제는 우리가 타고난 수학자가 아니라는 데에서 발생한다. 사람들은 대부분 통계학을 제대로 배우지 않으며, 심지어 '일어나기 힘든' 사건이 일어날 확률이 얼마인지 깊이 생각하지도 않는다.

예를 들어 지금 현재 전 세계에 살고 있는 사람이 약 70억 명이라는 사실을 생각해보라. 아주 기이한 사건이 매일 일어나지만 아주 드물게 일어난다고 상상해보자. 구체적으로 그 사건이 어느 날에 나나 여러분에게 일어날 확률이 10억분의 1이라고 하자. 그렇다면 그 사건이 우리에게 일어날 가능성은 거의 없지만, 그래도 매일 전 세계에서 '7명'에게는 일어날 것이다. 이 7명은 사건의 성격에 따라 엄청나게 운이 좋거나 운이 나쁘다고 생각할 것이다. 하지만 그 사건은 누군가에게는 반드시 일어날 사건이다. 어느 날에 여러분이나 나에게 일어날 확률이 100만분의 1인 사건은 실제로 일어날 가망이 거의 없는 사건으로 보인다. 그렇지 않은가? 하지만 전 세계에서 그 사건을 경험하는 사람은 매일 '7만 명'이나 된다. 1년이라면 255만 5000명이 그 사건을 경험할 것이다! 로또 복권도 마찬가지다. 로또에 당첨될 확률은 아주 낮다. 그래도 거의 매주 여러 사람이 로또에 당첨된다. 당첨된 사람은 당연히 자신에게 특별한 운이 따랐다고 생각할 것이고, 많은 사람들은 기적이 일어났다고 결론 내릴 것이다. 하지만 당첨되지 않은 수많은 사람들과 함께 생각한다면, 마술적인 일이 일어난 게 전혀 아님을 알 수 있다. '누군가'는 로또에 당첨될 수밖에 없는데, 로또 자체가 그런 식으로 당첨자를 내도록 설계돼 있기 때문이다.

지질학에 대한 지식이 전혀 없는 상태에서 분화하는 화산을 처음 보고서 그것을 제대로 설명할 수 있는 사람은 아무도 없다. 그래서 좌절 끝에 주변의 나머지 사람들이 하는 대로 따라 할지 모른다. 즉, 화산 활동을 신이나 마술의 작용으로 설명하는 것이다. 언어가 생긴 이래 사람들이 불가사의한 현상을 마주칠 때마다 내놓은 가장 보편적이고 빠른 설명은 '신이 저지른 일' 또는 '기적'이었다. 하지만 21세기의 관점에서 보면, 화산은 자연의 힘으로 설명할 수 있으며, 신이나 마술적 힘 같은 것은 전혀 필요가 없다. 홍적세에 살던 여러분과 지금의 여러분 사이에 '자연적 설명의 이용 가능성' 말고는 달라진 것이 아무것도 없다. 이것은 아주 중요한데, 자연적 설명이 나오면, 초자연적 설명이 밀려나기 때문이다. 이것은 수천 년 동안 반복돼온 패턴이다. 더 이상 필요가 없으면 마술적 설명은 매력을 잃는다. 수천 년 전에 일식을 기적으로 여기지 않은 사람이 누가 있었겠는가? 하지만 오늘날에는 대부분의 사회에서 일식을 설명하기 위해 마술을 들먹이는 사람은 극소수에 불과하다. 그동안에 본질적으로 변한 것은 아무것도 없다. 단지 우리의 천문학 지식이 성장했을 뿐이다.

답할 수 없는 질문에 맞닥뜨렸을 때 우리가 맨 먼저 생각해야 할 것은 어쩌면 인내심일지 모른다. 만약 과거의 역사를 교훈으로 삼는다면, 오늘날 우리가 기적이라고 생각하는 것 중 많은 것은 장래에는 전혀 기적으로 보이지 않을 것이다.

무지가 기적에 대한 주장과 믿음을 부추긴다는 이야기를 모욕적이거나 무례하다고 받아들여서는 안 된다. 무지는 어리석거나 지적으로 우둔하다는 뜻이 아니다. 다만 주어진 상황에서 어떤 것을 이해하는 데 필요한 특정 지식이 부족하다는 걸 뜻할 뿐이다. 물론 우리는 모두 많은 것에 대해 무지하다. 중요한 것은 우리가 무지에 맞닥뜨렸을 때 어떤 반응을 선택하느냐 하는 것이다. 어떤 사람들은 어떤 것을 모른다는 사실을 순순히 인정하고 나아간다. 하지만 어떤 사람들은 지어낸 대답 뒤에 자신의 무지를 꼭꼭 숨기려 든다.

어떤 것을 제대로 설명할 수 없을 때에도 어떻게든 설명하려고 하는 것은 인간의 본성이거나 억누르기 힘든 충동인 것처럼 보인다. 그래서 우리는 답을 지어낸다. 우리는 빈 곳을 '기적'으로 채운다. 하지만 훌륭한 회의론자라면 누구나 아는 진리가 있다. 바로 "나는 모른다."라고 말해도 문제 될 게 전혀 없다는 사실이다. 물론 때로는 그렇게 인정하기가 힘들다는 점을 이해하지만, 사람들은 바로 이렇게 행동해야 한다. 내가 개와 함께 산책을 나갔는데, 별안간 마크 트웨인Mark Twain이 쓴 『철부지의 해외 여행기』 초판이 하늘에서 뚝 떨어졌다고 하자. 게다가 이 책에는 트웨인의 자필 서명까지 들어 있다. 그러면 나는 이것을 자연적으로 설명하려고 애쓸 것이다. 희귀본 수집가인 부자가 타고 가던 전세 비행기에서 떨어진 것일까? 오클라호마 주에서 일어난 토네이도에 휩쓸려 성층권으로 올라갔다가 내가 살고 있는 주까지 날아와 떨어진 것일까? 불량 청소년이 미주리 주 해니벌에 있는 트웨인 박물관에서 이 책을 훔쳐 이곳까지 온 뒤에 나무 위에 앉아 있다가 내가 지나갈 때 던진 것일까? 이 모든 설명은 그럴듯하지만, 어느 것도 정답이 아닐 가능성이 높다. 어쩌면 나는 이 수수께끼를 마음속에 간직한 채 평생을 살아가면서 마크 트웨인이라는 이름을 듣거나 책장에서 그 책을 볼 때마다 그 불가사의한 사건을 떠올릴 것이다. 하지만 훌륭한 회의론자인 나는 신이 내게 선물로 그 책을 던져주었다고 이야기함으로써 나 자신과 다른 사람들을 속이는 짓은 절대로 하지 않을 것이다. 왜냐하면, 나는 그런 일이 어떻게 가능한지 알지 못하기 때문이다. 불가사의는 기적이 아니다.

## 고대의 외계인 우주비행사

고대나 선사 시대에 먼 우주에서 외계인이 지구를 방문했을까? 그들은 사람들과 접촉하고, 공학과 예술, 종교에 영향을 미치고, 심지어는 사람들과 교잡하여 우리의 진화를 가속시켰을까?

그랬을지도 모른다. 누가 알겠는가? 나는 그런 일이 절대로 일어나지 않았다고 확실히 말할 수 없다. 내가 아는 것은 이 놀라운 이야기를 입증하거나 심지어 그럴듯한 증거를 제시한 사람이 아무도 없다는 사실뿐이다.

이 주장이 큰 인기를 끈 주된 이유는 1968년에 호텔 지배인 출신의 에리히 폰 데니켄Erich von Däniken이 쓴 『신들의 전차』 때문이다. 이 책은 나오자마자 국제적인 베스트셀러가 되었고, 지금도 계속 팔리고 있다. 하지만 왜? 확고한 증거도 없는 상태에서 이렇게 황당한 주장을 사람들이 그냥 받아들일 리는 없지 않은가? 그렇지 않다. 사람들은 황당한 주장을 증거도 없이 그냥 받아들일 수 있고, 실제로 그랬다. 사실상 전 세계의 거의 모든 고고학자가 이 주장에 반대한다는 사실은 중요하지 않은 것처럼 보인다. 폰 데니켄이 내세운 주장들을 전문가들이 철저히 분석해 헛소리임을 보여주었는데도, 사람들은 별로 개의치 않는 것처럼 보인다. 사람들은 고대에 외계인이 지구를 방문했다는 주장이 너무나도 마음에 든 나머지 그 전차에 올라타고 싶은 유혹을 뿌리칠 수 없는 것처럼 보인다.

고대의 외계인 우주 비행사 주장에 담긴 수많은 문제점을 여기서 자세히 다루지는 않겠다. 더 자세한 것을 알고 싶은 독자는 내가 쓴 『많은 사람들이 옳다고 생각하는 그릇된 믿음 50가지』에서 이 주제에 관한 장을 읽어보기 바란다. 여기서 내가 강조하고 싶은 요점은 이 이야기가 우리 조상에 대한 부정확하고 혐오스러운 견해에 뿌리를 두고 있다는 점이다. 폰 데니켄과 이 믿음을 조장하는 그 밖의 사람들은 선사 시대와 옛날 사람들이 구제할 수 없을 정도로 멍청하여 인류학자들과 역사학자들이 그들이 이루었다고 주장하는 것들을 결코 이룰 수 없었다는 전제를 받아들이라고 강요한다. 따라서 그들은 외계인의 도움을 받아 그 모든 것을 이루었다는 것이다. 그리고 문명이 발전한 외계의 방문객이 없었더라면, 우리는 아직도 캄캄한 동굴이나 나무 위에서 서로 꿀꿀거리고 있을 것이라고 한다. 『신들의 전차』에서 옛날 사람들에 대해 제기한 몇 가지 주장을 다음에 소개한다.

✦ "보르네오 섬 서해안의 수비스 산맥에서 일련의 동굴들이 발견되었는데, 돌을 깎아내 만든 그 동굴의 크기는 성당만 하다. 그리고 이 거대한 동굴들에서 도저히 만들기 힘든 아주 촘촘하고 섬세한 천이 발견되었는데, 먼 옛날에 살았던 미개인이 이것을 만들었을 리가 없다."[37]

✚ "대피라미드는 우리가 여태껏 이해하지 못한 기술을 생생하게 증언한다. 20세기인 지금 모든 대륙의 기술 자원을 다 동원하더라도, 쿠푸의 피라미드와 똑같은 것을 만들 수 있는 건축가는 아무도 없다."[38]

✚ "『천일야화』의 이야기꾼들은 이 놀랍도록 풍부한 아이디어들을 어디서 얻었을까? 주인이 원하면 안에서 마술사가 응답을 하는 램프를 어떻게 생각해낼 수 있었을까?"[39]

✚ "이것은 부끄러운 이야기이다. 오늘날 최신 기술 수단을 가지고도 똑같이 만들 수 없는 건물들이 과거의 발전된 문화에서 발견된다.[40]


이 주장들은 우리 조상의 능력을 깎아내릴 뿐만 아니라, 완전히 틀린 것이기도 하다. 우선, 해부학적으로 현생 인류로 분류되는 사람들은 적어도 20만 년 전부터 존재했다. 이것은 옛날 사람들이 기자의 대피라미드를 건설하거나 『천일야화』 같은 이야기를 만들기 19만 5000년 전에 우리처럼 유능하고 창조적인 뇌를 가진 사람들이 이미 이곳에 살고 있었다는 뜻이다. 흥미롭게도 선사 시대 사람들은 오늘날의 우리보다 뇌가 조금 더 '컸으며', 따라서 우리보다 더 지능이 높았을지도 모른다.[41]

그리고 호모 에렉투스와 쿠푸 왕이 통치하던 시절 사이에는 많은 일이 있었고, 기술 발전은 외계인의 도움이 필요할 만큼 특별하게 일어난 것이 아니다. 요컨대, 우리 조상들이 이룬 업적을 우리가 할 능력이 없었다고 시사하는 단서는 우리 자신이나 과거에서 전혀 찾을 수 없다. 폰 데니켄의 주장과는 반대로, 원하기만 한다면 우리는 과거에도 지금도 대피라미드를 건설할 수 있다. 연구자들은 심지어 오로지 '옛날 기술과 근육만 사용해' 거대한 암석 블록을 운반하고 제자리에 갖다놓을 수 있음을 보여주었다.[42] 그러니 현대 기술을 사용하면 훨씬 수월하게 그 일을 해낼 수 있음은 두말할 필요도 없다.

심지어 이집트에서 기술 발전이 단계적으로 일어났음을 보여주는 증거가 확실하게 남아 있다. 기자의 유명한 세 피라미드는 역사의 흐름을 거스르는 방식으로 모래에서 갑자기 솟아오른 것이 아니다. 나는 기자 근처의 사카라에 있는 조세르의 피라미드를 방문한 적이 있는데, 더 오래된 이 피라미드는 모두가 예상한 모습을 하고 있었다. 이 피라미드는 거대하고 인상적이지만, 기술 및 예술의 완성도 면에서는 그 뒤에 지어진 피라미드들보다 훨씬 뒤떨어졌다. 그렇다면 어느 쪽을 믿어야 할까? 지적 수준과 기술이 좀 모자라는 외계인이 사카라에 먼저 와서 이집트 사람들을 돕고, 수십 년 후에 이번에는 지적 수준과 기술이 더 뛰어난 외계인이 기자에 와서 더 훌륭한 피라미드를 만들도록 도왔단 말인가?

## 세상의 종말

과학에 관한 글을 쓰다 보면, 기회의 문이 활짝 열릴 때가 있다. 예를 들면, 나는 천문학에서부터 좀비에 이르기까지 거의 모든 것에 대해 이야기를 해달라고 정기적으로 초대를 받는다.[43] 2012년에 나는 SETI 연구소가 조직한 〈둠즈데이 라이브〉라는 라디오 프로그램이자 생방송 이벤트에 발표자로 참석했다.[44] 그것은 캘리포니아 주 마운틴뷰에 있는 컴퓨터과학박물관의 후원으로 그럴싸하게 제작된 프로그램이었다. 그 주제들은 나를 흥분시키기에 충분했는데, 소행성 충돌, 바이러스성 전염병, 컴퓨터 반란, 환경 재앙, 세상의 종말 예언 등이 포함돼 있었다. 하지만 그것은 재앙들에 관한 재앙으로 변할 수도 있었다. 나는 사람들이 어떤 반응을 보일지 도통 감을 잡을 수 없었다. 다행히도 그것은 종말에 관한 아주 열렬한 토론 무대였다. 생방송에 참여한 청중은 내가 그때까지 경험하지 못한 뜨거운 관심과 열정을 보여주었다. 그렇다, 세상의 종말 이야기는 분위기를 뜨겁게 달구는 요소가 분명히 있다. 하지만 나는 그런 반응을 이미 기대했는데, 이것은 전혀 새로운 주제가 아니었기 때문이다.

세상의 종말에 대한 두려움과 환상은 수천 년 전부터 호기심과 흥분을 불러일으키는 동시에 큰 불안감을 부추기면서 우리의 머리에서 떠나지 않았다. 나는 호모 에렉투스 무리가 사냥과 채집 활동을 하다가 중간에 잠깐 쉬는 시간에 가끔 세상의 종말을 걱정했다 하더라도 전혀 놀라지 않을 것이다. 어쩌면 동굴은 세상의 종말에 대비해 만든 벙커였을지도 모르며, 동굴에서 살아간 사람들은 최초의 프레퍼족(*prepper. 세상의 종말이 닥쳤을 때 살아남기 위해 대비하는 사람들*)이었는지 모른다. 어쨌든 우리가 최후의 심판일에 대해 거의 강박증에 가까울 정도로 큰 관심을 갖고 있다는 사실은 분명하다. 오늘날 세상의 종말을 주제로 한 영화, 책, 텔레비전 프로그램이 얼마나 꾸준히 나오는지 살펴보라. 과거와 현재의 수많은 종교들은 세상의 종말과 구원 약속을 그 기반으로 삼고 있다. 과학 역시 증거를 바탕으로 한 매력적인 세상의 종말 시나리오를 내놓음으로써 종말론을 부추기는 데 일조했다.

세상의 종말, 인류 멸망, 문명 붕괴는 모두 회의론자에게 흥미로운 주제인데, 정말로 세상은 '끝날' 수 있고, 그와 함께 우리도 모두 사라질 수 있기 때문이다. 예를 들면, 감마선 폭발이나 근처에서 일어난 초신성 폭발, 태양 플레어 등은 심각한 문제가 될 수 있다. 이것들은 모두 실제로 일어나는 일들이다. 이런 일이 가까이에서 큰 규모로 일어난다면, 우리는 모두 한순간에 싹 사라질 수 있다. 어떤 위협은 단지 일어날 가능성이 있다는 데 그치지 않는다. 언젠가는 반드시 일어날 수밖에 없는 위협도 있다. 태양계의 우주 공간에는 소행성이라는 암석 덩어리들이 배회하고 있는데, 언젠가 큰 소행성이 지구에 충돌하여 과거에 그랬던 것처럼 대부분의 생물을 멸종시킬 수 있다. 지금 태양계에는 언젠가 직접적인 위협이 될 그런 물체가 약 100만 개나 떠돌아다니는 것으로 알려져 있다. 그 사건은 몇 년 뒤에 일어날 수도 있고, 수십 년 뒤에 일어날 수도 있고, 수백만 년 뒤에 일어날 수도 있다. 어쨌든 언젠가는 그런 일이 반드시 일어날 것이다.

초화산은 우리가 익히 아는 보통 화산보다 폭발 위력이 수천 배 이상 강하다. 이 거대한 괴물이 나타나는 일은 아주 드물지만, 과거에 나타난 적이 있으니, 앞으로도 나타날 가능성이 있다. 그중 하나인 수마트라 섬의 토바 화산은 7만 4000년 전에 인류를 거의 멸종시킬 뻔했다. 거기서 뿜어져 나온 엄청난 양의 먼지와 연기가 전 세계를 어둡게 하면서 기온을 냉각시켰다. 그 결과로 전 세계에 살고 있던 인류는 불과 2천 명 정도로 격감했을지 모른다. 자연적으로 진화하거나 유전공학으로 만든 바이러스가 우리를 몰살시킨다는 시나리오도 가능성은 희박하지만 얼마든지 일어날 수 있다. 냉전이 끝난 뒤에는 아무도 핵전쟁에 대해 염려하지 않는 것처럼 보이지만, 아직도 핵전쟁은 지금 당장 인류 문명을 멸망시킬 수 있는 요인 중 가장 위협적인 것이다. 미국과 러시아는 여전히 핵무기를 수천 개나 보유하고 있으며, 명령이나 사고로 언제든지 발사 버튼을 누를 수 있다.

내가 가장 좋아하는 종말 시나리오는 해저에서 일어난 대량 '메탄 트림' 으로 인류가 멸망하는 것이다. 수억 년 동안 미생물의 활동으로 해저 바닥에 쌓인 이 가스 침전물이 어떤 계기로 대량 방출되면, 대기 조성과 기후에 큰 변화가 일어나 그 결과로 우리가 멸망할 수 있다.

하지만 공포에 사로잡혀 비명을 지르며 거리로 뛰어나가기에는 아직 이르다. 증거를 바탕으로 한 이 무시무시한 시나리오들도 필시 우리를 완전히 멸종시키지는 못할 것이다. 왜냐하면, 우리는 그런 위험을 예측하거나 피하거나 제거하거나 축소하는 방법을 찾아낼 것이기 때문이다. 이것은 우리가 탐사와 발견에 계속 많은 노력을 쏟아야 하는 이유이기도 하다. 오늘 우리가 발견한 답이 내일 우리를 구할지도 모른다. 또한, 많은 인구가 주는 이점도 있다. 현재 전 세계 인구는 70억 명이 넘으며, 지구 곳곳에 흩어져 살고 있다. 이렇게 많은 수에 창조적 지능까지 겸비한 우리는 완전히 멸종시키기가 아주 어려운 종이다.

2009년에 콜로라도 대학이 내놓은 연구 결과는 내 견해를 뒷받침한다. 이 연구는 우리는 "아주 어렵고 심각하고 파국적인 사건들이 복합적으로 일어나지 않는 한, 멸종할 가능성이 극히 희박하다."라고 결론 내렸다.[45] 연구자들은 '모든' 사람을 죽일 수 있는 시나리오를 생각하기가 어렵다고 말했다. 그렇다고 해서 세상의 종말이 찾아오지 않는다는 이야기는 아니다. 사실은, 언젠가는 세상의 종말이 찾아올 게 거의 확실하다.

40억~50억 년 뒤에는 태양도 나머지 별들처럼 결국 죽을 것이다. 하지만 태양은 조용히 사라지지 않는다. 태양은 죽어가면서 분노를 이기지 못해 근처에 있는 사람에게 주먹질과 발길질을 하며 발버둥치는 사람처럼 행동할 것이다. 수십억 년 동안 지구의 모든 생명에게 빛과 에너지를 제공해온 태양이 마지막 단계에서 아주 크게 부풀어 오르면서 지구를 바싹 태우고 물을 모조리 다 증발시킬 것이다. 하지만 그래도 희망은 있다. 40억 년이라면 꽤 긴 시간이다. 만약 그때까지도 우리가 살아 있다면, 오늘날 우리가 생각하는 인간의 모습 그대로 남아 있을 가능성은 거의 없다. 아마 그때쯤이면 우리 후손들은 멀리 떨어진 안전한 행성이나 인공 세계에서 편안하게 살아가고 있을 것이다. 어쩌면 기술이 아주 발전하여 태양의 활동을 제어하거나 다른 방법으로 지구를 보호할 수 있을 것이다.

하지만 설사 우리가 태양의 분노를 피할 수 있다 하더라도, 궁극적인 종말을 피할 수는 없다. 물리학자들은 앞으로 약 100조 년 후에는 팽창하는 우주 전체가 완전히 어두워질 것이라고 예상한다. 그래도 우리는 다른 우주로 도약하거나 시간을 과거로 되돌림으로써 살아남을 수 있을지 모른다. 반대로 인류는 우주에서 영원히 사라질지도 모른다. 어느 쪽인지는 시간이 알려줄 것이다.

증거를 바탕으로 예측한 종말 시나리오는 비록 흥미롭긴 하지만, 대다수 사람들에게는 큰 문제가 아니다. 그런 개념들을 비판적이고 신중하게 생각하고, 과학자와 같은 태도로 그 위험을 평가한다면, 잠도 못 자고 염려할 이유가 별로 없다. 물론 우리를 위협할 지구 접근 물체를 조기에 탐지하는 능력을 높일 필요는 있다. 지구 접근 물체가 정말로 충돌할 위험이 있으면, 효과적인 대응 방법을 마련할 필요도 있다. 그리고 바이러스와 세균을 무기화하지 못하도록 막고 예방하는 데 더 많은 노력을 기울여야 한다. 또, 핵무기 비축량도 감축하도록 노력해야 한다.

물론 이 문제에 제대로 대처하는 방법은 과학과 회의론이다. 비합리적 생각이 파고들 때, 종말론적 사고는 어리석은 게 될 뿐만 아니라 위험한 것으로 변할 수도 있다. 종말이라는 이름으로 끔찍한 일을 저지르는 비이성적인 신자들의 사례는 아주 많다. 하지만 내가 아는 한, 태양의 최후에 대한 과학적 글을 읽고서 자살을 택한 집단은 하나도 없다. 지질학자들이 말하는 초화산을 바탕으로 한 종말론 종교도 전혀 없다. 가까운 장래에 거대한 메탄 트림이 일어나거나 인공 지능이 급부상하는 상황을 예상하고서 직장을 그만두거나 집을 판 사람도 들어본 적이 없다. 종말을 다루는 과학은 가끔 대중 사이에서 일어나는 자기 파괴적 행동의 원인이 절대로 아니다. 그런 비극들은 모두 '비과학적'인 종말론을 믿는 데서 비롯된다.

먼 옛날에 어떤 사람들이 세상에 극적인 종말이 찾아와 모두가 죽을 것이라고 이야기했다. 그러자 사람들은 그 이야기를 덥석 믿었다. 이렇게 해서 일부 사람들 사이에서 기묘한 행동이 나타나기 시작했다. 세대를 이어가며 모든 사회에서 수억 명의 사람들이 다양한 종말을 믿었다. 종말론을 주장하는 사람들은 아주 극적인 이야기를 들고 나왔고, 확고한 신념을 가지고 주장했다. 하지만 이들의 주장에는 훌륭한 증거와 논리가 부족했는데, 이런 예언들의 실패율이 지금까지 100%를 기록한 이유는 여기서 찾을 수 있다. 사람들은 왜 이 병든 생각에 계속 감염되는 것일까? 정확한 이유는 나도 잘 모르지만, 그 치료약이 회의론이라는 사실은 분명하다.

그 정확한 수는 알 수 없지만, 인류의 역사를 통해 비합리적이고 결코 일어나지 않을 종말을 믿었다가 고통을 받거나 죽은 사람이 족히 수백만 명은 될 것이다. 지어낸 게 분명한 이야기를 우리가 간파하는 능력이 떨어지는 이유는 죽음에 대한 큰 관심 때문일까? 어쩌면 대부분의 사람이 태어날 때부터 종말에 집착하는 성향을 타고나 이 기묘한 유혹에 어쩔 수 없이 빠지는지도 모른다. 어쩌면 패턴을 좋아하는 우리의 본성 때문에 단순히 그림을 완성하기 위해 인류의 이야기에 곧 끝이 닥치리라고 구체적으로 상상하는지도 모른다.

좋은 소식을 알려주겠다. 우리는 이런 이야기에 속아 넘어갈 이유가 전혀 없다. 그저 과학자처럼 생각하기만 하면, 종말론의 광기는 과학적 사고와 회의론적 사고의 보호막에 튕겨 나가고 말 것이다. 회의론자는 증거도 없는 종말론 예언을 곧이곧대로 믿고서 불안에 사로잡혀 에너지를 소모하거나, 돈을 허비하거나, 괴상한 단체에 가입하거나, 자살을 하거나, 다른 사람을 해치는 일 따위는 절대로 하지 않는다. 회의론적 사고는 지금까지 종말론에 맞서 세상을 수없이 많이 구했고, 앞으로도 계속 그럴 것이다. 우리가 생각을 제대로 하기만 하면, 공포를 조장하는 이 엉터리 예언들은 모두 시들어 죽고 말 것이다.

## 달 착륙 사기극

인류의 가장 위대한 모험이자 가장 훌륭한 기술적 업적이 어떻게 전 세계의 수많은 사람들 사이에서 사기극이자 음모라는 의심을 받을 수 있을까? 아폴로 계획은 사람을 달 표면에 여섯 번이나 착륙시켰는데 말이다! 우주 비행사들은 달에서 사진을 촬영하고, 달을 걷는 장면을 영상으로 보내왔다. 그리고 달에서 약 500킬로그램이나 되는 암석과 토양 표본도 가져왔다. 그런데도 많은 사람들은 달 착륙은 결코 일어난 적이 없다고 주장한다. 그들은 달 착륙이 냉전 기간에 미국의 기술적 우위를 내세우기 위해 꾸민 속임수라고 주장한다. 리처드 닉슨 대통령과 NASA는 우리에게 거짓말을 했고, 우주 비행사들은 배우에 불과하다는 것이다.

음모론을 다룰 때 이야기했듯이, 인간의 뇌는 훌륭한 이야기를 좋아하는 속성이 있다. 우리로서는 어쩔 수가 없다. 우리는 그럴듯한 이야기와 소문에 저절로 귀를 기울인다. 충격적이거나 흥미진진한 이야기일수록 더 효과적이다. 일부 연구자들은 소문을 믿고 퍼뜨리고 싶은 충동은 본능적인 것으로, 우리 본성의 일부인 것 같다고 말한다.[46] '남의 말 하기 좋아하는 영장류Gossiping Primates'는 록밴드 이름으로 쓰기에 아주 좋을 뿐만 아니라, 우리의 깊은 본성을 나타내는 표현이기도 하다. 이런 사실을 고려한다면, 달 착륙 사기극 주장이 나오는 것은 불가피한 일이라고 볼 수 있다. 아폴로 계획은 보통 사람들이 쉽게 받아들이기 힘들 정도로 거대하고 복잡하고 어렵고 극적인 임무였다. 마침내 인류가 달 표면을 걷는 순간이 왔을 때, 일부 사람들이 그것이 할리우드의 스튜디오에서 일어나는 일이 분명하다고 주장하고 나선 것은 어쩌면 당연한 일일 수 있다.

나는 달 착륙 사기극을 주장하는 사람들의 이야기에 귀를 기울이려고 노력했다. 일부 개념이 아무리 터무니없어 보이더라도, 적어도 깊이 생각하지도 않고 무조건 물리치지는 않는다. 내일은 어떻게 될지 모르지만, 지금은 이 주장은 미국에서 그다지 큰 호응을 받지 못하는 것으로 보인다. 갤럽의 조사에 따르면, 이 주장을 믿는 사람들은 미국의 전체 성인 중 6%에 불과하다.[47] 6%만 해도 수백만 명에 해당하지만, 여론조사에서 나온 수치치고는 극히 미미한 비율이다. 어떤 것에 대해 의견을 묻더라도, 찬성하는 사람이 적어도 6%는 나올 것이기 때문이다. 하지만 비록 달 착륙을 부정까진 하지 않더라도 의심하는 사람들의 수도 고려해야 한다.

또한 미국인이 아닌 사람들 중에서는 달 착륙을 믿지 않는 사람들의 비율이 얼마나 되는지 살펴보아야 하는 문제도 있다.

나는 다른 나라들에서 많이 살면서 여행을 광범위하게 했는데, 이 믿음이 얼마나 널리 퍼져 있는지 알고 충격을 받은 적이 한두 번이 아니다. 내 경험을 바탕으로 이야기한다면, 아시아와 아프리카, 카리브 해의 많은 국가들에서는 이 믿음이 아주 보편적으로 퍼져 있다. 한 여론조사에 따르면, 전체 영국인 중 약 4분의 1은 달 착륙이 사기극이라는 주장을 믿는다고 한다.[48] 이 믿음의 동기는 아주 다양하다. 과학에 대한 무지("달 착륙이 뭔데?")나 역사 지식 부족("닉슨 대통령이 탄핵을 받은 것도 바로 달 착륙 사기극 때문이었지, 그렇지?"), 상상력 부족("달 착륙이라니, 말도 안 되는 소리!"), 반미 감정("난 미국인이 싫어. 그러니 그들은 달에 간 적이 절대로 없어.")도 일부 동기가 될 수 있다. 베네수엘라 대통령이었던 우고 차베스도 달 착륙 사기극 주장을 믿었는데, 미국을 싫어했던 게 큰 이유였을 것이다.[49] 어떤 사람들(아프가니스탄의 탈레반이 대표적인 예인데)은 중세적 사고와 미신에 사로잡혀 있어 미천한 인간이 그런 여행을 한다는 것 자체가 불가능하다고 본다. 일부 사람들은 공교육의 결과로 그렇게 믿기도 한다. 예를 들면, 나는 쿠바의 학교들에서는 어린이에게 달 착륙 사기극 주장을 사실로 가르친다는 이야기를 들었다. 나는 쿠바를 방문했을 때, 이 이야기에 큰 호기심을 느꼈다. 하지만 기자 자격으로 입국이 허용된 미국 시민인 나로서는 정치적 논쟁을 조장할 수 있는 입장이 아니었기 때문에, 이 문제를 피해 갔다. 내가 만난 쿠바 사람들은 모두 똑똑하고 과학에 긍정적인 견해를 갖고 있었지만, 일부 사람들은 NASA가 달에 사람을 보냈다는 사실을 믿으려 하지 않았다.

닐 암스트롱이 달에 꽂은 성조기에 그림자가 없어서 합성 사진이라는
의혹을 샀던 문제의 사진 (출처: NASA)

오늘날 젊은이들은 특히 달 착륙 사기극 주장에 취약한 것처럼 보이는데, 달 착륙이 1960년대와 1970년대에 일어났기 때문에 그들에게는 옛날 이야기처럼 들려서 믿기 힘들 수 있다. 게다가 오늘날에는 달에 가는 사람이 아무도 없지 않은가? 그런데 어떻게 '선사 시대'처럼 들리는 20세기의 기술로 사람이 달에 갈 수 있었단 말인가? "휴대폰도 노트북도 없던 시절에 사람이 달에 갔다고? 그럴 리가!" 어린이가 인터넷에서 달 착륙 사기극 선전에 쉽게 접하는 현실도 이 엉터리 주장을 조장한다. 정직한 글과 분별 있는 반론을 접하지 않는 어린이나 젊은이에게는 달 착륙 사기극이 먹힐 수 있다.

2001년에 폭스TV는 황금 시간대에 〈음모론: 과연 우리는 달에 착륙했을까?〉라는 아주 형편없는 유사 다큐멘터리를 내보냈다. 이 프로그램은 비합리적 음모론자 집단을 새로 만들어내는 데 일조했을 텐데, 지금도 온라인에서 많은 사람들을 그릇된 방향으로 탈선시키고 있다. 그동안 이 프로그램의 유튜브 클립을 본 사람은 수십만 명이나 된다. 일단 방송을 통해 나가면, 그것이 얼마나 부정직하고 부정확한가와는 상관없이 대중에게 큰 영향을 미친다. 한 조사에 따르면, 18세부터 24세 사이의 미국 젊은이 가운데 27%는 우주 비행사가 달에 갔다는 데 '약간의 의심'을 품고 있으며, 10%는 달에 갔을 가능성이 '매우 희박'하다고 답했다고 한다.[50]

달 착륙이 사기극이라는 주장이 내세우는 몇 가지 근거와 그에 대한 반론을 아래에 소개한다. 이 장에 소개한 다른 글들과 마찬가지로 나는 절대로 여러분에게 "내가 옳기 때문에" 무조건 내 말을 믿으라고 하진 않는다. 여러분이 60대이건 초등학교 6학년이건, 나는 여러분이 스스로 생각하고 판단하길 원한다. 이것뿐만 아니라 그 밖의 모든 특이한 주장에 대해서도 여러분 스스로 생각하고 판단하도록 노력하라.

**별들은 어디에 있는가?** 이것은 달 착륙을 의심하는 질문 중 가장 흔한 질문이다. 한편으로는 설명하기 가장 쉬운 질문이기도 하다. 달 착륙 사기극 주장을 믿는 사람들은 만약 우주 비행사들이 정말로 달에 갔다면, 그들 뒤의 캄캄한 우주 공간에 왜 별이 하나도 없느냐고 묻는다. 정말로 뒤쪽의 우주 공간은 영화 스튜디오의 검은색 배경처럼 보인다. 그 이유는 아주 간단하다. 우주 공간의 별들은 상대적으로 아주 희미하게 빛나는 점으로 보인다. 이에 비해 햇빛이 비칠 때 달 표면은 아주 밝게 빛난다. 달 착륙선과 우주 비행사의 흰색 우주복도 마찬가지다. 그래서 이런 조건에서 제대로 된 사진을 찍으려면, 카메라 셔터 속도를 아주 빠르게 설정해야 하는데, 그러면 상대적으로 희미한 별빛이 미처 사진에 담기지 못한다. 이 때문에 사진에서 우주 비행사는 밝게 보이지만, 배경의 우주 공간은 검은색으로 나타난다. 그래도 의심이 사라지지 않는다면, 직접 실험을 해보라. 별이 밝게 빛나는 밤에 밖으로 나가 불빛이 환하게 비치는 건물이나 사람을 대상으로 사진을 찍어보라. 표적으로 삼은 대상이 잘 나온다면, 배경 하늘에 별이 하나도 없을 것이다. 이것은 어디까지나 빛의 차이 때문이다. 사실, 달에서는 그 대비가 너무나도 커서, 아폴로 16호의 우주 비행사 찰리 듀크는 달 표면에 있을 때 자신의 눈에도 별이 잘 보이지 않았다고 말한다.[51]

**바람에 나부끼는 깃발** 달 표면에서 미국 국기가 바람에 나부낀다는 영상 클립이 있다. 물론 달에는 공기가 없으니 바람이 불 수 없으므로, 이런 일은 일어날 수가 없다. 하지만 이 영상에서는 누가 보아도 명명백백하게 깃발이 흔들리고 있다. 그렇다면 이것은 달 표면에 깃발을 꽂는 장면을 스튜디오에서 촬영할 때 누가 문을 열거나 선풍기를 켰다는 증거가 아닌가?

하지만 움직이는 깃발과 바람에 나부끼는 깃발을 혼동해서는 안 된다. 깃발이 움직인 것은 분명히 맞다. 하지만 왜 움직였을까? 깃발이 움직인 이유는 우주 비행사가 깃대를 달 표면으로 운반하는 과정에서 흔들었기 때문이다. 달에는 바람은 없더라도, 물리학 법칙은 지구에서도 똑같이 성립한다. 깃발이 움직인 이유는 바로 관성 때문이다. 그 때문에 깃대의 움직임이 깃발로 전달된 것이다. 이처럼 깃발의 움직임은 아주 간단하게 설명된다.

**의심스러운 용의자** 어떤 사람들은 아폴로 달 착륙이 일어날 때 백악관에 있었던 사람 때문에 이 음모론을 믿는다. 하지만 누가 거짓말을 하고 음모에 가담한 전력이 있다고 해서 그 사람과 관련된 '모든' 일이 반드시 음모라고 볼 수는 없다. 리처드 닉슨 대통령은 비윤리적인 정치인일지는 몰라도, 이 사실을 그가 여섯 차례에 걸친 달 착륙 사기극을 지휘했다는 증거로 볼 수는 없다. 워터게이트 사건은 달 착륙 사기극의 증거가 아니다.

**모든 관련 당사자가 거짓말을 했다** 나는 아폴로 계획을 추진하던 시절에 미국의 우주 계획에 직접 관여한 사람들을 많이 만났다. 어떤 사람들과는 과학 회의에서 만나 우연히 대화를 나누었고, 어떤 사람들과는 긴 시간 동안 공식 인터뷰를 나눴다. 그중 일부 명단을 아래에 소개한다.

**진 서넌** 아폴로 10호와 아폴로 17호 선장

**존 영** 아폴로 10호와 아폴로 16호 선장

**찰리 듀크** 아폴로 16호

**진 크랜즈** 지상 임무 통제 센터의 항행 책임자

**앨런 빈** 아폴로 12호

**버즈 올드린** 아폴로 11호

**스콧 카펜터** 머큐리 계획에 참여한 7인의 우주비행사 중 한 명

**톰 스태퍼드** 아폴로 10호 선장

**프랭크 보먼** 아폴로 8호 선장

**러스티 슈바이커트** 아폴로 9호

**짐 맥디빗** 아폴로 9호

**월터 야코비** 베르너 폰 브라운의 로켓 팀에서 일한 공학자

**데이브 스콧** 아폴로 9호, 아폴로 15호

**테드 새신** 아폴로 우주선 공학자

**잭 천** 달 착륙선 공학자

**제임스 오케인** 아폴로 우주복 공학자


나는 이들의 이름을 거론하는 것이 중요하다고 생각하는데, 만약 달 착륙이 사기극이라면, 이 모든 사람들과 그 밖의 많은 사람들이 전부 다 거짓말을 했다는 이야기가 되기 때문이다. 만약 아무도 달에 간 적이 없다면, 그 오랜 세월 동안 이들 모두가 거짓말을 하면서 역사상 최대 비밀을 꼭꼭 감추었다는 말이 된다. 물론 이들이 모두 거짓말을 했을 가능성을 완전히 배제할 순 없지만, 내가 보기에는 그럴 가능성은 거의 없어 보인다. 왜냐하면, 우주 비행사 존 영John Young과 진 서넌Gene Cernan을 비롯해 여러 사람이 달에서 개인적으로 경험한 이야기를 내게 들려줄 때 나는 그들의 눈을 보았기 때문이다. 아폴로 계획에 참여한 주요 공학자들은

사람을 달로 보냈다가 다시 지구로 무사히 돌아오게 하는 기계를 만드는 데 든 그 엄청난 노력과 시간에 대해 이야기해주었다. 지상 임무 통제 센터의 항행 책임자 진 크랜즈Gene Kranz는 그 긴 임무 동안에 자신이 느꼈던 생각과 감정을 내게 자세히 들려주었다. 종이에 인쇄된 이름이나 텔레비전 화면에 비친 2차원 얼굴만 볼 때에는 그 사람이 거짓말을 한다고 쉽게 의심할 수 있다. 하지만 당사자를 직접 만나 진심에서 우러나오는 이야기를 들으면, 이들이 모두 입을 맞춰 거짓말을 한다는 생각이 전혀 들지 않는다. 예를 들면, 아폴로 16호 우주비행사였던 찰리 듀크Charlie Duke는 내게 아내와 자녀 사진을 달에 남겨두고 왔다고 말했다. 단지 사기극을 보호하기 위해서라면, 이렇게 과잉 행동처럼 보이는 말까지 할 필요가 있을까? 그리고 돈 때문에 이런 거짓말을 할 리는 없다. 누구라도 솔직하게 음모를 털어놓으면 수백만 달러를 벌 수 있을 것이기 때문이다. 게다가 수십 년의 세월이 지나서까지 사기극을 계속 옹호하려고 그토록 무리할 필요가 있을까? 냉전은 이미 오래전에 끝났다. 소련이라는 나라는 더 이상 존재하지도 않는다. 케네디와 존슨과 닉슨 대통령은 이미 이 세상 사람이 아니다. 어쩌면 그들 모두가 위대한 연기자인지 모른다. 그리고 그들 모두가 그 사실을 40년 이상 비밀로 부칠 만큼 의지가 아주 굳은지도 모른다. 하지만 나는 그랬으리라고는 도저히 믿을 수 없다.

**달 착륙선이 남긴 구덩이가 왜 없는가?** 달에 착륙한 달 착륙선 사진을 보면, 그 아래에 깊은 구덩이가 없다는 사실을 알 수 있다. 달 착륙 사기극 주장을 믿는 사람들은 "왜 없을까?"라고 묻는다. 강력한 로켓 엔진이 달린 달 착륙선이 어떻게 달 표면에 구덩이를 만들지 않을 수 있을까? 그답은 아주 간단하다. NASA의 똑똑한 엔지니어들이 달 착륙선에 스로틀

(throttle, 엔진의 실린더로 유입되는 연료와 공기의 혼합 가스 양을 조절하여 조종사가 원하는 동력 또는 추력을 얻기 위한 조종 장치)을 설치했기 때문이다.

100미터 달리기 주자가 결승선을 통과한 뒤에 어떤 일이 일어나는가? 그들은 속도를 늦춘다. 그렇지 않은가? 그들은 속도를 점점 늦추다가 벽이나 펜스 앞에서 멈춰 선다. 벽이나 펜스가 있는 곳까지 전속력으로 계속 달리진 않는다. 달 착륙선도 마찬가지다. 아폴로 17호의 진 서넌 선장은 달 표면으로 내려갈 때, 연착륙을 위해 스로틀을 조절함으로써 하강 속도를 늦추었다. 그래서 달 착륙선이 달 표면에 강하게 충돌하지 않아 구덩이가 생기지 않은 것이다. 만약 속도를 늦추지 않았더라면, 무사히 착륙할 수 없었을 것이다.

많은 기묘한 믿음과 마찬가지로 약간의 지식만 있으면 달 착륙 사기극 주장에 넘어가지 않을 수 있다. 안타깝게도 대부분의 미국인은 아폴로 계획에 대해 아는 게 거의 없으며, 그보다 앞서 진행된 미 군부와 NASA의 노력에 대해서는 아는 게 더 적다. 또한 소련이 성공을 거둔 우주 계획에 대해서도 아는 게 거의 없다. 소련도 우주 계획을 야심차게 추진했으며, 1960년대 중엽까지는 미국보다 앞서 갔다. 만약 미국이 달 착륙을 꾸며냈다면 소련이 즉각 그것을 알아챘을 것이고, 그 사실을 세상에 알리지 않을 이유가 없었다. 달 표면을 최초로 밟은 닐 암스트롱Neil Armstrong은 이 상황을 "그것을 실제로 하는 것보다 거짓으로 꾸미는 것이 훨씬 더 어려웠을 것"이라고 아주 간결하게 정리했다.[52]

달 표면을 밟은 우주비행사가 몇 명인지 정확하게 아는 미국인은 전체 인구 중 5%밖에 안 된다. 대부분의 사람들은 한 명이거나 두 명 또는 세 명에 불과하다고 생각한다.[53] 그리고 압도적으로 많은 사람들이 달 착륙 임무에 나선 것은 아폴로 11호 단 한 번뿐이었다고 생각하는 것 같다. 그러나 실제로는 NASA는 모두 아홉 차례나 달 여행 임무를 실행에 옮겼다. 그중 여섯 차례는 달 착륙 임무를 수행했으며, 모두 '12명'이 달 표면 위를 걸었다. 이 사실은 미국 정부가 왜 굳이 여러 차례 사기극을 반복해서 시도했을까 하는 의문을 낳는다. 어딘가에서 스튜디오를 만들어놓고 촬영을 한 번 더 시도할 때마다 누군가에게 발각될 가능성이 더 커지는데 말이다.

만약 달 착륙 사기극 주장을 믿는 사람들이 시도된 아폴로 임무를 모두 다 알고, 발사와 궤도 선회, 우주 유영, 랑데부, 우주에서 살아가는 법 등을 알아내기 위해 아폴로 임무 이전에 시도했던 머큐리 계획과 제미니 계획의 그 모든 예비 노력을 충분히 이해한다면, 이 문제를 새로운 시각에서 바라볼지도 모른다. 아무런 예비 단계도 없는 상태에서 어느 날 누가 갑자기 인간이 달을 밟았다고 발표한 것은 절대로 아니다. 그 일을 성공시키기 위해 다년간에 걸쳐 수천 명이 엄청난 노력을 쏟아부었다. 이것은 인류가 이룬 가장 위대한 업적 중 하나로, 모두가 함께 나누어야 할 영광이다.


## 노스트라다무스

종교적 인물을 제외한다면, 인류 역사를 통해 가장 인기 있는 예언자는 미셸 드 노스트라다무스Michel de Nostradamus이다. 노스트라다무스는 1556년에 죽었지만, 지금도 책이나 웹사이트, 텔레비전 프로그램에 계속 등장한다. 히스토리 채널은 그의 글을 아프가니스탄 전쟁에서부터 51구역에 이르기까지 거의 모든 것과 연관 지으면서 의문스러운 다큐멘터리를 마구 쏟아냄으로써 노스트라다무스의 유산을 길이 살아남게 하려고 애쓰는 것처럼 보인다. 하지만 노스트라다무스는 이런 관심을 받을 이유가 전혀 없다. 그의 예언(만약 그것을 예언이라고 부른다면)은 한 5분 동안만 신중하게 분석하기만 하더라도 속절없이 무너지고 만다.

노스트라다무스는 16세기에 살았던 프랑스의 의사이자 점성술사였다. 의사와 점성술사로 동시에 일한다는 것은 오늘날에는 말도 안 되는 조합으로 보이겠지만, 그 당시에는 별로 이상한 일이 아니었다. 16세기 사람들은 의학과 천문학에 대해 제대로 아는 게 거의 없었기 때문에, 의사가 환자를 치료하기 위해 피를 뽑으면서 환자의 생일을 가지고 직업 운과 연애 운을 봐주는 일도 얼마든지 가능했다.

그래도 노스트라다무스에게는 뭔가 특별한 게 있다고 생각하는 사람들이 많다. 사실, 그 당시에 유럽에서 활동한 점쟁이나 점성술사, 예언자는 많았지만, 오직 그의 이름만이 모든 사람에게 알려져 있다. 지금도 예언을 하는 사람들이 많다. 그중에는 많은 추종자를 거느리면서 돈을 많이 버는 사람도 있다. 이들의 예언 성적도 노스트라다무스와 별 차이가 없는데도, 노스트라다무스만이 압도적인 명성을 누린다. 왜 그럴까?

노스트라다무스가 오늘날 큰 명성을 누리는 이유는 딱 두 가지 때문인데, 훌륭한 마케팅 능력과 사람들의 약한 회의론이 그것이다. 그의 이름이 대대로 큰 주목을 받으면서 전해진 이유는 그가 썼다고 전하는 내용을 비판적으로 생각하면서 그중에서 미래의 중요한 사건을 정확하게 예언한 것이 과연 있는지 제대로 평가하는 사람이 드물었기 때문이다. 보통 사람들에게 깊이 뿌리내린 약한 회의론 때문에 그의 전설은 걷잡을 수 없이 부풀려졌다. 노스트라다무스 현상은 '진실 착각 효과'를 보여주는 좋은 사례이다. 어떤 것을 계속 반복적으로 듣다 보면, 그것이 아무리 터무니없는 것이더라도, 많은 사람들은 그것을 믿을 만한 것으로 여기게 된다. 여기에 동조 또는 편승 효과도 일조한다. 만약 주위에 노스트라다무스의 놀라운 능력에 대해 늘 경이롭게 이야기하는 친구들이 있다면, 실수를 잘 저지르는 인간의 뇌는 거기에 쉽게 넘어갈 수 있다.

노스트라다무스 현상에서 아주 중요한 요소 하나는 자신의 예언을 이야기하는 방식이다. 그는 자신의 예언을 4행 시 형태로 표현했다. 만약 여러분도 예언자로 성공하고 싶다면, 하고자 하는 말을 시적으로 모호하고 혼란스럽게 표현하는 게 좋다. 사용하는 언어가 복잡하고 모호할수록 생각이 모자란 사람들 사이에서 예언이 적중했다고 환호를 받을 가능성이 높다. 예를 들면, 노스트라다무스는 "1918년에 바이러스성 전염병이 전 세계를 휩쓸어 2000만 명 이상이 죽으리라."라고 쓰지 않았다. 또, "1969년 7월 20일에 세 사람이 달로 여행하고, 암스트롱과 올드린이라는 이름의 두 남자가 그 표면을 밟을 것이다."라고 쓰지도 않았다. 이처럼 명확하고 알기 쉬운 예언은 들어맞았는지 틀렸는지 명백하게 판명날 수 있다.

심지어 그의 팬들이 그가 썼다고 주장하는 것을 노스트라다무스가 실제로 썼는지도 확실치 않은데, 그가 직접 쓴 원본이 전하지 않기 때문이다. 여러분이 책에서 읽거나 텔레비전에서 본 인용 구절은 그가 썼다는 글을 베껴 적은 것을 다시 베끼는 과정을 여러 차례 거친 글을 번역한 것이기 때문에 과연 노스트라다무스가 진짜로 쓴 글인지 의심스럽다. 어쩌면 그가 정말로 미래를 정확하게 예언했는지도 모르지만, 그가 직접 썼다

노스트라다무스의 초상화. 그의 아들 세자르가 그렸다.
(출처: 위키피디아)

는 글이 남아 있지 않으니 정말로 그랬는지 판단할 방법이 없다. 하지만 확실한 것은 그의 예언들 자체가 어떤 합리적인 기준으로 보더라도 전혀 인상적이지 않다는 사실이다. 노스트라다무스가 썼다는 다음의 예언 시를 읽고 직접 판단해보라.

굶주린 야수들이 강들을 건너리라.
히스터 가까이에서 대부분의 전투가 일어나리라.
그것은 철제 우리 안에 갇힌 거대한 야수로 끝나리.
한편, 독일인은 어린 라인 강을 지켜보리라.[54]

자, 어떤가? 그 뜻이 명백하게 이해되는가? 수많은 노스트라다무스 전문가들이 주장해온 것처럼 이 시는 확실히 히틀러를 언급하는 것처럼 보인다. '히스터Hister'는 '히틀러Hitler'와 철자와 발음이 아주 비슷하지 않은가? 이 점은 아무도 부인할 수 없다. 노스트라다무스는 자신이 죽고 나서 수백 년이 지난 후에야 태어날 사람을 알고 있었다는 이야기가 된다. 하지만 잠깐만! '히스터'는 '히틀러'와 비슷하게 들리지만, '히틀러'보다는 분명히 '히스터'에 훨씬 더 가깝게 들린다. 그리고 히스터는 노스트라다무스 시대에 독일의 다뉴브 강을 일컫던 이름이었다. 히스터가 강 이름이지 20세기의 독재자하고는 아무 관계가 없음을 보여주는 또 다른 단서는 바로 그 앞의 행에 있는 야수들이 '강'을 건넌다는 표현이다. 내가 노스트라다무스에 대한 믿음을 어리석어 보이게 하려고 일부러 나쁜 예를 고른 것은 아니다. 이것은 가장 인기 있는 4행 시 중 하나이다. 물론 노스트라다무스를 믿는 사람들 중 일부는 히스터를 히틀러와 연결시키는 해석에 동의하지 않을 것이다. 하지만 내가 이야기를 나눈 사람들은 하나도 예외 없이 이 구절을 인용하면서 노스트라다무스가 초자연적 능력을 가졌다고 설득하려고 했다.

훌륭한 회의론자는 맥락도 본다. 누가 근사한 특수 효과와 듣기 좋은 음악을 곁들인 텔레비전 프로그램에 나왔다고 해서 반드시 그 사람이 자신이 말하는 것을 제대로 알거나 사실을 말한다고 생각해서는 안 된다. UFO나 유령, 혹은 노스트라다무스 '전문가'가 했다는 말을 듣고서 그것을 사실로 여기는 사람들이 너무 많다. 절대로 그래서는 안 된다! 어떤 주장을 하는 '사람'이 누구인지에 신경 쓰지 말고, 주장하는 '내용'에 초점을 맞추도록 노력하라. 설사 노벨상을 수상한 과학자가 텔레비전에 나와서 오랫동안 열심히 연구한 끝에 노스트라다무스가 정말로 초자연적 능력을 지닌 예언자라는 결론을 얻었다고 발표하더라도, 나는 그 말을 곧이곧대로 믿지 않을 것이다. 물론 그 과학자는 그동안 쌓은 신뢰도에 따라 내 관심을 끌겠지만, 아주 훌륭한 증거가 없는 한 그의 주장은 아무 가치도 없다.

## 임사 체험

모든 시대를 통틀어 큰 인기를 끈 믿음 중 하나는 우리가 죽고 나서 다른 장소에서 다른 형태로 변해 살아간다는 이야기이다. 만약 이게 사실이라면, 죽음은 모든 것이 끝나는 순간이 아니라는 말이 된다. 즉, 죽음은 다른 세계로 옮겨 가는 과정에 지나지 않는다. 물론 이것은 아주 특이한 주장이다. 하지만 안타깝게도 특이한 증거가 없다. 우리가 얻을 수 있는 최선의 증거는 죽은 뒤에 잠깐 동안 천국이나 지옥으로 갔다가 다시 살아났다고 주장하는 극소수 사람들의 기이한 이야기뿐이다.

많은 사람들은 임사 체험을 사후 세계의 존재를 보여주는 절대적인 증거라고 생각한다. 나는 이 이야기들이 아주 강한 효과가 있고, 우리에게 감정적으로 큰 영향을 미친다는 데 동의한다. 내가 만난 한 여성은 죽어서 천국으로 갔는데, 예수가 자신을 도로 지상으로 데려다주었다고 이야기했다. 그녀는 천국의 문들이 '진주와 다이아몬드로 장식돼' 있었고, 거리들은 황금으로 포장돼 있었으며, 과일 그릇에서 과일을 꺼내면 저절로 다시 과일이 채워졌다고 이야기했다. 또, 새로 온 사람들에게 하느님을 제대로 경배하는 법을 가르치는 천사들을 보았다고 했다. 그러고는 예수를 만났는데, "턱수염이 아주 정갈하게 다듬어져 있었으며, 너무나도 아름다운 파란 수정 같은 눈을 가지고 있었지요. 예수님은 내게 말을 건넸는데, 내게 성유를 발라주고 나서 지상으로 돌려보내겠다고 말했어요."라고 말했다.[55]

　나는 죽은 뒤에 천국에 갔다 왔다고 주장하는 사람들이 쓴 책도 읽어 보았다. 심지어 죽은 뒤에 잠깐 동안 지옥에 갔다 왔다고 주장하는 사람이 쓴 책도 읽었다. 하지만 사람들이 사후 세계가 있음을 설득하려고 이것과 같은 이야기를 인용하면, 나는 설사 사후 세계가 있다 하더라도 사람들이 하는 '이야기'를 그 증거로 받아들일 수는 없다고 지적한다. 나머지 사람들과 마찬가지로 오류와 착각을 범하는 사람이 하는 이야기를 곧이곧대로 믿기에는 이것은 너무나도 크고 중요한 문제이다. 나는 이런 이야기를 하는 사람이 제 정신이고 정직하다고 가정하고 싶지만, 그 사람이 매우 인상적인 기억을 남긴 꿈을 꾸고는 그 꿈을 실제로 일어난 일로 혼동하지 않았다고 어떻게 확신할 수 있을까?

　우리는 이런 종류의 일이 일어날 수 있고, 종종 일어난다는 사실을 알고 있다. 예를 들면, 지옥에 갔다 온 사람은 자신의 놀라운 여행을 밤중에 '잠'이 든 뒤에 '침대'에서 시작했다. 깨어보니 침대 옆 바닥에 누워 있었다고 한다. 그는 큰 충격을 받고 공포에 질렸는데, 지옥에 갔다 온 것이 생생하게 기억난다고 했다. 그런데 과연 그는 자신의 침실을 떠나기나 한 것일까? 그에게 일어난 일은 꿈과 불완전한 인간 기억으로 가장 잘 설명할 수 있지 않을까? 증거가 없는 상태에서 나는 이들이 부정직하다고 비난하지는 않을 것이다. 하지만 나는 이들 모두가 어쩔 수 없는 인간임을 지적하고자 한다. 인간이라는 조건 때문에 이들은 모두 꿈이나 망상, 환각, 잘못된 기억에 취약하다.

뇌과학은 대부분의 임사 체험 이야기에 나오는 요소들을 자연스럽게 설명하는 방법을 제공한다. 터널 끝에 보이는 빛, 평화롭고 평온한 느낌, 사랑하는 사람들과의 만남, 종교적 인물과의 만남 등은 모두 스트레스를 받거나 죽어가는 뇌에 일어나는 자연적 과정으로 설명할 수 있다. 초자연적인 설명은 전혀 필요 없다. 물론 이것은 사후 세계가 존재하지 않음을 증명하는 것은 아니다. 다만, 임사 체험 이야기가 사후 세계의 존재를 확실히 증명하는 게 아님을 말해줄 뿐이다.

만약 그런 경험을 한 사람들이 천국에 있는 물건을 하나라도 가져와 자신들의 주장을 증명할 수 있다면 얼마나 좋을까! 예컨대 그릇이 비면 저절로 다시 과일이 채워지는 마법의 과일 그릇 같은 거라도 말이다. 만약 물체를 가져올 수 없다면, 정보라도 가져올 수 있지 않을까? 그 사람이 정말로 천국이나 지옥에 갔다 왔구나 하고 수긍할 수 있을 정도로 아주 특별하고 독특한 정보 말이다. 하지만 우리가 듣는 이야기는 모두 다 꿈이나 상상으로 쉽게 만들어낼 수 있는 종류의 극적인 이야기뿐이다.

뇌에 산소가 부족하면 기묘한 일이 일어날 수 있다. 파일럿은 조종석이나 원심분리기에서 아주 큰 가속도를 받다가 의식을 잃기 직전에 터널 시야(*터널 끝에 빛이 보이는 광경*)를 경험한다. 이것은 의식을 잃기 전에 눈에서 먼저 혈액이 빠져나가기 때문에 일어난다. 죽어가지는 않더라도 뇌가 심한 스트레스를 받거나 산소가 부족할 때에도 실제로 있지 않은 사람이나 물체를 본다는 보고들이 있다. 심지어 과학자들은 산소가 부족하거나 죽어가는 사람이 아니더라도 단순히 뇌의 특정 지역에 약한 전기 자극을 줌으로써 환각이나 유체 이탈 경험을 유도할 수 있다. 그렇다, 그냥 전기만으로 충분하며, 사후 세계 같은 것은 전혀 필요 없다.

나도 죽음이 다가오는 순간의 평화롭고 평온한 느낌과 비슷한 것을 직접 경험한 적이 있다. 열두 살 무렵에 하수도관 위로 운하를 건너가다가 굴러 떨어지면서 얼굴과 다리에 심한 상처를 입었다. 나는 심하게 다쳐 피를 흘리면서 제방 위에 누워 있었다. 하지만 기분은 아주 좋았다! 내 뇌는 나를 고통과 공포에서 멀리 떨어진 곳으로 데려갔다. 나는 그렇게 얼굴을 땅에 처박은 채 아주 황홀한 기분을 느끼면서 누워 있었다. 그것은 임사 체험이라고 부를 만큼 심한 부상을 당한 상태는 아니었고, 유체 이탈 같은 건 전혀 느끼지도 않았지만, 아주 특이한 경험이었던 것은 분명하다. 물론 그 기분 좋은 느낌은 금방 사라졌고, 대신에 고통이 찾아왔다. 그 사고 덕분에 나는 사람들이 죽어가는 순간에 느꼈다고 이야기하는 행복감과 경이로움을 이해하는 데 아무 문제가 없다. 또, 그들이 특이한 것을 보았다거나 그 상태에서 어딘가로 옮겨간 것 같았다고 하는 이야기도 충분히 믿어줄 수 있다. 하지만 왜 그런 경험을 천국이나 지옥 혹은 다른 종류의 사후 세계와 같은 특이한 것의 존재를 증명하는 증거로 믿어야 하는가?

평소에도 인간의 뇌가 뭔가를 지어내는 능력이 있다는 사실에 유념하면 이 문제를 이해하는 데 도움이 될지 모른다. 날씨가 화창하고 건강도 좋을 때, 우리는 뇌에 속아 넘어가 실제로 존재하지 않는 물체나 일어나지 않은 일을 보고 듣고 느끼고 경험하고 기억할 수가 있다. 만약 이런 일이 가능하다면(그것이 가능하다는 건 이미 잘 알려져 있다), 죽음에 가까이 다가가거나 '죽었다고' 간주된 사람들이 기묘한 경험을 했다는 주장도 당연히 의심해야 하지 않을까? 그렇게 심한 스트레스 상태에 처한 인간의 뇌는 신뢰도가 더 떨어진다는 생각이 들지 않는가?

물론 사람들이 사후에 다른 세계가 있었으면 하고 '바라는' 것은 아무 문제가 없다. 대부분의 사람들과 마찬가지로 나 역시 어떻게든 영원한 죽음을 피할 수만 있다면 쌍수를 들고 환영할 것이다. 하지만 사후 세계의 존재를 증명하는 임사 체험 사례가 아주 많다고 잘못 판단해서는 안 된다. 존재하는 것은 사람들의 이야기뿐이며, 이야기만으로는 아무것도 증명할 수 없다.

## 버뮤다 삼각지대

넓은 바다에 신비한 지역이 있다. 이곳은 일종의 초자연적 블랙홀처럼 작용하여 지나가는 배나 비행기를 빨아들이며, 그렇게 사라진 배나 비행기는 다시 발견되지 않는다고 한다. 이곳은 다른 우주로 통하는 관문일까? 외계인의 짓일까? 혹시 사라진 대륙 아틀란티스와 관계가 있진 않을까? 분명한 것은 버뮤다 삼각지대라는 곳에서 뭔가 이상하고 위험한 일이 일어나고 있다는 사실이다. 이 얼마나 흥미진진한 이야기인가! 나는 버뮤다 삼각지대에서 가까운 곳에서 상당 기간을 살았다. 심지어 그곳에서 수영을 한 적도 있다. 이것은 정말로 흥미로운 이야기이지만, 결국은 터무니없는 이야기로 드러나 너무나도 아쉽다.

버뮤다 삼각지대처럼 기이한 주장을 좀 더 잘 이해하고 평가하려면 그 역사를 살펴보는 게 좋다. 이 이야기는 어디에서 유래했는가? 이 주장을 맨 처음 한 사람은 누구인가? 원래 내용은 어떤 것이었는가? 처음에 제시된 근거는 어떤 것이었나? 이 기본적인 질문들에 대한 답을 살펴보는 것만으로도 이 믿음은 시간을 낭비할 만한 문제가 아님이 분명히 드러난다. 잠시 후에 보게 되겠지만, 증거와 해석과 관련된 문제들만으로도 버뮤다 삼각지대 전설은 쓰레기통으로 보내기에 충분하다. 하지만 먼저 그 기원을 추적해보면, 이 주장은 처음부터 아예 바다에서 실종되고 만다.

버뮤다 삼각지대는 잡지 《아거시》(1964년 2월호)에 실린 한 기사에서 맨 처음 언급되었다. 이 잡지는 젊은 남성을 겨냥한 펄프 픽션(pulp-fiction, *저질 종이에 인쇄한 싸구려 소설 잡지를 펄프 매거진이라 부르고, 이런 잡지에 실린 싸구려 단편소설을 펄프 픽션이라 부른다*) 잡지였다. 그렇다, 이 이야기를 맨 먼저 소개하고 전 세계에 버뮤다 삼각지대의 위험을 경고한 곳은 미 해군도, 미 해안경비대도, 《내셔널 지오그래픽》도 아니고, 모험소설을 전문으로 싣던 싸구려 잡지였다. 이 기사를 쓴 빈센트 개디스Vincent Gaddis는 그저 자유 기고가로 원고료를 좀 챙길 생각으로 그 이야기를 썼겠지만, 자신이 현대의 가장 유명한 전설 중 하나를 만들어내는 데 일조하리라고는 꿈에도 생각지 않았을 것이다.

찰스 벌리츠Charles Berlitz라는 작가는 개디스보다 한술 더 떠 1974년에 『버뮤다 삼각지대』라는 '논픽션' 베스트셀러를 출간해 큰돈을 벌었다.[56] 이 책은 큰 히트를 치면서 전 세계의 수많은 사람들에게 그 위협이 실재하며 치명적이라는 인상을 심어줌으로써 대중문화에 버뮤다 삼각지대라는 개념을 뿌리 내리게 했다. 안타깝게도 사실과 논리를 바탕으로 한 설득력 있는 증거를 제시하지 못했다는 사실은 전혀 문제가 되지 않았다. 벌리츠가 내세운 '증거'라는 것은 입증되지 않은 무모한 주장들과 과도하게 윤색한 바다 이야기들을 모아놓은 것에 지나지 않았다. 벌리츠는 『아틀란티스: 여덟 번째 대륙』과 『로스웰 사건』과 같은 책들도 썼는데, 이 책

들에서 제시한 '증거' 역시 그 정확성 면에서 의심스럽기는 마찬가지였다.[57]

이 믿음을 포괄적으로 분석해 그 실체를 밝힌 래리 커시Larry Kusche의 『버뮤다 삼각지대 미스터리를 풀다』를 읽어보라.[58] 커시는 주장을 하나하나 분해하면서 대수롭지 않은 이야기나 지어낸 이야기가 왜곡과 윤색을 통해 어떻게 불길하고 초자연적인 현상을 뒷받침하는 증거처럼 보이도록 둔갑하는지 보여준다. 예를 들면, 제19편대(버뮤다 삼각지대에서 사라진 미 해군 소속의 TBM 어벤저 뇌격기 5대)의 비극적인 사고는 버뮤다 삼각지대에 관한 이야기 중 가장 유명한 이야기일 것이다. 벌리츠와 그 밖의 버뮤다 삼각지대 지지자들의 주장에 따르면, 5대의 뇌격기는 1945년 12월 19일에 포트로더데일 항공 기지에서 이륙했다가 이상적인 비행 조건에서 설명할 수 없게 흔적도 없이 사라졌다고 한다. 하지만 쿠시는 사실을 정확하게 들여다보면, 다른 이야기가 드러난다고 말한다. 제19편대의 편대장은 그 기지에 처음 와 플로리다 주 남부 지역의 지형에 익숙지 않았다. 그래서 아마도 자신의 편대를 이끌고 비행하다가 길을 잃었을 테고, 육지를 발견하지 전에 연료가 떨어져 어둠 속에서 거친 바다로 추락했을 것이다. 비행기 잔해가 발견되지 않은 것도 전혀 놀라운 일이 아닌데, 비행기 같은 무거운 물체는 곧장 바닷속으로 가라앉기 때문이다. 자, 어떤가? 그래도 이 사건에 여전히 초자연적 현상이 작용한 것 같은가?

이것은 버뮤다 삼각지대 주장이 지닌 문제점 중에서 가장 큰 문제점을 지적한다. 비행기나 배가 물 위로 여행할 때에는 가끔 사고가 일어날 수 있다. 그리고 바다에서 일어나는 사고의 특성 때문에 그 사고의 원인을 분명하고 확실하게 설명할 수 없는 경우가 종종 있다. 하지만 사고가 미

궁에 빠졌거나 의문에 제대로 된 답이 나오지 않았다고 해서 그것을 초자연적이거나 초정상적 사건이 일어났다는 증거로 삼을 수는 없다. 이것이 바로 버뮤다 삼각지대 믿음의 문제점이다. 사람들은 서로 다른 많은 사건들을 단 하나의 종합적인 이론으로 설명하려고 시도했다. 하지만 이곳이나 다른 곳에서 수백 년 동안 일어난 수천 가지 사고의 원인이 (그것이 자연적인 것이건 초자연적인 것이건) 단 하나뿐일 수는 없다. 커시는 책에서 다음과 같이 썼다.

"버뮤다 삼각지대에 대해 많은 정보를 얻으려는 시도로 시작한 내 연구는 예상치 못한 결과를 낳았다. 모든 증거를 검토한 뒤에 나는 다음과 같은 결론을 얻었다: 이 미스터리를 풀 수 있는 이론은 없다. 버뮤다 삼각지대에서 일어난 모든 실종 사건에서 공통의 원인을 찾으려고 하는 것은 애

버뮤다 삼각지대 (출처: 위키피디아)

리조나 주에서 일어난 모든 자동차 사고에서 단 하나의 원인을 찾으려고 하는 것과 마찬가지로 논리적이지 못하다. 종합적인 이론을 찾으려는 시도를 포기하고, 각각의 사건을 독립적으로 조사해야만 미스터리가 풀리기 시작한다."[59]

나는 버뮤다 삼각지대에서 배와 비행기가 실종되는 비율이나 방식을 살펴보고서 그곳에서 뭔가 이상한 일이 일어난다는 인상을 전혀 받을 수 없었다. 하지만 만전을 기하기 위해 미 해군과 해안경비대를 조사해보았다. 미 해군은 배와 비행기의 위험에 관심을 기울여야 할 이유가 어느 누구보다도 많다. 그런데도 미 해군은 이 지역에 수천 명의 해군과 비행사를 일상적으로 보내며, 그와 함께 수십억 달러가 넘는 규모의 함정과 잠수함과 항공기도 보낸다. 하지만 미 해군은 지금까지 공식적으로 버뮤다 삼각지대를 특이한 위험 지역으로 간주한 적이 없다.[60]

마지막으로, 만약 버뮤다 삼각지대 이야기가 조금이라도 고려할 가치가 있다면, 이 이야기에 미 해군보다 더 신경을 써야 할 사람들은 이 지역에서 안전과 구조를 책임지는 사람들일 것이다. 그래서 나는 해안경비대의 마이애미 기지에 전화를 걸어 한 장교와 대화를 나누었는데, 그는 해안경비대는 버뮤다 삼각지대 이야기를 믿지 않으며, 그곳에서 임무를 수행할 때 그 이야기를 전혀 고려하지 않는다고 말했다. 그는 아래에 소개한 해안경비대의 공식 발표문을 언급하기까지 했다.

해안경비대는 소위 버뮤다 삼각지대를 배나 비행기에 구체적인 위험을 초래하는 지리적 지역으로 인정하지 않는다. 오랜 기간에 걸쳐 이 지역에서 일어난 많은 비행기와 선박 실종 사고를 검토한 결과, 물리적 원인이 아닌 다른 원인의 결과로

사고가 일어났음을 시사하는 증거는 아무것도 발견되지 않았다. 이상한 요인은 확인된 바가 전혀 없다.[61]

이걸로 사건은 종결되었고, 미스터리는 해결되었다. 그러니 진즉에 그랬어야 하지만, 이제 버뮤다 삼각지대 전설은 깊은 바닷속에 수장시키기로 하자. 버뮤다 삼각지대 전설은 처음의 위치로 돌려보내야 마땅하다. 즉, 사람들을 즐겁게 하기 위한 흥미로운 이야기에 그쳐야지, 진지한 사람들을 불안하게 만드는 사실로 간주되어서는 안 된다. 플로리다 주 남부나 카리브 해에서 휴가를 보낼 때 모닥불 옆에서 아이들에게 들려주기에는 좋은 이야기이지만, 그 수준을 넘어서면 곤란하다.

하지만 슬프게도 버뮤다 삼각지대 전설은 1990년대에 사라져가는 것처럼 보이더니, 오늘날 되살아나고 있다. 이것은 이 이야기를 역사적 사실과 과학적 사실로 포장해 소개하는 웹사이트가 크게 늘어난 게 주요 원인이다. 케이블 TV에서도 이 주제를 아주 잘못된 시각에서 다루는 유사 다큐멘터리가 넘쳐나고 있다. 이들은 이 전설을 현대화된 버전으로 포장해 비판적 사고 능력이 부족한 새로운 세대 사이에 퍼뜨리고 있다.

## 아틀란티스

큰 재난 때문에 바닷속으로 가라앉았다는 전설상의 기이한 섬이자 도시 국가인 아틀란티스 역시 입증되지 않은 믿음인데, 다만 이 믿음은 위협적이기보다는 사람들의 흥미를 자극하는 측면이 더 강하다. 그러니 어떤 사람들이 오늘날의 우리보다 기술이 더 발전했고 모든 고대 문명의 발상지가 된 전설상의 장소를 믿는다 한들 무슨 문제가 되겠는가? 그렇다고 사람들에게 해가 되는 건 아니지 않은가?

하지만 아틀란티스 믿음은 하나의 증상일 뿐이고, 그 이면에는 더 심각한 문제가 자리 잡고 있다. 이 믿음에 빠지는 것은 그 사람의 사고 과정에 뭔가 잘못이 있음을 알려준다. 만약 어떤 사람이 아틀란티스 믿음에 빠진다면, 그 사람의 회의론적 사고 보호막이 꺼졌거나 너무 약하다는 것을 의미한다. 만약 그 모든 논리적 문제와 증거 부족에도 불구하고 이 주장을 믿는다면, 그 사람은 위험할 수 있는 의료 제품도 믿을 수 있고, 사기에 넘어가 거액을 날릴 수도 있고, 부도덕한 사람이나 단체에 다양한 방식으로 이용당할 수 있다. 이러한 믿음은 그 자체만으로는 아무 해가 없는 것처럼 보일 수 있다. 하지만 이러한 주장을 믿는 사람은 해를 끼칠 수 있는 다양한 종류의 이상한 믿음과 망상에 점점 더 깊이 빠져들 위험이 있다. 예를 들면, 기묘하게도 아틀란티스 믿음은 수정에 치유력이 있다는, 입증되지 않은 뉴에이지의 주장과 관련이 있다. 아틀란티스 믿음에 빠진 사람들은 수정에 시간과 돈을 낭비하기가 아주 쉽다. 그랬다가 큰 병에 걸렸을 때 의학 대신에 수정에 의지하면, 심각한 문제가 될 수 있다.

독자 중에는 아틀란티스 믿음을 극소수 사람들만 믿는 하잘것없는 믿음이므로 언급할 만한 가치가 없다고 생각하는 사람도 있을 것이다. 하지만 여론조사 결과는 전혀 그렇지 않다. 예를 들면, 2006년에 베일러종교연구소가 실시한 여론조사에 따르면, 미국의 성인 중 "아틀란티스 같은 고대 선진 문명"을 믿는 사람이 40%를 넘었다.[62] 이보다 더 놀랄 만한 사실은 또 다른 여론조사에서 고교 '과학 교사' 중에서 아틀란티스를 믿는 사람이 16%나 나왔다는 결과이다.[63]

증거가 없는 사례들이 흔히 그렇듯이, 어떤 믿음의 구체적인 묘사는 누구에게 묻느냐에 따라 아주 달라진다. 아틀란티스를 믿는 일부 사람들은 아틀란티스가 수천 년 전에 다른 고대 문명보다 훨씬 발전했던 도시 국가이자 대륙이라고 말하며, 어떤 사람들은 심지어 21세기 문명보다 기술이 더 앞서 있었다고 말한다. 또 어떤 사람들은 외계인이 아틀란티스와 관련이 있다고 주장하기까지 하는데, 외계인이 단순한 방문객이었다는 주장과 주민 자신이 외계인이었다는 주장이 있다. 하지만 이들은 모두 지진이나 쓰나미 같은 큰 재난으로 아틀란티스가 바닷속에 가라앉았다는 데에는 의견이 일치한다. 지금은 지중해나 대서양 혹은 남극해 어딘가에 가라앉은 채 발견되길 기다리고 있다고 한다. 이 전설은 또 아틀란티스가 사라지기 전에 현대 문명의 씨앗이 될 위성 문화들을 많이 낳았다고 주장한다. 그중 한 버전은 우리가 재난이 닥치기 전에 아틀란티스를 탈출한 노예들의 후손이라고 말한다. 어쨌건 오늘날 살고 있는 모든 사람은 아틀란티스와 관련이 있다고 한다. 좋다, 이것이 아주 훌륭한 이야기라는 점은 나도 인정한다. 사람들이 왜 이 이야기를 믿고 싶은 충동이 드는지도 이해한다. 하지만 그전에 잘 생각한다면, 이것이 별로 설득력이 없는 이야기임을 알 수 있다.

왜 이 이야기를 의심해야 하는지 그 이유를 살펴보기 전에 중요한 사실부터 확실히 하고 넘어가기로 하자. 아틀란티스는 발견되지 않았고, 고고학적 증거나 역사적 증거도 하나도 없다. 이 사실을 강조하는 이유는, 아틀란티스가 발견되었다고 생각하거나 적어도 과거에 존재했다는 증거가 충분히 있다고 생각하는 사람들이 많기 때문이다. 이처럼 아틀란티스의 지위에 대해 많은 사람들이 오해를 하는 이유는 주류 언론 매체에서 아

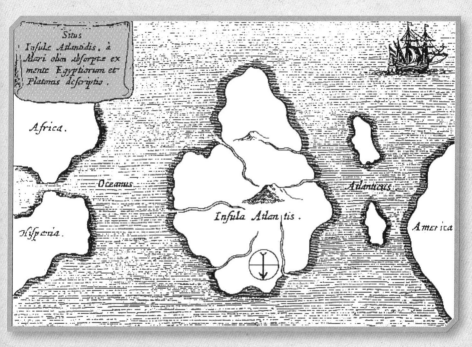

17세기 독일의 과학자 아타나시우스 키르허가 상상해서 그린 아틀란티스 지도
(출처: 위키피디아)

틀란티스가 발견되었거나 발견된 것이 아닌가 하는 뉴스를 자주 다루기 때문이다. 최근에 언론에서 보도한 몇몇 헤드라인을 살펴보자. **지진 해일로 아틀란티스의 단서가 발견되다**[64], **"위성 사진에 드러난 아틀란티스"**[65], **"분명히 지브롤터 근처에 위치한" 아틀란티스**[66].

내가 이 헤드라인들을 특별히 선택한 것은 모두 세계적 공신력을 자랑하는 뉴스 매체 중 하나인 BBC에서 내보낸 헤드라인들이기 때문이다. 그래도 BBC는 공정을 기하기 위해 두 헤드라인에서는 핵심 단어들을 인용 부호로 표시했다. 이렇게 인용 부호를 사용한 이유는 그 주장을 한 당사자가 BBC가 아니라 다른 사람이라고 암시함으로써 과감한 주장을 보도하는 책임에서 약간 벗어나기 위해서이다. 또한 많은 경우, 이와 같은 보도는 대개 기사 중 어딘가에서 결정적인 것은 아무것도 발견되지 않았고, 아틀란티스에 대해 확인된 것은 아무것도 없다고 언급하는 구절이 포함돼 있다. 이런 보도가 근거로 삼은 것은 그저 '흥미로운 단서'나 '가능성이 있는 단서'나 '고무적인 데이터'에 불과한 것으로 드러났다. 그런 것들은 아틀란티스의 존재를 확인하는 실질적인 인공 유물과는 거리가 멀다.

하지만 일단 이런 식으로 보도가 나가면, 많은 사람들에게 상당한 해를 끼치게 되는데, 이와 같은 헤드라인만 보고 전체 기사를 꼼꼼히 보지 않는 사람들이 많기 때문이다. 이들은 확실한 아틀란티스 신자가 되지 않는다 하더라도, 이 주장에 뭔가 근거가 있구나 하는 잘못된 인상을 받을 수 있다. 하지만 곧 보게 되겠지만, 아틀란티스 전설과 관련된 것은 허황된 이야기밖에 없다.

고대에 문헌을 통해 아틀란티스를 언급한 사람은 딱 한 사람밖에 없는데, 그 사람은 바로 철학자 플라톤Platon이다. 플라톤은 『티마이오스』와

『크리티아스』라는 두 권의 대화편에서 이 도시를 언급했다. 하지만 플라톤이 아틀란티스 이야기를 한 실제 목적은 무엇이었을까? 그것은 교훈을 주기 위한 것으로 보이는데, 자신의 행복만을 위해 너무 군국주의적이고 오만했던 도시 국가에 관한 옛날 '이야기'를 하다가 아틀란티스를 언급했기 때문이다. 따라서 플라톤은 실제로 존재한 장소와 사람들에 대해 진지한 역사적 보고를 했다고 보기 어렵다. 자신이 가르치는 사람들에게 교육적 목적으로 허구적인 이야기를 인용한 것이 거의 확실하다. 플라톤이 언급한 이야기에서 아틀란티스가 실제로 존재했음을 뒷받침하는 근거는 하나도 없다.

나머지 고대 세계에서 아틀란티스에 대한 언급이 전무하다는 사실도 이 주장을 뒷받침한다. 아틀란티스는 기술과 과학, 문화가 나머지 문화보다 월등히 앞섰고, 나머지 문명들의 씨앗이 되었다고 가정되지만, 이집트나 카르타고, 로마, 수메르, 바빌로니아, 이오니아, 마케도니아 등의 기록에서 아틀란티스에 대한 언급은 전혀 찾아볼 수 없다. 고고학자 케네스 페더Kennesth L. Feder는 자신의 훌륭한 저서『사기와 신화와 미스터리: 고고학 분야의 과학과 의사과학』에서 이 점을 강조했다. "우리는 '현대 역사학자들'이『반지의 제왕』이나『해리 포터』의 역사성을 인정하거나 부정하는 글을 전혀 볼 수 없는데, 이 작품들은 당연히 픽션으로 인정되기 때문이다. 마찬가지로 플라톤 이후의 그리스 역사학자들은 그가 언급한 아틀란티스 이야기를 논의할 필요성을 전혀 느끼지 못했을 것이다. 그들은 플라톤이 의도한 대로 그 이야기를 픽션으로 이해했기 때문이다."[67]

한 가지 기억해야 할 사실이 있는데, 어떤 믿음을 맹신하는 사람들은 자신들이 반대하지도 않는 것에 대해 논박하도록 회의론자를 유도하려고 종종 시도한다는 점이다. 예를 들면, 나는 아틀란티스를 믿는 사람들과 토론을 한 적이 있는데, 그들은 나를 설득하려는 시도가 실패로 돌아간 데 좌절을 느끼고 초점을 바꾸었다. 그들은 나를 편협하고 반과학적이라고 비난하면서 언젠가 수중고고학자들이 고대 도시, 어쩌면 아틀란티스라는 이름을 가진 도시를 발견할 가능성을 아예 고려조차 하지 않는다고 말했다. 물론 언젠가 그런 것이 발견될지도 모른다. 나는 열렬한 수중고고학 팬이다. 나는 타이태닉호와 갈라파고스 열곡에서 열수 분출공을 발견한 밥 밸러드Bob Ballard와 인터뷰를 했으며, 수중고고학의 잠재력에 대해 그가 가진 열정과 낙관론에 동의한다.

우리는 아주 오랫동안 연안 지역에서 항해를 하며 살아왔다. 호수와 바다와 대양 아래에 우리의 과거를 새롭게 조명해줄 놀라운 인공 유물이 많이 숨어 있다는 사실은 의심의 여지가 없다. 게다가 우리 세계의 변덕스러운 성격과 해안선 변화를 고려하면, 해저 어딘가에 고대 도시 유적이 가라앉아 있다는 주장은 타당할 뿐만 아니라 실제로 그럴 가능성이 아주 높다! 누가 알겠는가? 해저 어딘가에 '아틀란티스'라는 이름을 가진 도시도 숨어 있을지. 하지만 누가 그것을 발견하기 전까지는 우리는 그 사실을 모른다. 그리고 만약 그런 도시 유적이 발견된다고 하더라도, 그곳에 한때 문명이 크게 발전한 인류 종족이나 외계인이 살았다는 사실이 증명되는 것은 아니다. 현실 세계에 두 발을 딛고 살아가려면, 적절한 질문을 던져야 하고, 증거를 찾아야 하며, 현혹시키는 주장에 홀려 올바른 길에서 탈선해서는 안 된다. 다시 말해서, 우리는 훌륭한 회의론자가 되려고 노력해야 한다.

# 51구역

자, 여러분이 미국 대통령이거나 공군 참모총장이라고 상상해보라. 참모가 허겁지겁 문을 열고 들어와서 말한다.

"각하, 마침내 확인되었습니다! 지상 요원들이 추락 장소를 찾아내 그 것이 외계인의 우주선임을 확인하고, 네 구의 외계인 시체를 회수했다고 보고해왔습니다. 어떤 지시를 내리실 건가요?"

당연히 여러분은 우주선 잔해와 외계인 시체를 51구역으로 보낼 것이 다. 거기 말고 어디로 보내겠는가? 미국 정부가 우주에서 온 방문객은 모 두 그곳으로 보낸다는 사실은 이제 삼척동자도 안다. 51구역은 SF 소설 과 영화에 너무나도 많이 등장했고, 오랫동안 UFO를 믿는 사람들 사이 에서 하나의 구심점 역할을 해와 이제는 대중문화에서 상투적 단어처럼 사용된다. 51구역은 어떻게 해서 미국에서 기이한 전설의 시발점이 되었 을까? 그런데 51구역은 과연 무엇일까? 거기에는 무엇이 있을까?

우선 51구역은 실제로 존재하며, 신비스러운 일이 일어난다. 이 사실은 아무도 부인하지 못한다. 오랜 기간 숨겨지고 공식 부인된 이곳 비밀 정 부 기지에서 수십 년 동안 아주 기이한 일들이 일어났다는 것은 이제 공 식적인 사실이 되었다. 하지만 얼음에 채워진 외계인? 비행접시? 역설계 한 외계인 기술? 이런 것들은 사실이 아닐 것이다. 51구역 전설을 믿는 사람들은 단순한 '비밀 비행 활동'을 '외계인이 관련된 비밀 비행 활동'과 혼동하는 부분에서 헛발을 내디딘다. 그들은 또한 '비밀 군용기'를 '외계 인 우주선'으로 오인한다.

그토록 큰 비밀치고는 51구역에 대해 알려진 것이 아주 많다. 가령, 우리는 51구역이 라스베이거스에서 140킬로미터도 채 떨어지지 않은 네바다 사막에 위치한 미군 기지의 일부라는 사실을 안다. 전체 지역은 파라다이스 목장과 그룸 호수라는 이름으로도 알려져 있다. 미군은 이곳에서 신형 항공기를 개발하고 시험 비행한다. 많은 비행은 비밀 유지를 위해 야간에 일어난다. CIA도 같은 목적으로 이 기지를 사용한다. 그러니 이 지역 부근에서 'UFO 목격'이 많이 일어나리라고 충분히 예상할 수 있다.

51구역에서 비행한 항공기로 오늘날 공개된 명단에는 혁명적인 항공기도 일부 포함돼 있다. U−2, A−12, 그리고 유명한 SR−71 블랙버드 같은 경이로운 항공기들이 1950년대부터 1990년대까지 극도의 보안 속에

2000년 NASA의 지상 관측위성인 랜드샛이 촬영한
51구역 사진 (출처: NASA)

이곳에서 비행했다. 이 날렵한 정찰기들은 외관과 성능 면에서 특이하다. 시속 3만 2000킬로미터 이상의 속도로 날 수 있고, 2만 5000미터 고도까지 올라갈 수 있다. 이에 비해 보통 제트 여객기는 1만 미터 고도에서 시속 1000킬로미터 이하의 속도로 난다. SR-71이 냉전 시대에 수행한 임무는 소련의 군사기지와 지상 활동을 촬영하는 것이었는데, 이를 위해 더 멀리 더 높이, 더 빨리 날 필요가 있었다. 오늘날에도 SR-71의 매끈한 미래형 윤곽은 깊은 인상을 준다. 샌디에이고항공우주박물관에 가면 한 대가 높은 곳에 전시돼 있는데, 방문객들은 그 아래를 지나가면서 구경할 수 있다. 밑에서 SR-71을 올려다보면, 50여 년 전 보통 사람들이 이륙 직후에 머리 위로 지나가는 SR-71을 보거나 '보통' 항공기를 타고 높은 곳에서 창문을 통해 아래로 지나가는 SR-71을 봤더라면, 필시 외계에서 날아온 우주선으로 착각하기 딱 좋았겠구나 하는 생각이 든다.

B-2 스피릿 폭격기와 F-117 나이트호크도 군과 정부의 극소수 관계자를 제외하고는 누구도 그 사실을 모르던 시절부터 51구역에서 비행했다. 박쥐 날개와 비슷한 곡선을 가진 날개와 꼬리날개가 없는 B-2는 할리우드의 특수 효과 회사가 만들었을 법한 비행기로 보인다. 비행 중인 B-2는 어떤 각도에서 보면, 보통 비행기로 보이지 않고, 놀랍게도 전형적인 비행접시처럼 보인다! F-117 나이트호크 역시 기묘하게 생긴 전투기이다. 특이한 각도로 각이 진 상자 같은 디자인에다가 모두의 예상을 깨고 꼬리 부분의 승강키와 방향키가 융합돼 있다. 이 항공기들은 라이트 형제가 처음 비행기를 만든 이래 우리가 얼마나 경이로운 발전을 거듭했는지 보여준다. 하지만 51구역에서 비행한다고 우리가 '알고' 있는 기묘한 항공기들은 우리를 감질나게 하는데, 지금도 이곳과 다른 기지에서 다

른 항공기들이 비밀리에 날고 있을지 모르며, 그 항공기들은 어떤 모습인지 알 수 없기 때문이다.

어떤 사람들은 51구역 부근에서 일어나는 UFO 목격 사례를 미국 정부가 그곳에 외계인 우주선을 숨기고 있으며, 그것을 타고 비행하거나 그 잔해를 바탕으로 역설계하여 UFO를 만들었다는 증거라고 주장한다. 이 주장의 첫 번째 맹점은 비밀 항공기가 비행하는 비밀 기지 부근에서 미확인 비행 물체가 목격되는 것은 전혀 이상한 일이 아니라는 점을 간과한 데 있다. 또 한 가지 문제는 답이 없는 질문이 답이 될 수는 없다는 점이다. 하늘에 나타난 비행 물체가 무엇인지 확인할 수 없으니, 그것이 외계인 우주선이라고 무모한 결론으로 비약해서는 안 된다. 어떤 사람들은 51구역에서 일어나는 일에 대한 미군 당국의 비밀 유지와 솔직한 답변을 거부하는 행동을 매우 비판적으로 이야기한다. 하지만 그렇게 하지 않으면 어떻게 해야 하는가? 군이나 CIA의 '비밀' 활동은 당연히 비밀을 유지해야 한다. 이러한 비밀스러운 태도가 51구역이 외계인과 관계가 있다는 증거가 될 수는 없다.

51구역 같은 군사기지에서 신형 비밀 항공기를 처음 시험한 시점부터 그 항공기의 존재가 대중에게 알려지기까지는 오랜 시간이 걸릴 수 있다. 지금도 기묘한 형태의 항공기가 미국의 밤하늘을 날고 있을지 모르며, 자세한 사정을 모르는 사람들에게는 그 항공기가 충격적인 모습으로 보일 수도 있을 것이다. 스미스소니언이 발행하는 잡지 《에어 앤드 스페이스》는 51구역에서만 매년 새로운 항공 기술 개발에 300~360억 달러를 쏟아 붓는다고 보고했다.[68] 그렇다면 하루에 약 1억 달러씩 쏟아 붓는다는 이야기가 된다. 현재 우리가 알고 있는 무인 항공기만 해도 아주 기이한 데, 지금 이 순간에도 시험되고 있을 온갖 종류의 설계를 상상해보라. 적어도 51구역이나 우리에게 알려지지 않은 곳에서 아주 흥미로운 연구가 진행되고 있다는 건 확실하다. 그리고 만약 캄캄한 밤중에 그런 신형 항공기가 나는 것을 목격한다면, 여러분은 그것이 외계에서 날아온 것은 아닐까 하는 의심이 들 수 있다. 하지만 여러분이 그렇게 느낀다고 해서 멀쩡한 항공기가 외계인 우주선으로 변하는 것은 아니다.

## 기묘한 종교적 주장

이 같은 책에서는 점성술이나 UFO처럼 논란을 덜 일으킬 주제만 다루고, 가능하면 종교 문제는 피하는 게 좋을 것이다. 하지만 훌륭한 회의론자는 어떤 사람이나 어떤 것도 봐주지 않는다. 훌륭한 회의론은 일관성이 있어야 한다. 어렵게 번 돈 수십만 원을 심령술사에게 갖다 바치는 것은 나쁘다고 비난하면서, 신앙 요법사의 품으로 달려가 그의 호화 자동차 비용을 내주는 행동은 눈감는다면, 이것은 일관성 있는 태도가 아니다. 나는 종교가 많은 사람들에게 다른 기묘한 주장들보다 훨씬 진지한 문제라는 사실을 잘 알고 있다. 하지만 종교가 사람들에게 더 중요한 의미가 있다면, 오히려 종교에 경계심을 '더 많이' 품어야 할 필요가 있지 않겠는가? 만약 신이나 성경, 그리고 천국과 지옥이 정말로 우리의 행복에 중요하다면, 사람들이 잘못된 신을 숭배하거나 잘못된 예언자를 믿는 위험에 빠지게 내버려두어서는 안 되지 않겠는가?

이것은 아주 복잡한 문제이지만, 회의론적 사고가 이 문제를 해결하는 데 도움을 줄 수 있다. 지난 수천 년 동안 사람들(대부분 똑똑하고 착하고 진지한)은 수백만이나 되는 신을 믿었고, 각자 독특한 개성을 가진 종교를 수십만 가지나 만들었다. 이 신들과 종교들 중에는 서로 모순적이어서 논리적으로 조화가 불가능한 것도 많다. 그러니 사람들에게 이 상황을 비판적으로 생각해보라고 하는 것은 결코 무례한 태도가 아니다.

종교를 믿는 사람들 중에는 이미 훌륭한 회의론자인 사람도 많다. 그들은 자신들이 믿는 종교를 포함해 많은 종교를 오염시킨 속임수나 역사 왜곡, 논리적 오류, 순전한 거짓말을 분간할 능력이 있다. 예를 들면, 일부 부유한 성직자가 하는 일을 의심하고, 그들을 비판 정신이 부족한 신자들을 등쳐먹는 사기꾼이자 도둑으로 간주하는 신자가 많다. 모든 태풍은 신이 내린 징벌이며, 모든 행운은 신의 축복이라고 주장하는 종교 지도자의 가르침을 거부할 만큼 회의론적 사고가 뛰어난 신자도 많다. 하지만 종교의 문 앞에서 회의론의 발걸음을 멈추어서는 안 된다. 이것은 신에 대한 믿음을 버릴 생각이 없고 버릴 수도 없는 사람들에게도 적절하고 유용하고 필수적인 태도이다.

나는 자신의 종교에 회의론적 사고를 적용하길 포기하거나 심지어 회의론적 사고에 적대감을 느끼는 종교인이 너무 많다고 생각하는데, 그런 사람들은 회의론적 비판을 세상에서 가장 중요하다고 생각하는 자신의 믿음에 대한 직접적인 공격으로 간주한다. 하지만 종교인이 비판적 사고를 포기하면 어떤 일이 일어날까? 그들은 자신들이 원치 않는 상황에 처하게 될 것이다. 예를 들면, 훌륭한 회의론자였더라면 나쁜 종교의 정체를 충분히 파악하고 거부할 수 있었을 텐데, 종교에 빠져 엉터리 치료법이나 사기극에 피해를 보거나 나쁜 믿음에 돈과 시간을 낭비한 사람이 얼마나 많은가? 그래서 나는 종교인에게도 훌륭한 회의론자가 되라고 적극 권장하는데, 그들에게도 회의론적 사고가 꼭 필요하기 때문이다. 그들 역시 다른 사람들처럼 비정상적인 것이 넘치는 이 세상에서 살아가야 한다. 사실, 나는 종교인이 회의론으로 무장하는 게 아주 중요하다고 생각하기 때문에, 설사 회의론적 사고를 선별적으로 사용하겠다고 하더라도 일단 훌륭한 회의론자가 되라고 권한다. 물론 이게 최선은 아니지만, 회의론적 태도를 아예 포기하는 것보다는 훨씬 낫다. 설사 자신이 믿는 신에게는 비판적 사고를 적용하지 않는다 하더라도, 적어도 삶의 나머지 모든 측면에는 엄격하고 일관성 있는 회의론을 적용할 수 있기 때문이다.

자신이 믿는 종교 안에서도 회의론적 태도를 유지하는 것이 중요한데, 종교 안에서도 잘못된 개념과 나쁜 믿음이 생겨날 수 있기 때문이다. 신의 존재 문제는 제쳐놓더라도, 종교는 종종 아무도 머릿속에 넣고 다닐 필요가 없는 개념들을 조장하고 보호하는 보호막을 제공한다. 이것은 특정 종교를 비난하기 위해 하는 말이 아니고, 그냥 현실을 있는 그대로 이야기하는 것일 뿐이다. 다른 조직과 마찬가지로 종교도 자신이나 사회를 파괴하는 행동에 동기를 부여하고, 면죄부를 주고, 보호를 제공할 수 있다는 사실은 누구나 다 안다. 매일 전 세계에서 남성에게 학대나 부당한 대우를 받는 수억 명의 여성을 생각해보라. 이들이 그런 행동을 저지르는 이유는 종교가 그렇게 하라고 한다고 믿거나 여성을 그렇게 대하더라도 종교가 면죄부를 주기 때문이다. 부모나 교사가 자신이 믿는 종교 때문에 엉터리 역사나 엉터리 과학을 수많은 어린이에게 가르치는 사례도 생각해보라. 예를 들면, 창조론은 지구의 나이가 겨우 6000~9000년밖에 안 되었다는 비과학적인 주장을 한다. 하지만 지구의 나이가 약 45억 년이라는 사실은 과학적 연구를 통해 확립되었다. 따라서 이 주장은 단순히 틀린 정도가 아니라, 말도 안 되게 틀린 것이다. 비유하자면, 이것은 지구와 달 사이의 거리(약 38만 킬로미터)가 약 500미터밖에 안 된다고 주장하는 것과 마찬가지로 바보 같은 주장이다. 교양 있는 사람이라면 이 주장을 아무도 믿지 않을 것 같지만, 다른 측면에서는 멀쩡하면서도 이 주장을 철석같이 믿는 사람이 수백만 명이나 있다. 특정 종교의 일부 분파가 이 엉터리 주장에 강력한 보호막을 제공하기 때문이다.

하지만 종교를 믿더라도 훌륭한 회의론적 태도를 가진 사람은 이 주장의 문제점을 쉽게 알아채고 받아들이지 않을 것이다. 그들은 몇 가지 간단한 질문을 던지고, 천문학, 물리학, 고생물학, 고인류학, 고고학, 식물학, 생물학, 지질학에서 나온 증거들을 종합적으로 검토하여 지구의 나이는 6000년보다 훨씬 오래된 것이 틀림없다는 결론을 내릴 것이다. 그렇게 하면, 자신의 신을 여전히 믿으면서도 자신이 사는 실제 세계와 우주에 눈을 가리게 하는 엉터리 주장에 넘어가는 일은 없을 것이다.

이처럼 회의론은 언제 어디서나 모든 사람에게 유익하다. 어떤 종교라도 질문을 하고 증거를 요구하는 행동을 차단해서는 안 된다. 종교인도 매일 거짓말과 망상에 맞닥뜨린다는 점에서는 여느 사람과 똑같다. 때로는 그런 일이 자신이 믿는 종교 영역 안에서도 일어난다. 종교인들도 모든 종교가 불완전한 인간이 조직하고 이끄는 것이기 때문에 불완전하다는 사실을 인정하는 게 좋다. 과거에 한 번쯤 잘못된 길을 걷지 않은 종교는 없으며, 어느 종교에나 신도들의 신뢰를 저버리는 행동을 하는 종교 지도자가 반드시 있다. 이런 이유들 때문에 종교인도 스스로를 보호하기 위해 회의론으로 무장할 필요가 있다.

## 잘 생각하라!

●●●● 훌륭한 회의론자는 이상하고 증명되지 않은 주장이 참이 아니며, 절대로 참이 될 수 없음을 확실히 안다고 주장하지 않는다. 훌륭한 회의론자가 되는 데 아주 중요한 요소는 열린 마음을 유지하는 것이다.

●●●● 훌륭한 회의론자는 이상한 주장에 강경하게 반대하는 입장을 고집하지 않는다. 대신에 얻을 수 있는 최선의 증거와 논리를 바탕으로 분별 있는 결론을 이끌어내는 것을 목표로 삼는다. 만약 진실과 현실이 유령과 마법의 수정 구슬과 뱀파이어가 존재하는 세상을 가리킨다면, 훌륭한 회의론자는 바로 그런 세상을 이해하려고 노력할 것이다.

●●●● 회의론자는 흔히 '모든 것에 반대'한다고 비난을 받는데, 이것은 사실이 아니다. 그들은 단지 잘못과 망상, 거짓말에 반대할 뿐이다.

●●●● 이상한 믿음을 만났을 때, 회의론자는 단순히 증거를 요구하는 데 그치지 않고 더 좋은 방법들을 사용할 수 있다. 역사적 맥락과 약간의 과학 지식, 뇌의 작용 방식에 관한 통찰, 훌륭한 대체 설명처럼 그 주장에 적절한 개념들을 제시하도록 노력하라. 훌륭한 회의론자는 사람들에게 개념들을 비판적으로 생각하도록 장려하며, 나쁜 믿음을 끌어내리되 그것을 믿는 사람을 해치지 않는다.

# 생각하는 기계를
# 적절히 관리하고
# 연료를 잘 공급하라

**Think**
Why You Should Question Everything

여러분은 자신의 뇌를 사랑하는가? 그리고 뇌에게 최대한 잘해주는가? 머리뼈 속에 들어 있는 무게 1400g 정도의 복잡한 이 기관에 얼마나 많은 것이 필요한지 잠깐이라도 생각한 적이 있는가? 매일 여러분을 제대로 살아가게 해주는 데 대해 고마워하고 감탄한 적이 있는가? 중학교 때 어려운 수학 시간을 무사히 넘기도록 해준 데 대해 고마움을 느낀 적이 있는가? 또, 고등학교 때 가슴이 두근거리는 상대를 만나 마침내 고백을 할 때 적절한 시점에 적절한 단어가 튀어나오게 해준 공을 인정한 적이 있는가? 그리고 직장의 복잡한 정치 역학에 교묘하게 잘 대처함으로써 봉급 인상이나 승진을 이루게 해준 데 대해 고마움을 표시한 적이 있는가? 매일 아침 일어날 때마다 밤 사이에 죽지 않은 것을 발견하고, 자신이 정신을 놓고 있는 동안에도 몸을 챙겨준 뇌에게 고마움을 느낀 적이 있는가? 밤에 잠자는 동안 우리가 계속 숨을 쉴 수 있도록 신경 써서 돌봐주는 것도 바로 뇌이다.

만약 뇌가 건강을 유지하고 일을 잘하려면 어떤 것이 필요한지 별로 생각하지 않는다면, 스스로에게 왜 그러는지 그 이유를 물어볼 필요가 있다. 자기 우주의 중심에 별로 신경을 쓰지 않는다면, 그것은 결코 분별 있는 태도라고 할 수 없다. 뇌는 바로 나 자신이 시작되는 곳이자 끝나는 곳이다. 뇌에 필적할 만한 기관은 하나도 없다. 심지어 엇비슷한 것조차 없다. 뇌는 나의 본부이자 극장, 박물관, 사랑의 장소, 중앙역, 컨트롤 타워, 모든 것이 시작되는 지점, 국립 문서 보관실, 도서관, 음악 스튜디오, 감정의 샘, 모든 충동과 결정의 원천이다. 다시 말해서, 나를 이루는 모든 것이라 할 수 있다. 나를 이루는 나머지는 그저 배관과 하드웨어 장치에 불과하다. 뇌는 온갖 마술이 일어나는 곳이다. '심장사'라는 말은 별로 하지 않는 반면, '뇌사'라는 말을 많이 하는 이유도 이 때문이다.

뇌의 삶이 곧 나의 삶이다. 다른 신체 부위는 고치거나 교체하거나 심지어 없어도 살아갈 수 있다. 팔다리가 없으면 어떻게 하느냐고? 의수나 의족 같은 보철물을 사용하면 된다. 심장이 안 좋다고? 이식하면 된다. 하지만 뇌가 죽으면, 그걸로 끝이다. 뇌는 다른 걸로 교체할 수도 없는데, 뇌 자체가 바로 '나 자신'이기 때문이다. 미래에 보관을 위해서 또는 몸과 독립적으로 기능하도록 하기 위해 뇌에 있는 정보를 하드 드라이브로 옮길 수 있는 날이 올지도 모르지만, 현재로서는 자신의 개성과 본능, 기억, 꿈, 배워서 익힌 능력을 담아둘 수 있는 곳은 뇌밖에 없다. 이 모든 것을 고려할 때, 나는 여러분에게 다시 묻고 싶다. 과연 여러분은 자신의 뇌에게 그에 걸맞은 대우를 하고 있는가?

만약 아니라면, 왜 그런가?

# 뇌는 더 나은 대접을 받을 자격이 있다

대부분의 사람들은 자신의 뇌를 소홀히 다룬다. 우리는 뇌를 당연한 것으로 여기며, 그저 머리뼈 속을 채우고 있는 물질에 불과한 것으로 생각한다. 만약 모든 사람의 머리가 투명하여 다른 사람의 뇌를 들여다볼 수 있고 자신의 뇌도 거울을 통해 볼 수 있다면, 우리는 뇌에 훨씬 더 신경을 쓸 것이다. 우리가 걸어다니는 사람들을 쳐다보는 것만으로 건강한 뇌와 건강하지 못한 뇌를 알아볼 수 있다고 상상해보자. 그러면 필시 뇌는 허리둘레나 머리카락, 손톱처럼 많은 관심을 받게 될 것이다.

불행하게도 대부분의 사람들은 뇌가 불편한 데가 생겨 비명을 지를 때에만 뇌의 존재를 인식하며, 심지어 그때조차도 적절한 반응을 보이지 않는다. 뇌에 수분이 부족하거나 영양이 부족하여 손상이 생길 때에는 수면제를 찾는가 하면, 휴식이 필요하여 자려고 할 때에는 카페인을 듬뿍 섭취하곤 한다. 또, 필요한 정보나 훈련이 부족해 어떤 일을 제대로 처리하지 못할 때, 우리는 뇌에 더 많은 정보와 훈련이 필요하다는 명백한 사실을 인정하거나 인식하지 못한다. 그리고 그저 자신의 뇌가 본래 좋지 않고 유전적으로 능력에 한계가 있다고 생각하는 경향이 있다.

*이건 내 잘못이 아니라, 다 모자란 뇌 때문이야. 영업팀과 한 전화 회의를 망친 것은 어젯밤에 잠을 제대로 못 자서가 아니라, 내 뇌가 멍청하기 때문이야. 프랑스혁명에 관한 시험에서 답을 몰랐던 것은 내가 공부를 열심히 하지 않아서가 아니라, 내 뇌가 그 정도밖에 안 되기 때문이야.*

# 뇌를 포용하라

뇌는 너무나도 중요하고 특별하고 경이로운 존재이므로 이렇게 소홀하거나 부당하게 대해서는 안 된다. 그래서 나는 여러분에게 지금 당장 억지로라도 뇌를 경배하라고 권한다. 뇌를 따뜻하게 포용하라. 자신의 생각하는 기계를 사랑하라. 그냥 그렇게 하겠다고 결정하라. 이 순간부터 자신의 뇌를 더 잘 이해하고 더 잘 보살피겠다고 마음먹기만 하면 된다. 뇌가 매일 매초 우리를 위해 하는 그 모든 일을 생각한다면, 이것은 우리가 뇌를 위해 할 수 있는 최소한의 것이다. 지금까지 살아오는 동안 어느 순간 뇌가 단 10분 동안만 정지했더라도, 여러분은 지금 여기서 이 책을 읽는 대신에 이미 무덤 속에 들어가 있을 것이다. 뇌는 일주일에 텔레비전을 40시간 보거나 대형 슈퍼마켓에서 최선의 정크푸드를 찾는 일만 돕는 게 아니다. 그 밖에도 호흡과 심장 박동, 혈액 순환, 소화를 조절하는 일을 포함해 아주 많은 일을 한다. 우리가 고마움을 표시하건 않건, 뇌는 우리를 위해 항상 묵묵히 제 할 일을 한다.

뇌를 이해하는 데 도움이 필요하다면, 그전에 어떤 일들이 있었는지 생각해보라. 오늘 나 자신이 존재하도록 하기 위해 어제 무엇이 필요했는지 생각해보라. 나와 내 뇌는 수만 년 이상의 세월 동안 계속 이어 살아오면서 생각을 한 뇌들의 긴 줄에서 맨 끝에 서 있다. 수십만 년 전에 호모 에렉투스는 석기를 만들고 불을 길들였다. 그 후에 우리 문명이 이룬 모든 것은 인간 뇌가 초기에 이룬 성취와 유연성과 직접적 관련이 있다. 만약 그것이 없었더라면, 문명도 없었을 것이다. 시간을 좀 더 거슬러 수백만 년 전으로 가보자. 선사 시대의 아프리카에서 많은 도전들을 뿌리치고 살아남은 오스트랄로피테신 가족들을 상상해보라. 우리보다 월등한 이빨과 손톱, 속도, 힘, 후각, 시력을 가진 게 아니라, 우리보다 월등한 뇌를 가진 그들을 상상해보라. 그들은 주먹질을 하거나 발길질을 하거나 이빨로 물어뜯으면서 살아남은 게 아니었다. 그들은 문제를 푸는 방법을 추론하고 상상함으로써 충분히 오래 살아남아 자신들의 유전자를 후세에 물려줄 수 있었고, 그 덕분에 오늘날 우리는 그들의 유전자를 전달받아 이곳에 존재한다.

지금까지 발견된 증거에 따르면, 해부학적으로 최초의 현생 인류라고 부를 만한 존재가 나타난 것은 약 20만 년 전이다. 본질적으로 오늘날의 우리가 가진 것과 똑같은 그들의 뇌는 살아남고, 퍼져나가고, 혁신하고, 건설하는 데 필요한 창조성과 처리 능력을 제공했다. 그들은 창을 발명했고, 그런 뒤에 서로 협력해 키가 3.6미터나 되는 동굴곰과 몸무게가 8톤이나 나가는 매머드를 사냥했다. 밤에는 모닥불 주위에 모여 앉아 훌륭한 이야기를 들려주었다. 그들은 뇌를 사용해 포식 동물을 피하고, 먹이를 잡고, 생활을 개선하는 방법을 발명했다. 또, 주변 세상을 바라보면서 예술이라 부르는 발명품으로 그것을 재해석했다. 수평선 너머에는 무엇이 있을까 하고 궁금증을 느꼈고, 그것을 찾기 위해 배를 타고 항해에 나섰다. 그들은 괴베클리테페(*Göbekli Tepe. 터키에서 발견된 1만 2000여 년 전의 사원 유적. 터키 어로 '배가 불룩한 언덕'이란 뜻*), 기자의 피라미드, 파르테논 같은 거대 석조 건축물을 상상하고 설계하고 지었다. 그들의 뇌는 심지어 과학이라 부르는 새로운 사고방식도 생각했는데, 그 덕분에 자연 세계를 더 많이 발견하고 이해할 수 있었다. 이렇게 이전에 존재했던 뇌들 덕분에 우리는 오늘날 생물계에서 아주 배타적인 클럽에 가입하게 되었다. 오늘날 우리가 나무 아래에서 서성이는 늑대들이 그만 포기하고 딴 데로 가길 기다리며 나무 위에서 겁에 질린 채 웅크리고 있지 않은 이유도 큰 뇌 덕분이다. 밤하늘을 바라보면서 자신이 보는 것과 자신이 있는 곳에 대해 현실적인 생각을 할 수 있는 것도 이 때문이다. 내년의 목표를 세우고 그것을 달성하는 모습을 상상할 수 있는 것도 바로 뇌 때문이다. 이것은 우리가 지구에서 아주 특별한 존재인 이유이기도 하다.

초기 인류의 도전과 성공에 별 감흥이 느껴지지 않는다면, 더 나은 이유를 소개하겠다. 자신의 뇌를 제대로 돌보고 유지하도록 노력하라. 왜냐하면, 그렇게 하는 게 자신의 이익을 위해 유리하기 때문이다. 뇌를 잘 보살피면, 작업 능률이나 학교 성적, 운동 능력, 연애 생활, 창조성, 기분, 잠, 건강 등을 향상시키는 데 도움이 된다. 이런 것에 조금이라도 관심이 있다면, 꼭 알아두어야 할 최소한의 지식을 소개한다……

## 잘 먹어야 생각도 잘할 수 있다

뇌를 건강하게 그리고 잘 굴러가도록 유지하는 최선의 방법 중 하나는 '잘 먹는' 것이다. 좋은 뇌에는 좋은 영양이 필요하다. 나쁜 식습관은 뇌에 아주 해롭다. 나는 오랫동안 전 세계의 가난 문제를 연구하고 그것에 대한 글도 써왔는데, 이 문제에서 가장 염려스러운 측면 하나는 바로 영양 부족이 지능과 전반적인 뇌 발달에 끼치는 영향이다. 우리가 사는 세계는 매일 매 순간 가난한 사람들, 특히 그중에서도 어린이들이 좋은 음식을 충분히 섭취하지 못해 막대한 지적 잠재력을 낭비하고 있다. 이것은 가난 속에서 살아가는 사람들만의 문제가 아니다. 음식과 뇌 사이의 이러한 관계는 소득이나 GDP가 일정 수준 이상으로 올라가도 사라지지 않는다. 생물학적 상황은 여전히 그대로 남아 있다. 뇌는 섭취하는 연료의 양과 질에 따라 성능이 좋아지기도 하고 나빠지기도 하는데, 이것은 모든 사람에게 똑같이 적용된다. 만성적인 굶주림은 물론 뇌에 매우 나쁘지만, 하루 8000칼로리를 섭취하거나 정크푸드 위주의 식사를 해도 뇌에 심각한 문제가 생길 수 있다.

뇌에 많은 영양 공급이 필요하다는 사실을 명심할 필요가 있다. 우리 몸속에 흐르는 전체 혈액 중 약 20%가 뇌로 공급된다. 이것은 무게가 겨우 1400그램 정도로, 보통 성인의 몸무게 중 2%도 안 되는 이 작은 기관에 공급되는 양치고는 너무 많다. 만약 우리가 탈수 상태에 빠지거나 칼로리가 부족하거나 단백질이 부족하다면, 뇌는 제대로 돌아가는 데 어려움을 겪는다. 그 결과, 우리는 제대로 생각하거나 무엇을 만들거나 문제를 풀거나 주의를 집중하지 못하게 된다. 이것들은 훌륭한 회의론자가 되는 데 중요하다. 왜냐하면, 나쁜 식습관으로 뇌를 잘못 돌보면, 방금 본 것이 괴물 네시인지 통나무인지 제대로 판단할 수 없게 되고, 평소처럼 제대로 걷지도 못하고, 간단한 셈도 못 할 것이기 때문이다.

뇌가 우리 몸의 나머지 부분들과 긴밀하게 연결돼 있다는 사실을 절대로 잊지 말라. 뇌는 우리에게 일어나는 모든 일과 연결돼 있다. 만약 나쁜 음식물(정크푸드나 술, 당분이 듬뿍 든 청량음료)을 너무 많이 먹기로 결정한다면, 뇌에도 그 선택의 영향이 미친다. 한 조각 더 먹은 치즈케이크가 넓적다리와 엉덩이에 미치는 결과에만 너무 신경 쓰지 말라. 나쁜 음식은 뇌에도 영향을 미친다.

오늘날 많은 사회에서 무엇보다도 비만에 초점을 맞추어 영양 섭취를 생각하는 것은 참 불행한 일이다. 대다수 사람들의 최우선 관심사는 음식물이 우리가 생각하는 방식에 미치는 영향이 아니라, 외모에 미치는 영향인 것처럼 보인다. 당뇨병이나 심장병처럼 외모보다 더 중요한 것을 생각할 때도 간혹 있지만, 뇌의 건강과 수행 능력을 생각하는 경우는 아주 드물다. 뇌를 최선의 상태로 유지하기 위해 좋은 식습관을 유지하거나 식습관을 개선하려고 하는 사람은 극소수에 지나지 않는다. 하지만 뇌가 우리를 위해 하는 일들을 생각한다면, 뇌에 대한 고려를 최우선 순위로 놓아야 한다.

그렇다면 뇌가 기능을 잘 발휘하도록 뇌에 필요한 것을 공급하려면 어떤 것을 먹어야 할까? 머리를 좋게 해준다거나 노화와 관련된 질병을 막아준다고 약속하는 알약이나 물약이 아주 많이 나돌고 있지만, 그 효과가 제대로 입증되지 않은 것이 대부분이다. 특정 식품이 단기적으로나 장기적으로 뇌의 건강에 도움이 된다는 사실을 뒷받침하는 과학 연구도 많이 나와 있다. 하지만 나는 새로운 식품의 경이로운 효과가 발견되었다고 시사하는 연구 결과가 나올 때마다 그런 식품을 섭취하려고 하기보다는 신체와 뇌의 전반적인 건강을 위해 잘 먹어야 한다는 철학을 따르는 게 더 낫다고 생각한다. 이 단순한 철학을 따르면, 장기적으로 효과를 볼 가능성이 더 높다.

야채를 많이 먹고, 1일 음식 섭취량을 적정 수준으로 유지하는 것처럼 건강에 좋은 기본적인 식습관을 지키도록 노력하라. 뇌와 영양에 관한 과학은 지금은 거의 분명하게 밝혀졌으며, 그런 정보는 아주 많다. 예를 들어 잎이 많은 녹색 채소(시금치 같은)를 규칙적으로 섭취하면 나이가 들었을 때 인지 능력 감소를 늦출 수 있다고 한다.[1] 하지만 우리는 시금치가 몸에 좋다는 사실을 이미 알고 있으며, 더 자주 먹어야 한다는 사실도 알고 있다. 항상은 아니더라도 평소에 현명한 식습관을 따르는 게 좋다.

예컨대 만약 육식을 좋아한다면, 붉은 고기를 덜 먹고 자연산 연어를 많이 먹도록 노력하라. 또, 햄버거를 줄이고 구운 닭고기를 늘리도록 하라. 핫도그와 소시지는 삼가는 게 좋다. 설탕이 많이 든 청량음료도 결코 좋은 선택이 아니다. 그래도 꼭 먹어야 하겠다면, 그 양을 최소한으로 줄이도록 노력하라. 간식으로는 과자보다는 과일과 견과류를 택하라. 질 좋은 견과류와 말린 과일 믹스를 구입하거나 만들어서 가까운 곳에 놓아두고 매일 일정량을 섭취하라. 특히 블루베리와 블랙베리를 권하고 싶은데, 뇌에 아주 좋은 식품이기 때문이다.[2] 하지만 건강에 좋은 영양 섭취를 마술로 착각해서는 안 된다. 시금치와 브로콜리, 베리를 많이 섭취한다고 해서 하버드 대학에 입학한다거나 암에 걸리지 않는 것은 아니다. 다만, 건강하고 똑똑하게 살아갈 확률을 높이기 위해 현명한 선택을 하라는 것일 뿐이다.

이것을 너무 복잡하게 생각하거나 여기에 신경 쓰느라 인생을 힘들게 살지는 말라. 그저 뇌의 건강에 좋은 식품들 중 자신이 좋아하는 것이 무엇인지 가려낸 뒤, 그것들을 곁에 두고 틈틈이 섭취하기만 하면 된다. 이것은 그렇게 어려운 일이 아니다. 굶어서는 안 되며, 자신이 먹는 음식을 싫어해서도 안 된다. 만약 그런 일이 일어난다면, 영양 섭취 방법이 잘못된 것이다. 목표는 간단하지만, 이것은 삶의 질을 높이는 데 아주 중요하다. 그 목표는 튼튼하고 건강한 몸을 만들고 유지하기 위해 잘 먹는 것으로, 그래야 뇌가 매일 최선의 성능을 발휘하는 데 필요한 것을 얻을 수 있다.

# 생각을 위해 일어서라

잘 먹는 것은 뇌를 위해 중요하지만, 그것만으로는 충분치 않다. 어깨 위에 있는 생각하는 기계의 잠재력을 제대로 발휘하고 싶다면, 열심히 움직이는 게 필요하다. 훌륭한 연구들을 통해 운동이 스트레스와 불안, 우울증, 치매 등에 긍정적 효과가 있음이 밝혀졌다. 또한, 운동은 노년층에서 어린아이에 이르기까지 모든 연령대에서 뇌의 수행 능력을 향상시키는 효과도 있다.[3] 운동은 심지어 뇌에 '새로운 세포가 성장하게' 할 수도 있다. '운동이 뇌를 성장시킨다'는 사실은 생각만 해도 경이롭다. 하버드 의학대학원의 존 레이티John Ratey 교수의 연구에 따르면, 뇌가 육체 활동에서 혜택을 얻는 주요 이유는 걷기나 달리기, 수영, 자전거타기 같은 활동을 할 때 혈류량이 증가하기 때문이라고 한다.[4] 운동은 혈류량을 늘림으로써 근육에 영양 물질을 더 많이 전달하는 것과 마찬가지로 뇌에도 영양 물질을 더 많이 전달한다. 자신의 뇌를 무게 1400그램의 뱀파이어라고 상상해보라. 이 뱀파이어는 살기 위해 피가 필요한데, 피를 많이 공급받을수록 더 좋다.

육체 활동은 필수 사항이다. 여러분이 꼭 알아두어야 할 사실이 하나 있다. 만약 깨어 있는 시간 중 대부분을 소파나 의자에서 앉아 지낸다면, 뇌는 최적의 상태로 기능할 수 없다. 육체 활동을 활발하게 하지 않는다면, 자신의 뇌를 불구로 만들고 그 잠재력을 낭비하는 것이다.

가능하면 앉기보다 일어서고, 가만히 있기보다 움직이도록 노력하라.

우리는 활동을 하고 땀을 흘릴 필요가 있다. 활동을 하지 않고 땀을 흘리지 않는 것은 죽은 사람의 상태이다. 뼈와 근육에 약간의 스트레스를 주는 것도 중요한데, 그래야 뼈와 근육이 튼튼하게 유지된다. 내가 여러분을 괴롭히거나 해롭게 하려고 이런 말을 하는 게 아니다. 이것은 인간으로서 잘 살아가기 위해 알아야 할 기본적인 사실이다. 만약 이 말이 마음에 들지 않는다면, 여러분은 종을 잘못 선택해 태어난 것이다.

싫건 좋건 우리는 지구상에 나타난 이래 99.999%의 시간을 두 발로 서서 활동하면서 살아온 종이다. 옛날 조상들은 아마도 하루에 수 킬로미터 이상 걷고 달렸을 것이다. 우리의 몸과 뇌는 활동 정지 상태에서는 제대로 기능하지 않는다. 호모 사피엔스는 끊임없이 활동하도록 진화했다. 지난 수백만 년 동안 사실상 거의 모든 우리 조상은 적어도 낮 동안에는 앉아서 지내지 않고, 걸어다니며 시간을 보냈다. 이것은 우리 뇌가 움직이는 몸 안에서 진화했다는 것을 의미한다. 이 때문에 우리는 앉아 있을 때보다 서 있을 때, 그리고 서 있을 때보다 걸어다닐 때 생물학적 기능을 더 효과적으로 발휘한다. 몇 시간이고 줄곧 앉아 지낸다면, 본래의 자신을 부정하고 반란을 일으키는 셈이다. 그리고 불행하게도 그런 반란은 승산이 없는 싸움이다.

영양 섭취와 마찬가지로 육체 활동에 강박증을 느낄 필요는 전혀 없다. 마라톤을 하고 싶거나 소형 승용차를 들어올리고 싶으면, 그렇게 하라. 하지만 빙벽 등반이나 철인3종 경기를 하고 싶은 생각이 들지 않는다고 해서 실망할 필요는 없다. 몸과 뇌를 건강하고 효율적으로 유지하길 바라는 사람들에게 아주 반가운 소식이 있다. 자신을 효율적으로 기능하는 현대인으로 바꾸기는 그리 어렵지 않다. 훌륭한 식습관과 함께 일주일에 적당한 운동을 한 번에 20분 이상씩 6~7차례만 하면 된다. 이거면 충분하다! 운동의 종류는 걷기나 달리기, 수영, 자전거타기 등 어떤 것이라도 상관없으며, 여러 가지를 섞어서 해도 괜찮다. 자신의 몸에 적합한 것을 찾아 열심히 하기만 하면 된다. 적어도 일주일에 두 번은 웨이트트레이닝을 이용한 근력 운동을 포함시키는 게 좋다. 그리고 잘 먹는 것도 잊지 말라.

많은 사람들은 육체 활동과 뇌의 건강 사이에 긴밀한 관계가 있다는 사실을 제대로 알지 못하며, 운동할 시간이 없다는 핑계로 운동을 피한다. 하지만 실제로는 찾으려고만 하면 그런 시간은 언제든지 찾을 수 있다. 예를 들면, 평균적인 미국인은 '일주일에 약 40시간'을 텔레비전을 보는 데 쓴다.[5] 이것은 직장에 정식 출근하면서 보내는 시간과 비슷하다. 이에 비해 걷거나 달리거나 역기를 드느라 일주일에 두 시간을 조금 넘는 140분을 쓰는 것은 시간 면에서나 노력 면에서나 그렇게 큰 희생이 아니다. 그 대가로 얻는 막대한 이익을 생각한다면 더욱 그렇다. 그러니 이 문제에 대해서는 여러분은 변명할 말이 없다. 무릎이 아프거나 다리가 불편하거나 아예 다리가 없더라도 문제가 되지 않는다. 거의 누구나 뭔가를 할 수 있다. 할 만한 운동이 도저히 떠오르지 않으면, 매일 저녁 좋아하는 텔레비전 프로그램을 보는 동안 30분 정도 짬을 내 거실에서 거수 도약 운동이나 팔굽혀펴기를 해보라. 운동을 하기 전에는 뇌가 짙은 안개 속에 갇혀 있다. 그러니 운동을 통해 뇌를 자유롭게 하라.

학교에 다니는 어린 학생들을 조사한 미국 질병통제센터의 보고서에 따르면, "육체 활동이 성적과 표준 고사 점수를 포함해 학업 성취 향상에 도움이 된다는 실질적인 증거가 있다."[6] 연구자들은 또한 육체 활동이 어린 학생들에게 주는 혜택에는 "교실에서의 수업 태도 개선뿐만 아니라, 집중력과 주의력 향상"도 포함된다는 사실을 발견했다. 소득이나 문화와 상관없이, 주로 앉아서 지내고 좋은 연료를 공급받지 못해 정상이 아닌 몸에서 기능을 제대로 발휘하지 못하는 뇌는 강한 바람을 안고 오르막길을 힘겹게 오르는 것과 같다.

잘 먹는 것과 마찬가지로 육체 활동도 부담스럽게 생각할 필요가 없다. 육체 활동을 즐겁게 생각하도록 노력하라. 그러면 자기도 모르게 어느새 육체 활동이 습관으로 굳어져 있을 것이다. 예를 들면, 내게 운동은 하도 오랫동안 삶의 일부로 자리 잡아왔기 때문에 이제 나는 운동을 끊으려야 끊을 수가 없다. 운동은 나 자신의 일부가 되었다. 달리기나 역기를 드는 운동을 3~4일 하지 않으면, 나는 기분이 착 가라앉는다. 나는 동기와 확신을 얻기 위해 뇌과학 분야에서 나온 최신 연구를 참고하기도 한다. 예를 들어 20대 때 나는 에베레스트 산을 정복한 것과 같은 느낌을 줄 만큼 엄청난 양의 운동을 할 시간이나 에너지가 없으면 운동을 아예 거르곤 했다. 하지만 지금은 과학 덕분에 단 20분만 걷거나 천천히 뛰기만 해도 뇌와 몸에 여러 모로 도움이 된다는 사실을 알고 그렇게 하려고 노력한다. 아무것도 하지 않는 것보다는 뭔가를 하는 것이 낫다. 나는 글을 쓰거나 읽을 때에도 가능하면 서서 하려고 하는데, 몇 시간 동안 계속 앉아 지내는 습관은 장기적으로 건강에 나쁘다고 밝혀졌기 때문이다.[7] 『브레인 룰스』라는 책을 쓴 뇌과학자 존 메디나John Medina는 서거나 움직이는 것과 뇌의 건강 사이에 밀접한 관계가 있다는 사실에 깊은 인상을 받아 자기 사무실에 트레드밀을 갖다놓고 거기다가 랩톱 컴퓨터를 결합함으로써 걸으면서 일을 한다.[8] 그는 걸으면서 자판을 두들기고 마우스를 클릭하는 데 적응하는 데에는 15분이면 충분하다고 말한다. 어떤 사람에게는 미친 짓으로 보일지도 모르지만, 이것은 충분히 일리가 있다.

우리는 하루 12시간씩 의자에 붙박여 지내도록 진화한 게 아니라, 직립 자세로 활동하도록 진화했다는 사실을 기억하라. 메디나는 만약 사회가 과학이 발견한 사실을 받아들이고 실천에 옮긴다면, 미래의 사무실과 교실에 혁명이 일어날 것이라고 상상한다. 그는 이렇게 설명한다.

"만약 뇌가 잘하는 것에 완전히 역행하는 교육 환경을 만들려고 한다면, 교실과 같은 것을 설계할 겁니다. 만약 뇌가 잘하는 것에 완전히 역행하는 기업 환경을 만들려고 한다면, 칸막이로 둘러쳐진 좁은 방과 같은 사무실을 설계하겠지요."⁹

『처음 20분: 놀라운 과학이 운동을 더 잘하고 훈련을 더 현명하게 하고 더 오래 살 수 있는 방법을 밝혀내다』의 저자인 그레첸 레이놀즈Gretchen Reynolds는 이 책을 쓰면서 자신이 면담한 모든 과학자들은 적어도 한 가지 공통점이 있다고 지적했다.

"이 주제에 관해 나와 대화를 나눈 과학자는 모두 다 운동을 한다. 어떤 사람은 달리고, 어떤 사람은 걷는다. 자전거를 타는 사람도 일부 있다. 테니스도 인기가 좋다. 어쨌든 가만히 앉아서 지내는 사람은 아무도 없다. 그들은 충분히 많은 것을 알고 있기 때문이다."¹⁰

나는 이 사실이 전혀 놀랍지 않다. 우리가 어떤 존재인지, 하나의 종으로서 우리는 어디서 유래했는지, 그리고 뇌와 신체가 기능을 잘 수행하고 기분 좋은 상태를 유지하고 오래 살도록 하는 데 육체 활동이 어떻게 도움을 주는지 과학이 밝혀낸 것을 이해한다면, 가만히 앉아 있기 힘들 것이다. 나는 위의 여러 문단을 서서 썼다.

# 잠

잠이 중요하다는 사실은 모두가 잘 안다. 그런데 잠이 뇌에 얼마나 중요한지 제대로 알고 있는가? 친구들과 어울리기 위해 혹은 텔레비전을 보기 위해 밤늦게까지 깨어 있으면, 뇌는 심한 고통을 받는다. 잠을 몇 시간 덜 자면, 크로케 나무망치로 머리를 세게 때리는 것에 해당하는 손상을 입을 수 있다. 잠이 부족하면 집중력과 주의력, 학습 능력, 문제 해결 능력, 기억력 등이 떨어질 수 있다. 특히 회의론자가 되길 원하는 사람이 신경을 써야 할 사실이 있는데, 피곤한 뇌는 추론하고, 주장을 평가하고, 나쁜 믿음의 정체를 들춰내는 능력이 크게 떨어진다.

휴식을 잘 취한 뇌는 정신이 초롱초롱한 뇌이다. 반면에 잠을 제대로 못 잔 뇌는 흐리멍덩한 뇌이며, 어떤 경우에는 위험한 뇌이다. 미국교통 안전국의 조사에 따르면, 미국에서 졸음운전 때문에 발생하는 자동차 사고는 경찰에 보고되는 것만 연간 10만 건에 이른다. 이 사고들로 사망자 1500명 이상, 부상자 7만 1000명 이상이 발생하며, 금전적 손실은 120억 달러가 넘는다.[11] 책임 있는 사람이라면 술에 취한 상태로 직장이나 학교에 가거나 음주 운전을 하려는 생각은 절대로 하지 않을 것이다. 하지만 뇌가 수면 부족 상태에 빠진 채 직장과 학교에 가거나 졸음운전을 하는 사람은 얼마나 많은가?

잠에 관한 문제에서 한 가지 어려운 점은 잠을 얼마나 자야 충분한지 과학자들도 정확하게 모른다는 사실이다. 개인에 따라 편차가 너무 심하고, 또 잠과 관련된 요인이 너무나도 많아서, 일률적으로 모든 사람에게 몇 시간의 수면이 가장 좋다고 확실하게 말할 수 없다. 7~9시간이 적당해 보이지만, 6시간만 자도 괜찮은 사람이 있고, 10시간 이상 자야 하는 사람도 있다. 자신에게 적절한 수면 시간이 얼마이건, 그것을 알아내 거기에 맞춰 생활 리듬을 조절할 필요가 있다. 자신에게 필요한 수면의 양을 가장 간단하게 알 수 있는 방법은 몇 주일 동안 간단한 수면 일기를 기록하는 것이다. 그저 매일 밤에 몇 시간씩 잤는지, 그리고 낮 동안 컨디션이 어땠는지 기록해나가기만 하면 된다. 시간이 지나면, 이 기록은 잠을 잔 시간에 따라 낮 동안에 정신이 얼마나 맑고 생산적이었는지 알려줄 것이다.

일을 하다가 오후에 잠깐 낮잠을 자는 것도 좋다. 뇌는 낮잠을 좋아한다. 잠을 잘 그리고 충분히 자는 것은 음식을 잘 먹고 육체 활동을 활발히 하는 것만큼 중요하다. 잠을 충분히 자지 않으면 뇌가 제 기능을 발휘하지 못한다. 이것만으로는 잠을 잘 자야 할 필요성을 충분히 느끼지 못한다면, 잠 때문에 심한 고통이나 심지어 죽음까지 당할 수 있다면 어떤가? 장기간 잠을 충분히 자지 못하면, 다양한 질병에 걸리거나 일찍 죽을 위험이 커진다. 수면 부족은 심장병, 암, 당뇨병, 뇌졸중, 비만의 위험을 크게 높인다.[12]

잠을 자는 동안 뇌가 무슨 일을 하는지는 아직도 많은 것이 수수께끼로 남아 있다. 잠을 자는 동안 뇌가 아무 일도 하지 않고 그냥 쉬는 것으로는 보이지 않는다. 뇌과학자 메디나에 따르면, 잠자는 동안에도 뇌는 많은 활동을 하는데, 아마도 낮 동안에 학습하고 경험한 것을 재생하는 것으로 보인다.[13] 이 모든 활동은 기억을 분류하고 미래의 사용을 위해 정리하는 데 필요한 것으로 보인다. 잠자는 동안 뇌가 무슨 일을 하건, 그 일은 우리가 다음 날을 살아가는 데 아주 중요하다. 어쨌든 수면 부족이 정신적 과정에 아주 해로운 효과를 미친다는 점은 의심의 여지가 없다. 그러니 불을 끄고 일찍 잠자리에 들도록 하라!

## 쓰지 않으면 사라진다

나는 1년 내내 이상적인 균형을 유지하며 살려고 노력하지만, 이 목표를 달성하는 데 결코 성공하지 못한다. 예를 들어 책을 쓰다가 마감이 두 달 앞으로 다가오면, 마감의 압박 때문에 육체 활동의 질과 양이 현저하게 떨어지는 것은 어쩔 수가 없다. 그래도 매일 평균 30분 정도의 육체 활동은 하지만(이마저 하지 않으면 뇌가 제대로 돌아가지 않고 기분이 엉망이 된다), 마감이 임박하면 내 생각과 시간과 에너지는 온통 책으로만 쏠린다. 달리는 거리는 급격하게 줄어들고, 체육관에서 무거운 역기로 격렬한 운동을 하던 시간도 가벼운 역기로 소심하게 운동하는 시간으로 바뀐다. 그러다가 책을 끝내고 나면, 나는 최고의 힘과 지구력을 추구하는 고강도 운동을 재개하는 생활로 되돌아간다. 내가 아무리 원하더라도, 처음부터 끝까지 늘 최선의 상태로 살아갈 수는 없다. 어쩌면 그렇게 살아가려고 시도하지 않는 게 현명할지 모르기 때문에, 나는 이 점에 대해 별로 염려하지 않는다. 나는 이것을 내 생활 리듬이라고 받아들인다. 나는 최적의 상태를 잃은 것에 대해 기분 나빠하는 대신에 책을 끝마치고 나서 그것을 되찾기 위한 운동의 도전을 기대하게 되었다.

내가 겪는 이 주기는 1년 내내 매일 계속 읽고 생각하고 배워야 할 필요성을 깨닫게 해주었다. 뇌도 하나의 '근육'인데, 나는 이 근육이 축 늘어져서 약해지길 원치 않는다. 뇌에게는 시즌 종료도 휴식 시간도 없다. 나는 책을 쓰는 일에 몰두하지 않을 때에도 조사하고, 배우고, 탐사하고, 의문을 품고, 생각하고, 뭔가를 끼적이는 활동을 계속하려고 노력한다. 그 덕분에 나는 내 뇌를 최선의 상태나 그것에 가까운 상태에서 계속 기능을 발휘하도록 할 수 있다. 나는 뇌의 '컨디션을 회복'해야 할 필요를 느끼지 않길 바라는데, 뇌는 매일 살아가는 데 아주 소중하고 꼭 필요하기 때문이다. 나는 전반적인 건강과 행복을 위해 뇌가 항상 최상의 상태로 기능하길 원한다.

알약이나 물약으로 뇌를 총명하고 건강하게 만들어준다고 약속하는 사기꾼의 말에 현혹되어서는 안된다. 과학자들은 실제로 효과가 있는 것은 '학습'과 '발견'의 형태로 주는 자극이라는 사실을 발견했다. 인간의 뇌는 일종의 유기물 기계로, 학습과 사고를 늘 하도록 요구받을 때 가장 잘 작동한다. 뇌는 가동을 하다가 멈추기보다는 항상 가동 상태에 있길 원하는 엔진이다.

아기의 뇌가 세상을 탐험하고 경험하고 새로운 것을 배울 필요가 있다는 사실은 누구나 안다. 하지만 '어른'의 뇌 역시 탐험하고 경험하고 새로운 것을 배울 필요가 있다는 사실은 잘 모른다. 그러지 않으면, 뇌는 시들고 약해진다. 하지만 곰곰이 생각해보면, 이것은 당연해 보인다. 사실, 어떤 것을 잘하려면 그것을 자주 해야 하지 않는가? 달리기를 잘하려면, 달리기를 열심히 해야 한다. 그러니 생각을 잘하는 뇌를 갖고 싶다면, 생각을 하라!

뼈와 근육과 마찬가지로, 뇌도 정신노동의 형태로 적절한 스트레스를 받아야 강해지고 능력이 발전한다. 그리고 뼈와 근육과 마찬가지로, 스트레스를 거의 받지 않으면 뇌도 약해지고 위축된다. 일부 연구들에서는 언어를 두 가지 이상 알면, 뇌가 정보를 처리하는 능력이 전반적으로 향상된다는 결과가 나왔다.[14] 여러 언어를 왔다 갔다 하며 정보를 처리하는 과정에 뇌를 총명하고 건강하게 유지하는 데 도움을 주는 요소가 있는 것으로 보인다. 심지어 여러 언어를 아는 것은 노년층에서 알츠하이머병 발병을 몇 년 이상 늦추는 효과도 있는 것으로 보인다.[15] 다른 연구들에 따르면, 저글링처럼 새로운 기술을 배우는 행동은 뇌 세포들 사이의 연결을 증진시킨다고 하는데, 뇌 세포들 사이의 연결은 바로 생각을 잘하는 데 아주 중요하다. 비단 저글링뿐만이 아니라, 어떤 것이라도 새로운 기술에 도전하기만 하면 된다. 그저 새로운 것을 배우고 익히려고 노력하기만 하면, 뇌를 발전시킬 수 있다.[16]

　신경과학자들이 '백색질' 또는 '백질'이라 부르는 연결 부위들은 뇌의 건강에 아주 중요하다. 연결 네트워크가 훌륭할수록 뇌가 더 효율적으로 기능한다. 백색질이 그토록 좋은 것이라면, 그것을 더 많이 가지도록 노력하는 게 좋지 않을까? 하지만 그것은 건강식품 가게에 진열된 병에서는 발견할 수도 없고, 광고에서 본 전화번호로 전화를 걸어도 구할 수 없다. 그것은 전통적인 방식을 통해 얻을 수밖에 없다. 그것은 바로 새로운 것을 배우는 것이다.

　새로운 도전 과제는 백색질의 성장을 자극하며, 여기서 생긴 긍정적인 효과는 말년에 이르기까지 도움을 준다.[17] 여가 시간에 스와힐리 어를 배우거나 점심시간에 볼링 핀을 가지고 저글링을 하는 것에 흥미를 느끼지 못한다 해도 염려할 것 없다. 발견하고 배울 것은 온 우주에 무한히 널려 있기 때문이다. 망원경이나 현미경을 하나 장만해 탐사를 시작해보라. 점토를 가지고 조각을 배우는 것은 어떤가? 스케치를 하거나 수학을 배우

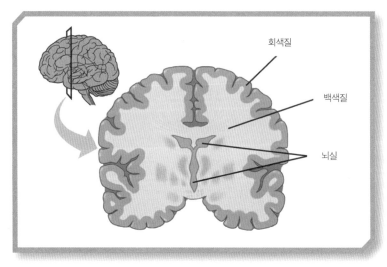

회색질

백색질

뇌실

나이가 들면서 뇌의 특정 부분들에서 백색질 및 회색질의 기능이 저하되면
인지능력이 감소된다. ⓒ Ryan Cross the Science Boss

거나 악기를 배우는 것도 괜찮다. 어떤 방식으로건 뇌에 새로운 자극을
주기만 하면 된다. 그리고 이 모든 활동에 부수적으로 따르는 혜택이 하
나 있는데, 바로 인생이 풍요로워지는 것이다. 배우고 경험하는 것이 많
을수록 인생이 더 풍요로워진다.

　독서가 우리에게 좋다는 것은 전혀 놀라운 사실이 아니다. 독서는 지식
습득을 통해 삶을 풍요롭게 할 뿐만 아니라, 뇌의 발달과 장기적 정신 건
강에도 도움이 된다. 과학자들은 독서(그리고 글쓰기)가 뇌의 '구조적 통합
성'을 보존하는 데 도움이 된다는 증거를 발견했다.[18]

　스승이 학생에게 미치는 영향력도 과소평가해서는 안 된다. 대학 시절
에 내가 가장 존경했던 닉 원Nick Wynne 교수님은 어느 날 나를 가까이 부

르더니, "자넨 부단히 독서를 할 필요가 있네."라고 말했다. 나는 그 조언에 동의하면서 고개를 끄덕였다. 나중에 기숙사 방으로 돌아온 나는 '부단히'가 무엇을 뜻하는지 찾아보았다. 그렇다고 내 독서 습관이 하루아침에 바뀌진 않았지만, 교수님의 그 한마디는 내 마음속에 깊이 아로새겨졌다. 지금 와서 생각해보니, 윈 교수님은 실제로는 "가이, 넌 지금 영원히 멍청이가 될 위험에 처해 있어. 여자 꽁무니 쫓아다니는 일을 좀 줄이고, 책을 더 읽으란 말이야!"라고 말하고 싶었겠지만, 그것을 부드럽게 표현한 것이 아닌가 싶다.

어쨌든 중요한 것은 그 한 마디가 내게 큰 영향을 미쳤다는 사실이다. 나는 어머니와 함께 도서관을 자주 다닌 덕분에 어릴 때부터 책을 아주 좋아했지만, 교수님의 말이 옳았다. 나는 독서에 좀 더 몰두할 필요가 있었다. 그리고 몇 년 지나지 않아 나는 부단히 독서를 하는 사람이 되었다. 지금은 어디를 가든지 항상 책을 들고 다닌다. 차에는 따로 여분의 책이 있는데, 혹시 책이 필요한 상황에 대비한 것이다. 나는 불가피하게 응접실에 앉아 기다리거나 줄을 길게 서야 하는 상황에도 만반의 준비가 돼 있다. 긴 비행기 여행은 어떤 사람들에게는 아주 지루한 일이겠지만, 내게는 환상적인 공중 도서관에서 독서하는 시간이다.

더 많은 책을 읽으려고 한 주요 동기는 배우는 것이었지만, 나는 독서가 몇 년 전에는 상상도 못 했던 방식으로 내게 큰 혜택을 준다는 사실을 알게 되었다. 독서는 뇌에게 조깅이나 수영을 시키는 것과 같다. 독서하는 피험자의 뇌를 촬영한 결과, 독서하는 동안 뇌가 독특한 운동을 활발하게 하는 것으로 밝혀졌다. 과학자들은 정상적으로는 독서와 아무 관계가 없는 뇌 지역으로 흐르는 혈액의 양이 '예상 밖으로 극적으로' 증가한다는 사실을 발견했다.[19] 독서는 새로운 정보의 습득을 넘어서서 더 많은 혜택을 주는 것처럼 보인다. 그러니 '부단히' 독서를 하도록 노력하라.

하지만 평생을 책에만 파묻혀 보낼 생각은 하지 말라. 저 밖의 세상에도 알아야 할 것이 무진장 널려 있다. 그것들을 경험하는 것 역시 뇌에 좋다. 그러니 정기적으로 밖으로 나가 자연계와 연결하려고 노력하라. 산이나 사막, 숲, 연못, 해변을 찾아가라. 우리는 완전히 문명화되고 청결한 위생 상태에서 살아간다고 생각하지만, 우리는 여전히 야생에서 살아가는 동물이다. 흙, 식물, 나무, 야생 동물, 하늘은 여전히 우리에게 중요하다. 이런 것들은 뇌의 기분을 좋게 한다. 뇌를 위해 정기적으로 할 수 있는 일 중 하나는 야외로 나가 운동과 생각과 자연을 하나로 결합하는 것이다. 전에 가본 적이 없는 산길이나 해변의 길을 따라 열심히 걷거나 뛰는 것은 뇌를 위한 기적의 강장제에 가까운데, 도중에 특이한 식물이나 곤충을 발견하면 사진으로 찍어 집으로 돌아온 뒤에 연구를 할 수도 있다. 이런 활동을 하며 보낸 하루는 뇌에 아주 좋은 시간이 될 것이다.

새로운 나라로 여행하는 것도 뇌에 아주 좋은 자극을 준다. 비용이나 안전 문제 때문에 지레 겁먹을 필요는 없다. 나는 남극 대륙만 빼고 모든 대륙을 방문하며 전 세계를 돌아다녔는데, 대부분의 여행을 혼자서 돈도 그다지 많이 들이지 않고 했다. 만약 마사지와 바닷가재를 즐기지 못하더라도 개의치 않는다면, 저렴한 가격에 안전하게 대부분의 나라를 여행하고 경험하는 게 가능하다. 그러니 짐을 꾸려 과감하게 먼 나라로 떠나보라. 이국의 냄새와 맛, 소리, 풍경을 경험하는 것만큼 뇌를 크게 자극하고 살아 있는 느낌을 강하게 주는 것도 없다.

국내에 머물건 해외로 나가건, 예술과 역사, 문화, 과학을 보존하고 전시하는 장소를 최대한 활용하라. 내게 박물관은 숭배하는 예배당과 같다. 물론 그곳에 전시된 인공 유물이나 그 밖의 기이한 물건을 내가 실제로 숭배하는 것은 아니지만, 정말로 훌륭한 유물이나 작품은 경외감과 감동을 불러일으킨다. 훌륭한 박물관 앞에서 입구를 향해 계단을 올라갈 때면 기대에 벅차 심장이 두근거린다.(이건 결코 농담이 아니다.) 훌륭한 박물관이 내게 불러일으키는 이 모든 흥분과 학습과 창조적 사고는 틀림없이 내 뇌에도 좋을 것이다. 한 장소에서 그토록 많은 정신적 자극에 둘러싸인 경험은 아주 즐거우며, 게다가 생각하는 기계를 건강하게 하는 데에도 아주 좋다. 나는 도시를 방문할 때마다 맨 먼저 가장 가까운 박물관으로 달려간다. 여러분도 한번 시도해보라.

배움의 즐거움과 혜택에 대해 의심을 품은 적이 있다면, 어린아이들을 살펴보라. 대부분의 아이들은 우리에게 큰 자극을 준다. 아이들은 자신의 뇌를 어떻게 사용해야 하는지 알며, 그렇게 사용하길 주저하지 않는다. 아이들은 배우길 원한다. 아이들은 '배워야' 한다. 아이들은 질문을 던진다. 아이들은 탐사를 하고, 실험을 하고, 만지고, 상상한다.

나는 초등학생과 중학생에게 과학과 역사를 가르친 적이 있는데, 그들이 새로운 것을 발견하는 데에서 얼마나 큰 호기심과 흥분을 느꼈는지 결코 잊지 못한다. 수업 전후에 많은 학생들이 내게 달려와 일관성 없는 질문을 마구 던졌다. 그들은 새로운 것을 몹시 배우고 싶은 나머지, 하고 싶은 질문을 제대로 표현하려고 뇌의 속도를 늦출 줄 몰랐다. 이 어린이들은 내게 아주 오래 남는 자극을 주었다. 내가 얼마나 오래 살지 모르지만, 어리석게도 내가 모든 것을 다 보고 다 들었다는 생각은 절대로 하지 않을 것이다. 저 높은 바위 아래에 무엇이 사는지, 저 굽이 너머에 무엇이

기다리는지 알고 싶은 마음이 들지 않을 정도로 생각이 죽은 상태로는 절대로 살지 않을 것이다. 이런 태도는 내 뇌를 위해 아주 좋다.

평생 동안 배우고, 탐사하려는 태도를 버리지 말라. 꿈과 생각을 결코 멈춰서는 안 된다. 생각을 많이 할수록 생각을 더 잘할 수 있다. 더 많이 배울수록 더 많은 것을 배우길 원하게 된다. 이렇게 하면, 여러분은 분명히 평생 동안 자신에게 큰 도움이 될 경이로운 순환을 만들어낼 것이다.

# 잘 생각하라!

●●●●● 뇌는 우리를 위해 많은 일을 하지만, 대부분의 사람들은 뇌를 소홀히 하고 제대로 돌보지 않는다.

●●●●● 뇌를 제대로 돌보고 유지하려면, 영양 섭취가 중요하다. 잎이 많은 녹색 채소를 많이 먹고, 1일 음식 섭취량을 적절히 조절하는 등 건강에 도움이 되는 일들을 실천에 옮기려고 노력하라. 영양이 부족한 뇌는 생각을 제대로 할 수 없다. 영양이 나쁜 몸에 갇힌 뇌는 건강하게 작동할 수 없다.

●●●●● 뇌가 일을 잘하고 건강한 상태를 유지하려면, 잘 활동하는 몸 속에 있어야 한다. 일주일에 6일은 하루에 적어도 20~30분씩 어떤 종류의 운동이든 하는 게 중요하다.

●●●●● 뇌는 잠이 필요하다. 잠자는 동안 뇌가 정확하게 무슨 일을 하는지는 아직도 수수께끼로 남아 있지만, 무슨 일을 하건 잠이 중요하다. 졸음 상태에 있는 뇌는 제 기능을 발휘할 수 없다.

●●●●● 뇌가 기능을 제대로 발휘하고 건강한 상태를 유지하려면, 평생 동안 정신 활동을 활발하게 하는 게 중요하다. 새로운 기술을 배우면 뇌에서 새로운 연결들이 만들어지는데, 이것은 뇌의 전반적인 건강에 큰 도움이 된다.

인생의 의미는 바로 자신이 정하는 것이다.
다른 사람들이 만들어낸 망상이나
거짓말에 넘어가 인생을 낭비하지
않도록 경계하라.

— chap·5

# 잃을 것은
## 아주 적은 반면,
# 얻을 것은 우주 전체

훌륭한 회의론자가 되고 싶어도 몇 가지 의문 때문에 주저하는 사람들이 있다. *"이 때문에 뭔가를 잃지 않을까?", "과연 그럴 만한 가치가 있을까?", "내 믿음을 포기해도 과연 괜찮을까?"*와 같은 의문이 바로 그것이다. 이것들은 충분히 이해할 수 있는 불안이다. 나는 이런 불안을 묵살하거나 가볍게 여기지 않는다. 많은 사람들은 자신의 믿음에 과학과 이성의 뜨거운 빛을 비추는 것이 과연 좋은 생각인지 확신하지 못한다. 혹시라도 그랬다가 원치 않는 대가를 치르는 것은 아닐까 불안하기 때문이다.

　많은 사람들이 자신의 믿음과 주장을 사랑하는 이유는 그것이 제공하는 위안 때문이다. 어떤 사람들은 믿음이 없었더라면 인생을 따분하고 어둡게 살아갔을 텐데, 믿음 덕분에 인생이 밝아지고 활력을 얻었다고 생각한다. 그래서 자신의 믿음을 소중하고 대체 불가능한 활력의 원천으로 여긴다. 또, 어떤 사람들은 믿음이 자신의 인생에 의미를 부여한다고 말한다. 이 모든 이야기를 같은 사람이 하는 경우도 있다. 이들은 의심스러운 믿음을 하나 또는 둘 이상 믿는데, 거기서 위안과 흥분과 의미(사실상 모든 것)를 얻기 때문이다. 이런 식으로 생각하는 사람들은 단순히 믿음을 믿고 싶어서 믿는 게 아니다. 스스로 인정하듯이, 이들은 살아가기 위해 믿음이 '필요'하다. 그런데 과연 그럴까? 이들은 과연 자신들이 생각하는 것만큼 믿음에 크게 의존해 살아갈까?

내 생각이 틀릴 수도 있지만, 나는 인생에서 위안과 흥분과 의미를 찾을 기회를 얻으려고 옳지도 않은 주장을 굳이 믿어야 할 필요가 있다고 생각하지 않는다. 심령술이나 점성술을 비롯해 이상한 믿음을 철석같이 믿는 사람들이 언젠가 자신의 믿음이 완전히 틀렸다는 사실을 깨닫는다면, 심리적 공황 상태에 빠질지도 모른다. 하지만 그렇지 않을 수도 있다. 나는 자신의 믿음을 포기하고 나서도 건강하게 잘 살아간 사람을 많이 안다. 나는 거의 모든 사람은 환상적인 믿음이나 주장에 빠지지 않고도 인생의 어려움과 불확실성에 잘 대처해나갈 수 있을 만큼 충분히 똑똑하고 강하다고 생각한다. 내가 살아온 인생만 돌아봐도 그렇다. 다른 사람들이 맞닥뜨리는 어려움과 좌절을 피할 수 있을 만큼 내가 특별히 운이 좋았던 것은 아니지만, 지금까지 불합리한 믿음에 의존하지 않고도 자신을 잘 지켜왔다. 사실, 내가 인생의 온갖 스트레스에 잘 대처할 수 있었던 것은 내 머릿속에 나쁜 개념과 망상이 덜 차 있었기 때문이 아닌가 생각한다. 그 덕분에 나는 당면 문제에 집중할 수 있었고, 필요하면 도움이나 위안을 줄 수 있는 현실 속의 사람들에게 의지할 수 있었다. 하지만 이것은 나 한 사람의 개인적 사례에 불과하다. 이보다 훨씬 중요한 사례를 원한다면, 틀린 것이 분명한 주장들을 전혀 믿지 않고 살아가는 사람들이 전 세계에 수억 명이나 있다는 사실을 알려주고 싶다.

이들은 어떻게 그렇게 할 수 있을까? 이들은 어떻게 순전히 혼자 힘으로 그 일을 해낼 수 있을까? 그 방법은 바로 현실에 두 발을 딛고 살아가고, 최선을 다해 인생의 문제들에 대처하는 것이다. 이들은 무적의 초인이 아니다. 이들은 감정이 없는 벌컨족(Vulcan. 영화 〈스타트렉〉 시리즈에 나오는 외계 종족)이 아니다. 이들도 고통을 받고 실패를 한다. 손실을 견뎌내고 눈물을 흘린다. 하지만 이들은 모르는 것을 아는 체하지 않고, 설명할 수 없는 것을 굳이 지어낸 이야기로 설명하려고 하지 않으면서 살아가며 성공한다. 요컨대 이들은 성숙하고 용감한 사람처럼 행동한다. 유령이나 마술, 기적을 믿지 않으면서도 성공적으로 잘 살아가는 훌륭한 회의론자는 사람들이 뭔가를 믿어야 한다는 생각이 틀렸음을 입증하지는 않더라도, 그 생각에 분명히 의문을 제기한다.

미국의 성인 중 약 4분의 1이 점성술을 믿고, 37%가 유령이 나오는 집을 믿는다는 사실은 분명히 충격적이다.[1] 하지만 이 통계 자료의 이면을 볼 필요가 있다. 미국의 성인 중 75%는 '점성술을 믿지 않고도' 아침에 일어나 옷을 차려 입고 아무 문제 없이 하루를 잘 살아간다. 그리고 63%는 유령이 나오는 집을 '믿지 않고도' 인생을 즐겁게 살아간다. 전체적으로 미국인 4명 중 3명은 초정상적 주장을 적어도 한 가지 이상 믿지만, 이걸 뒤집어 생각하면 초정상적 주장을 전혀 믿지 않는 사람이 전체 미국인 중 4분의 1이나 된다.[2]

만약 인생을 제대로 살아가는 데 믿음이 아주 중요하다면, 그런 믿음이 없는 사람들을 어떻게 이해해야 할까? 이들은 모두 불쌍한 부적응자이거나 제 기능을 못하는 얼간이일까? 분명히 그렇진 않다. 그렇다면 이들은 우수한 뇌를 가지고 비합리적인 믿음을 뛰어넘어 진화한 우월한 종족일까? 그렇지 않다. 믿음에 얽매이지 않고도 잘 살아가는 사람들은 대부분 여느 사람들과 다름없는 보통 사람들이라고 가정하는 게 안전하다. 이들은 비판적으로 사고하고, 현실 세계에서 살아가려고 최선을 다하기로 마음먹었을지 모르지만, 그 점을 제외한다면 나머지 사람들과 다른 점보다 비슷한 점이 더 많다. 착하게 의미 있는 삶을 살아가는 데 필수 조건으로 강조되는 종교조차도 10억 명 이상이나 되는 사람들에게는 필요가 없다. 이들은 종교를 믿지 않거나 어떤 종교 단체에도 가입하지 않았다고 말한다.[3] 이중에서 5억~7억 명은 한 발 더 나아가 스스로를 무신론자나 불가지론자라고 말한다.[4] 나는 입증되지 않은 믿음이 사람들에게 위안과 흥분과 영감과 의미를 줄 수 있다는 사실을 의심하지 않는다. 다만, 매일 전체 세계 인구 중 상당수가 입증하듯이, 이런 것들은 현실에서도 충분히 찾을 수 있다고 생각할 뿐이다.

## 너무 특별해서 틀릴 리가 없다고?

회의론자가 맞닥뜨리는 큰 도전 한 가지는 어떤 믿음은 너무나도 특별해서 의문을 제기할 수 없다는 주장이다. 하지만 나는 이 세상에 진지하고 분별 있는 질문을 거부할 수 있는 존재는 아무것도 없다고 생각한다. 만약 어떤 '중요한' 믿음을 정직하게 분석하고 검토할 수 없다면, 그 믿음이 정말로 옳은지 어떻게 알 수 있겠는가? 어떤 것은 너무 진지한 것이어서 진지하게 다룰 수 없다고 말하는 것은 이치에 맞지 않는다. 중요한 것일수록 철저한 조사와 분석의 강도를 높여야지 반대로 낮추어서는 안 된다. 하지만 많은 사람들은 이에 동의하지 않는다. 이들은 어떤 믿음은 너무나도 특별해서 틀릴 리가 없으므로 의문을 품어서는 안 된다고 말하는데, 만약 그 믿음이 무너진다면 너무나도 많은 사람들이 그와 함께 무너질 것이기 때문이다. 물론 나는 이에 동의하지 않으며, 따라서 나는 특별하거나 중요하다는 특정 주장이나 믿음에도 회의론적 사고를 적용하라고 적극 권장한다.

매일 나는 이런저런 비합리적 믿음 때문에 끔찍한 일이나 가슴 찢어지게 불행한 일이 일어났다는 뉴스를 접한다. 회의론은 그런 불행이나 비극을 예방하고 치료할 수 있는 방법이다. 오늘날 여기저기서 돈 때문에 생기는 어려움이 많은데, 세상은 모든 어린이에게 먹을 것과 백신을 제공할 만큼 충분히 많은 돈을 끌어모으지 못하는 것처럼 보인다. 하지만 현재 인류는 매년 점쟁이와 돌팔이 의사, 그 밖의 터무니없는 일에 수천억 달러를 쓰고 있다. 또한, 우리는 늘 시간이 없고 피곤한 것처럼 보이지만, 어찌 된 영문인지 실제로 존재하지 않거나 일어날 가능성이 없는 것들에 대해 걱정할 시간과 에너지는 남아도는 것처럼 보인다.

왜 우리는 이런 식으로 스스로를 올가미로 옭아매고 있을까? 지금은 21세기이다. 지금쯤은 회의론적 사고가 모든 사람의 상식으로 자리 잡고 있어야 마땅한데, 현실은 그렇지 않다. 과학적 과정이 사실과 허구를 구별하는 데 아주 효과적이라는 사실은 금지된 지식이 아니다. 오늘날에는 사실상 누구나 어느 정도 과학에 의존해 살아간다. 그러니 과학적 사고에 좀 더 의존하는 게 좋지 않겠는가?

오늘날에는 비판적 사고를 하는 사람이 되어야 할 이유를 찾으려면, 많이 애쓸 필요도 없다. 텔레비전 뉴스만 봐도 약한 회의론 때문에 생겨난 인간의 불운과 불행이 넘쳐난다. "캘리포니아 주 프레즈노에 사는 한 남자는 영적 지도자의 말을 믿고 카펫 천을 2킬로그램이나 먹고, 코모도

왕도마뱀의 오줌을 3.5리터나 마셨다고 합니다! 중환자실에서 취재한 자세한 소식은 오늘 밤 11시에 NFL 경기 결과와 함께 전해드리겠습니다."

현대 세계는 제대로 생각을 하지 못해 징벌을 받은 사람들의 행렬이 줄줄이 이어지고 있다. 왜 사람들은 이 점을 인식하고 분별 있는 행동을 하지 않는 것일까? 혹시 두려워하는 것이라도 있을까? 뭔가를 기다리는 것일까?

회의론자가 되는 것은 결코 무서운 일이 아니다. 정작 무서운 것은 자신의 인생을 생각하고 결정하는 것을 다른 사람에게 맡기고서 모든 일이 잘 되길 바라는 것이다. 훌륭한 회의론자가 되어 현실을 받아들이는 것은 힘든 일이 아니다. 신앙 요법사에게 수입의 절반을 갖다바치고 나서 월세를 어떻게 마련할지 궁리하는 게 힘든 일이다. 그리고 의사에게서 이미 때가 늦었다는 말을 듣는 게 정말로 힘든 일이다. 의사는 의학에 의지해 여러분의 목숨을 살릴 수 있었지만, 영적 에너지를 우주와 조화시키느라, 그리고 미소를 지으며 병을 낫게 해줄 거라고 약속한 사기꾼에게서 산 수상쩍은 알약을 먹느라 지난 1년을 다 보내는 바람에 이제 여러분은 죽음을 맞이해야 한다.

불가사의한 현상에 대해 그럴싸한 답을 지어내고 증거도 없이 어떤 주장을 받아들이는 이 관습이 처음 시작된 이래 많은 변화가 일어났다. 우리는 400년도 더 전에 현미경과 망원경을 발명했으며, 그 후로 많은 것을 보았다. 이제 우리는 과학을 사용해 실제로 존재하는 것을 발견하고 가짜를 입증하는 방법을 알고 있다. 하지만 지금도 똑똑하고 선량한 사람들이 비합리적인 믿음의 노예로 살아가는 경우가 많다. 어떤 사람들은 신의 이름으로 다른 사람들을 증오하고 죽인다. 어떤 사람들은 도처에서 외계인이나 유령 또는 음모를 본다. 우리는 과학 덕분에 달까지 여행했지만, 지금도 수백만 명이 넘는 사람들이 과학을 거부하고, 별과 행성이 우리의 삶을 예언하는 마법적 능력을 지니고 있다고 믿는다. 도대체 어떻게 된 일일까? 왜 우리는 이런 터무니없는 생각에 빠질까? 한 과학자는 인류를 "구석기 시대의 감정과 중세의 제도와 신과 비슷한 기술"을 가진 존재라고 표현했다.[5] 이것은 단순히 표현에 불과한 것이 아니라, 경고이기도 하다. 점점 기술이 발전하면서 복잡해지는 미래를 향해 질주하는 우리에게 이것은 안정한 상황이 아니다. 2050년 무렵에는 지구에 살고 있는 사람의 수가 90억 명 이상에 이를 것이다. 우리가 무턱대고 아무거나 믿지 않고 더 신중하게 생각하는 종이 되어야 할 필요성과 의지를 인식하지 못한다면, 스스로 초래한 일련의 재앙, 그것도 갈수록 피해 규모가 점점 커지는 재앙을 피하기 어려울 것이다.

이 중대한 위기 앞에서 내가 할 수 있는 일은 사람들에게 훌륭한 회의론자가 되라고 적극 권장하는 것이다. 더 많은 사람들이 생각을 더 많이 할수록 우리 모두에게 더 좋은 결과가 돌아올 것이다. 회의론자가 많아질수록 비합리적인 믿음이 발을 붙일 데가 그만큼 줄어들 테고, 그러면 세상이 더 좋고 안전한 곳으로 변할 것이다.

물론 회의론이 모든 문제를 다 해결해주진 않는다. 하지만 많은 문제에 도움이 된다는 것은 확실하다. 이것을 회의론자와 신자 사이에서만 일어나는 싸움으로 보지 말았으면 한다. 나는 우리 모두가 이 싸움에 뛰어들었다고 생각한다. 환상에 빠지기 쉬운 행성에서 살아가는 이상 이것은 모두의 공통 관심사가 되어야 하는데, 환상에 빠진 사람들이 저지르는 행동에서 발생하는 피해는 모든 사람에게 돌아가기 때문이다. 뭔가를 믿는 사람들도·오늘날 비합리적인 믿음이 너무나도 많이 널려 있다는 주장에 동의할 것이다. 자신의 믿음에 대해서는 아무 문제를 못 느낄지 몰라도, 다른 사람들의 믿음이 문제가 있고 위험하다는 사실은 분명히 안다. 바로 여기에 모두가 동의할 수 있는 공통의 기반이 있다. 예를 들면, 나는 신자와 회의론자를 포함해 대부분의 사람들이 아프리카에서 기독교인이 '어린이 마녀'를 고문하고 살해하거나 인도에서 힌두교도가 '마법사'를 학대하고 죽이는 행위는 범죄이자 비도덕적이며 완전히 무분별한 짓이라는 데 동의하리라고 확신한다. 만약 그렇다면, 과학과 이성을 장려하는 것은 모두 함께 지지할 수 있는 공통의 기반이다. 마찬가지로, 오늘날 세계 각지에서 수많은 여성이 공공연히 남성의 사유 재산처럼 취급받고 있다. 이들은 남성에게 억압받고 매를 맞고 심지어 살해당하기까지 하는데, 그러한 남성은 자신의 그런 행동을 종교가 허용한다고 믿는다. 하지만 훌륭한 회의론자라면 그런 신앙에 당연히 의심을 품을 것이다. 이런 폭력 행위는 또 한 가지 공통의 기반인데, 신자나 회의론자나 모두 합리적 사고를 적극 장려해야 할 이유가 된다.

## 건설적 낙관주의

대부분의 훌륭한 회의론자는 선의를 가진 신자와 전쟁을 벌일 생각이 없다. 나 역시 그렇다. 나는 나쁜 믿음을 미워하되, 그것을 믿는 선량한 사람을 미워하진 않는다. 이는 말라리아를 미워하되, 말라리아에 감염된 사람을 미워해서는 안 되는 것과 같다. 내가 장려하는 회의론은 건설적이고 낙관적인 것이다. 나는 모두를 위해 더 나은 세상을 만드는 일을 도움으로써 '건설적'이 되려고 노력한다. 나는 '낙관주의자'이기 때문에, 우리 종은 더 합리적으로 변할 잠재력이 있다고 생각한다. 그래서 사람들이 자신이 소중하게 생각하는 믿음을 잃을까 봐 질문을 던지거나 증거를 요구하는 게 불편하다고 말할 때, 나는 그들의 염려를 충분히 이해하지만, 입증되지 않은 믿음들이 그동안 세상에 어떤 일을 했고 지금도 계속하고 있는지 주저하지 않고 설명한다. 나는 회의론적 태도가 주는 혜택도 이야기한다. 나는 믿음의 상실을 두려워하는 신자들의 불안을 과소평가하지 않는데, 그 믿음은 당사자에게는 아주 진지한 것이기 때문이다. 회의론적 사고를 하면, 분명히 잃는 것이 생긴다. 하지만 그렇게 해서 잃는 것은 상대적으로 대단치 않은 것이며, 대신에 '모든 것'을 얻을 수 있다.

왜 많은 사람들은 회의론자가 되길 주저하거나 그것에 관심을 보이지 않을까? 많은 사람들은 회의론을 받아들였다가 사회적 기반을 잃을까 봐 두려워한다. 만약 새로운 사고방식이 그동안 자신을 따뜻하게 감싸주던 미신의 담요를 벗긴다면, 그들은 차가운 바깥 공기에 그대로 노출될 뿐만 아니라, 갑자기 친구도 가족도 공동체의 지원도 없이 외로운 상태가 되고 말 것이다. 그래서 믿음이 위안과 힘과 의미를 준다는 확신 외에도, 그런 믿음을 버리면 사회적으로 고립될지 모른다는 두려움을 느낀다. 이것은 결코 근거 없는 염려가 아니다. 믿음은 온갖 종류의 관계를 만들고 유지하는 사회적 접착제 또는 기반 역할을 한다. 하지만 입증되지 않은 믿음을 믿지 않아도 의미 있는 연결을 맺고 유지할 수 있는 방법이 아주 많다. 회의론적 태도를 유지한 채 성공적으로 살아가는 많은 사람들의 사례를 생각해보라. 이들이 모두 사회의 차갑고 어두운 변두리에서 은둔자로 살아가는 것은 아니다. 이들에게도 가족과 친구가 있다. 하지만 다른 사람들이 믿는 것을 믿지 않는다면, 집단이나 공동체에서 함께 살아가는 데 어려움이 있다는 사실은 부인할 수 없다. 훌륭한 회의론자는 매순간 철학의 차이로 충돌을 일으키거나 이런저런 것을 뒷받침하는 증거를 놓고 논쟁을 벌일 필요가 없다는 사실을 깨달아야 한다. 파티나 거리, 사무실에서는 '각자 자기 방식대로 살아가는 태도'를 존중하는 게 좋다. 예를 들면, 내 친구들 중에 기묘한 주장이란 주장은 모조리 다 믿는 것처럼 보이는 사람들도 있다. 나는 가끔 그들을 걱정하지만, 그래도 모든 점에서 정상적인 인간으로 존중한다. 그들과의 우정은 내 삶을 풍요롭게 한다. 가끔 그들의 믿음에 의문을 제기할 수는 있지만, 그렇다고 날이면 날마다 그 점을 심하게 지적하고 비판하고 싶은 생각은 없다. 그들에게 적절한 개념을 제시하면서 생각을 좀 해보라고 권할 수는 있지만, 그것을 받아들이느냐 마느냐는 궁극적으로 그들 자신에게 달려 있다.

도처에 환상적인 것들이 널려 있는 이 행성에서 훌륭한 회의론자의 앞길이 늘 순탄한 것만은 아니다. 하지만 항상 모든 일이 순탄하게 풀리는 사람이 있을까? 우리는 모두 살아가다가 한 번씩 돌부리에 발이 걸려 휘청거리곤 한다. 여기서 훌륭한 회의론자로 당당하게 살아가는 비법은 이런저런 장애물에도 굴하지 않고 계속 나아가는 것이다. 이런 문제는 회의론자만 겪는 게 아니다. 신자들 역시 남에게 받아들여지거나 거부당하는 문제에 맞닥뜨린다. 탈레반의 기도 모임에 참여해 자기주장을 하는 기독교인은 안전을 보장받을 수 있을까? 절대로 그렇지 않을 것이다. 누구나 살아가다 보면, 긴장을 초래하거나 갈등이나 거부를 겪는 순간을 경험한다.

친구를 잃거나 가족 간의 관계가 악화될까 봐 두려워 회의론자의 길을 포기한다는 것은 말이 안 된다. 물론 다른 사람들도 중요한 건 사실이다.

우리는 극단적인 사회적 동물이다. 하지만 두려움이나 불안 때문에 자신의 생각을 굽히거나 희생하는 것은 인간 클럽에서 회원 자격을 유지하는 최선의 방법이 아니다. 인간을 특별한 존재로 만드는 것은 바로 뇌이다. 그러니 그것을 적극적으로 사용해 훌륭한 회의론자가 되는 동시에 사회적 관계에 신경을 쓰도록 하라. 만약 아주 복잡한 상황에 처해 있다면, 예컨대 세상을 구할 용이 나타나리라고 믿는 사람들과 함께 섬에 고립되었고, 그 믿음을 의심했다간 그들에게 죽음을 당할지도 모른다면, 상식에 따라 침묵을 지키는 게 좋다. 만약 음식과 주거와 안전을 신자들에게 의존하는 장소에서 살아간다면, 그들의 주장이 허황된 것이라는 이야기는 굳이 할 필요가 없다. 그저 침묵을 지키면서 그들이 용 이야기를 하면 미소를 지으면 된다. 그러는 한편으로 자신의 독립적인 사고에 자부심을 느끼고, 그들처럼 허황된 믿음에 넘어가지 않은 것을 다행으로 여기면서 새로 살아갈 장소를 찾아보라.

## 짜릿한 자극을 찾는 사람들

자신의 믿음에 대해 이야기하는 사람들의 눈에서는 흥분이, 목소리에서는 열정이 넘치는 것을 자주 경험한다. 나는 수호천사나 로스웰 UFO 추락 이야기, 종말론 등을 믿는 사람들이 법석을 떠는 행동은 충분히 이해하지만, 이런 종류의 주장들에서는 대체 불가능한 가치를 찾을 수가 없다. 다른 곳에서도 그에 못지않게 짜릿한 자극을 얼마든지 찾을 수 있다. 게다가 실수나 망상, 거짓말에서 얻는 즐거움이나 짜릿함은 일종의 가짜 도취감이 아닌가? 물론 그것도 기분이 좋기는 하지만, 그 기분이 얼마나 오래가며, 또 나중에 어떤 대가를 치러야 하는가? 만약 짓궂은 장난을 좋아하는 사람이 내게 1등 당첨 번호가 인쇄된 가짜 로또 복권을 준다면, 나는 당첨 사실을 알고서 날아갈 듯이 기분이 좋을 것이다.(당첨금을 찾으러 가 진실을 알기 전까지는.) 앞서 느꼈던 황홀감이 과연 나중에 느낀 실망감과 분노를 상쇄하고도 남을 만큼 가치가 있을까? 마찬가지로 술이나 마약에 취하면 한순간은 기분이 좋겠지만, 매일 그런 식으로 살다가는 결국 자신을 파괴하고 인생을 망치고 말 것이다.

믿음이 인생에 활력소를 더해줄 수 있다는 사실은 부인하지 않겠다. 하지만 이런 믿음이 인생의 따분함을 피할 수 있는 유일한 방법이거나 최선의 방법이라는 주장은 받아들일 수 없다. 물론 놀랍거나 기이한 것을 믿으면 재미와 흥분을 느낄 수 있다. 하지만 짜릿한 흥분을 느낄 수 있다고 해서 증거와 논리적 근거가 부족한 믿음을 받아들이는 것은 스스로를 속이는 행동으로밖에 보이지 않는다. 그것은 눈을 감고 앞마당에서 원을 그리며 돌면서 롤러코스터를 타고 있다고 상상하는 것과 같다. 굳이 이렇게 가식적인 행동을 할 필요가 있는가? 그냥 눈을 뜨고 진짜 롤러코스터를 찾으러 가는 게 낫지 않은가?

나는 무엇을 믿는 사람들이 현실의 기회에 얼마나 큰 관심을 보이는지 궁금하다. 과학으로 탐지하거나 측정하거나 확인할 수도 없고 보이지도 않는 신비의 힘에 왜 그토록 매달릴까? 성운이나 블랙홀처럼 아주 신기하면서도 실제로 존재하는 것들이 현실에 얼마든지 널려 있는데 말이다. 훨씬 기이한 동물들이 평생 동안 찾아도 다 찾지 못할 만큼 사방에 많이 널려 있는데, 왜 굳이 전설의 괴물을 찾으려고 그렇게 애쓸까? 우주는 궁극적인 테마파크이며, 우리의 뇌는 그곳을 마음껏 즐길 수 있는 골든 티

켓이다. 우주는 무한한 즐거움과 신비가 널려 있는 장소이다. 여러분이 어디에 있고 어디를 보느냐에 따라 우주는 많은 위안과 위험을 제공한다.

나는 어린 시절에 플로리다 주에서 살 때, 내가 탐사하던 외딴 해변으로 휩쓸려온 애기백관해파리Portuguese man o'war를 본 기억이 난다. 나는 그 기묘한 동물에 푹 빠졌다. 애기백관해파리는 그때까지 본 생물과는 너무나도 다르게 생겨 외계 생명체 같은 느낌을 주었다. 그것은 괴물 같으면서도 아름다웠다. 보면 볼수록 그것은 이곳 지구의 생물이 아닌 것 같은 느낌이 들었다. 애기백관해파리는 공기가 가득 차고 자주색을 엷게 띤 투명한 공기 주머니(전문 용어로는 부유기라고 함)를 이용해 물 위로 떠다닐 수 있다. 부유기의 모양은 효율적인 돛처럼 생겨 바다 위에서 수십 킬로미터를 여행하는 데 편리하다. 나는 오싹할 정도로 기이하게 생긴 자주색 촉수를 보고 경탄을 금치 못했다. 그것을 잠깐 만지면 얼마나 아플지 상상해보려고 했다. 하지만 그 답을 알아보려는 시도는 하지 않기로 했다. 나는 그 당시 이미 SF를 좋아했기 때문에 외계 생명체는 많은 관심사 중 하나였는데, 이 생명체는 나의 흥미를 확 자극했다. 물론 나는 애기백관해파리가 지구의 생명체란 사실을 알고 있었지만, 그 기이한 구조를 보고 나서 다른 세계에 사는 생명체는 어떻게 생겼으며, 이곳 지구에는 왜 이토록 다양한 생명체가 사는지 더 깊이 생각하게 되었다.

나는 외계 생명체가 모든 사람에게 큰 충격을 줄 정도로 기묘하게 생겼을 것이라는 주장에 동의하지 않는다. 왜냐하면, 이미 지구에 엄청나게 다양한 생명체가 살기 때문에, 만약 어디선가 외계 생명체를 발견한다면, 동물학자나 미생물학자나 해양생물학자가 그것을 보고 "와, 이건 ……와 꼭 닮았잖아!"라고 이야기할 가능성이 높기 때문이다. 외계 생명체의 생

애기백관해파리 ⓒ Getty Images/이매진스

리적 기능과 그 작용 방식은 물론 우리가 아는 것과는 아주 다를 테지만, 그 모습은 지구상에 있는 어떤 생명체와 비슷할 가능성이 높다. 지구에 사는 생명체가 그만큼 놀랍도록 기묘하고 다양하기 때문이다. 마치 우주에 존재할 수 있는 모든 생명체가 이곳에 다 모여 있는 것처럼 보인다. 우리에겐 그저 그것을 알아보는 눈만 있으면 된다.

여기서 어른이 된 시절로 훌쩍 넘어가 이제 나는 카리브 해에서 아주 똑똑한 학생들에게 과학을 가르치고 있다. 우리는 바다 생물에 대해 이야기를 나누고, 나는 최근에 아주 깊은 바닷속에서 발견된 경이로운 동물들의 아름다운 컬러 사진들을 보여준다. 나는 아이들에게 많은 동물이 마치 지구의 생물이 아니라 외계 생명체처럼 생겼다고 이야기한다. 그 순간, 나는 먼 행성에 사는 생명체가 지구에 사는 어떤 생명체와 비슷하지 않을까 하는 생각이 떠올랐고, 나도 모르게 그 질문이 큰 소리로 입 밖으로 나왔다. 어쩌면 외계 생명체는 너무나도 다르게 생겨 지구에 그것과 비슷한 생명체가 전혀 없을 수도 있다. 어쩌면 유기물 안개로 이루어진 지적 구름의 형태로 존재할지도 모른다. 어쩌면 액체 상태로 함께 흘러다니면서 의식을 가진 하나의 거대한 바다를 이루고 있을지도 모른다. 어쩌면 그 '몸'이 우주의 광대한 공간에 퍼져 있는 원자들의 네트워크로 이루어져 있을지도 모른다. 혹은 외계 생명체는 전혀 존재하지 않을지도 모른다. 어쩌면 우리는 우주에서 최초로 나타난 생명체일지 모른다. 또, 어쩌면 마지막 생명체일지도 모른다.

나는 이런 질문에 대한 답을 모르지만, 이런 질문들을 던지고 가능한 답을 상상하길 좋아한다. 그날 우리는 비합리적인 믿음에 의지하거나 증거가 없는 주장을 받아들일 필요를 단 한 번도 느끼지 못했지만, 그 수업은 나와 학생들에게 아주 흥미진진한 시간이었다.

오래전 그 플로리다 주 해변에서 나는 애기백관해파리를 적어도 한 시간은 지켜보았을 것이다. 어린 시절에 그 한 시간은 10시간만큼 길었다. 나는 막대로 그 공기 주머니를 팍 터뜨리고 싶은 어린 꼬마의 충동을 억누르고, 대신에 해파리를 밀어서 도로 바다로 보냈다. 나는 그것이 죽었는지 살았는지 몰랐지만, 만약 살았다면 꼭 구해주고 싶었다. 그처럼 기묘하고 멋진 생명체는 살 가치가 충분히 있다고 생각했다. 그날부터 애기백관해파리는 내가 아주 좋아하는 해양 동물 중 하나가 되었고, 해파리 중에서는 첫 손가락을 꼽았다. 다만, 해파리가 아니라는 게 문제였지만.

나중에 나는 애기백관해파리가 내가 생각했던 것보다 훨씬 기이한 생물이라는 사실을 알게 되었다. 애기백관해파리는 진짜 해파리가 아닌 것으로 드러났다. 심지어 '한' 동물도 아니다. 애기백관해파리는 많은 개체들이 모인 '군체'이다. 개체들이 모여 떠다니는 육식성 요새를 이루고 있으며, 바다 위를 떠다니다가 물고기를 만나면 촉수에 달린 자포로 마비시켜 잡아먹는다. 또한, 나는 이 놀라운 동물은 공격을 받으면 공기 주머니에서 공기를 내보내 잠수함처럼 잠수할 수 있으며, 촉수의 길이가 때로는 30미터 이상까지 자란다는 사실도 알았다. 이 이야기에는 한 가지 교훈이 있다. 즉, 과학자처럼 생각하는 것은 끝없는 선물을 받을 수 있는 방법이다. 그것은 발견이 끝없이 이어지는 과정이다. 뇌가 그것을 받아들일 준비만 되어 있다면, 새로운 정보가 항상 흘러들어온다. 나는 지금도 어린 시절과 마찬가지로 호기심이 많다. 내가 뭔가에 대해 틀린 생각을 한 것으로 드러나더라도 나는 움츠러들지 않는다. 오히려 잘못을 바로잡음으로써 내 뇌가 개선된 것을 기뻐한다.

훌륭한 회의론자가 되려면, 이렇게 실수를 인정하고 더 나은 쪽으로 자신을 바꾸려는 의지가 중요하다. 평생 동안 과학적 태도를 따르려는 사람은 어쩔 수 없이 겸손해질 수밖에 없다. 나는 매일 새로운 것을 탐구하고 배우려고 노력한다. 더 많은 것을 배울수록 내 무지가 얼마나 깊고 넓은지 더 절실히 깨닫게 된다. 이것은 결코 나쁜 일이 아니다. 이 사실을 깨달으면, 삶이 더욱 흥미진진해진다. 나는 배우고 경험해야 할 것이 동나는 일이 결코 없으리란 사실이 무척 마음에 든다. 이것은 내가 좋은 증거도 없이 어떤 사건이나 능력 또는 괴물에 대해 늘어놓는 기묘한 주장에 아무 흥분도 느끼지 않는 이유 중 하나이다. 나는 실제로 존재하거나 존재할 가능성이 높은 경이로운 것들을 너무나도 많이 알기 때문에, 실제로 존재하지 않을 가능성이 매우 높은 것에 전혀 흥분을 느끼지 않는다.

## 크고 작은 경이

지구에 사는 미생물 중 대부분은 아직 우리에게 알려지지 않았다. 미생물의 풍부함과 중요성을 감안하면 이것은 아주 이상한 상황이다. 이것은 마치 바로 우리 옆에 평행 우주가 존재하는데, 우리가 그 세계를 제대로 모르는 것과 같다. 하지만 우리는 제한된 지식에도 불구하고, 이들이 지구에서 일어나는 일 중 상당 부분을 좌지우지한다는 사실을 알아냈다. 미생물이 없다면, 문명은 한 달 안에 붕괴하고 말 것이다. 우리 몸조차도 미생물이 없다면 제대로 기능할 수 없다. 미생물은 우리 주변과 우리 몸속에도 살 뿐만 아니라, 깊은 해저 바닥의 진흙 속에도 살고, 지표면에서 수 킬로미터 아래의 단단한 암석에도 살며, 심지어 하늘에 떠 있는 구름 속에도 산다. 만약 불가사의한 현상과 괴물에 관심이 있다면, 미생물을 자세히 살펴보라. 미생물 세계에는 그런 것들이 도처에 널려 있으니까. 나는 흙을 볼 때마다 개미를 전문적으로 연구했지만 그보다 훨씬 작은 생명체에도 큰 관심을 보였던 생물학자 에드워드 윌슨의 말이 떠오른다. 그는 만약 인생에서 다른 길을 택할 수 있다면, 미생물을 연구할 것이라고 말했다.

보통 흙 1g, 그러니까 엄지와 집게손가락으로 집을 수 있는 정도의 흙 속에는 세균이 약 100억 마리나 산다. 그 종수는 수천 종에 이르는데, 거의 대부분은 아직 과학계에 알려지지 않은 것들이다. 나는 현대 현미경학과 분자 분석 기술의 도움을 받아 그 세계로 들어갈 것이다. 나는 모래 알갱이들 사이에 무성 생식으로 자란 숲을 가로지르고, 상상의 잠수함을 타고 호수만 한 크기의 물방울 속을 여행하고, 새로운 생활 방식과 외계 생명체의 먹이 사슬을 발견하기 위해 포식자와 피식자를 추적할 것이다. 내 연구실에서 밖으로 열 걸음만 내디디는 것으로 이 모든 일을 다 할 수 있다.6

과학적 현실 대신에 초자연적 약속을 선택하는 사람들은 자신들이 무엇을 놓쳤는지 전혀 모른다. 예를 들면, 최근에 나는 데술포루디스 아우닥스비아토르*Desulforudis audaxviator*라는 세균이 캘리포니아 주 데스밸리 근처의 깊이 1.5킬로미터 되는 지하수에서 산다는 사실을 알았다.

이 세균은 몇 년 전에 남아프리카공화국에서 3킬로미터 이상 되는 지하에서 발견된 종과 동일한 종으로 보인다. 생명력이 질긴 이 세균은 수억 년 동안 햇빛이 전혀 비치지 않고 산소도 없으며 아주 뜨거운 환경(온

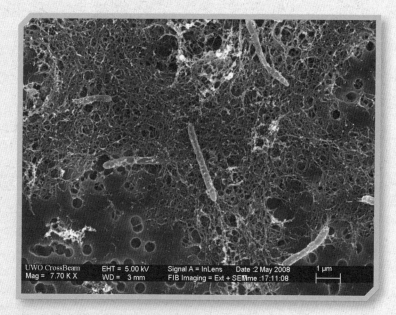

UWO CrossBeam    EHT = 5.00 kV    Signal A = InLens   Date :2 May 2008    1 μm
Mag =  7.70 K X    WD =   3 mm    FIB Imaging = Ext + SEM me :17:11:08

데술포루디스 아우닥스비아토르. '용감한 여행자'라는 뜻으로, 쥘 베른의 과학소설
『지구 속 여행』에 나오는 구절을 인용해서 명명되었다. (출처: NASA)

도가 약 60℃)에서 살아왔다. 더군다나 이 세균이 사는 곳 주변에는 다른 생명체나 유기 물질도 전혀 없다. 이 점은 아주 중요한데, 이 세균은 철저하게 '홀로' 살아온 것이다. 지금까지 지구에서 이렇게 완전한 격리 상태에서 살아온 것으로 알려진 생명체는 이 세균밖에 없다.

그렇다면 이 세균은 어떻게 살아남았으며, 무엇을 먹고 살아갈까? 이 세균은 주변 암석에서 방사성 붕괴로 생긴 부산물에 의존해 살아간다. 하지만 가장 놀라운 사실은 따로 있다. 과학자들은 이 종 중 일부가 자연적으로 생긴 샘물에 섞여 지표면으로 모험을 떠났고, 그 중 일부가 바람에 실려 수백 미터 상공으로 올라갔다고 믿는다. 그리고 바람에 실려 지구를 반 바퀴 돈 뒤에 비에 섞여 지상으로 다시 떨어졌고, 거기서 다시 땅속으로 스며들어 자신들이 가장 좋아하는 어둡고 깊은 지하 환경으로 돌아갔다.[7]

여러분은 이걸 어떻게 생각할지 모르지만, 나는 데술포루디스 아우닥스비아토르 같은 괴상한 생명체가 우리와 함께 지구에 살고 있다는 사실이 너무나도 좋다. 그런데 이 세균은 깊은 지하에서는 외롭게 살지 몰라도, 하늘에서 여행을 하는 동안에는 혼자가 아닌 게 분명하다. 우리 머리 위의 공기 세계는 얼마 전까지만 해도 우리가 전혀 알아채지 못했던 또 하나의 거대하고 중요한 생태계일지 모른다. 예를 들면, 과학자들은 19 킬로미터 상공의 공기 시료를 분석해 그 속에서 2100종 이상의 미생물을 발견했다. 이 특이한 미생물들은 대류권 상층을 통해 아시아에서 북아메리카로 여행하고 있었다. 이것은 마치 그 높은 상공에 그들만의 고속도로가 있는 것과 같다. 일부 연구자는 이 미생물들은 휴면 상태의 히치하이커에 불과한 게 아니라, 여행 도중에 활발한 활동, 예컨대 짝짓기 같은 것을 한다고 생각한다. 심지어 미생물들의 이 고고도高高度 고속도로가 세계 기상에 큰 영향을 미칠지도 모른다.[8]

미생물은 육지와 하늘뿐만 아니라 바다도 지배하는 것처럼 보인다. 다음에 해변을 걸을 기회가 있거든, 바다를 바라보면서 저곳에 어떤 것들이 있는지 생각해보라. 하지만 물고기나 플랑크톤, 돌고래처럼 익히 아는 생물들은 싹 잊어버리도록 하라. 바다 세계에서 이들은 조연에 불과하다. 심지어 아주 중요한 역할을 담당하는 플랑크톤조차도 실제 중요도보다 과분한 조명을 받고 있다. 바다를 지배하는 주연은 바로 바이러스이다. 바이러스는 아주 작은 세균에서부터 거대한 고래에 이르기까지 바다에 사는 '모든 것'을 감염시킨다.

지금은 바다가 하나의 거대한 바이러스 감염 지역이라는 사실이 분명히 밝혀졌다. 해양 바이러스는 지구 전체에서 가장 풍부한 형태의 '생명체'이다.(바이러스는 사실 아주 기묘한 존재여서 전문적으로는 완전한 생물로 분류되지 않는다. 하지만 그래도 생물에 아주 가까운 존재이다.) 바닷물 1리터 속에는 바이러스가 1000억 마리 이상 들어 있다! 이것은 인류 역사 전체를 통해 지구에서 살아간 모든 사람의 수와 거의 맞먹는다. 해저 바닥의 진흙이나 퇴적물 1킬로그램에는 서로 다른 바이러스가 100만 종 이상 들어 있다. 바이러스는 대부분 세균보다도 훨씬 작기 때문에 무게도 아주 작다. 하지만 바이러스는 도처에 널려 있어 그것들을 모두 합치면 상당한 무게가 나간다. 예를 들면, 바다에 있는 모든 바이러스를 합친 무게는 흰긴수염고래 7500만 마리와 맞먹는다. 게다가 해양 바이러스를 일렬로 죽 늘어세운다면, 그 줄은 가장 가까운 은하 60개보다 더 먼 곳까지 뻗어나갈 것이다![9]

그런데 눈이 휘둥그레지는 숫자와 극적인 비유는 그렇다 치고, 물속에서 떠다니면서 물고기와 플랑크톤을 비롯해 바다에 사는 모든 것을 감염시키는 이 작은 기생충 집단이 뭐가 중요하단 말인가? 그것은 바로 바이러스가 바다 전체의 뼈대 자체인 것처럼 보이기 때문이다. 그리고 육지도 바다와 별반 다르지 않다. 바이러스는 우리 눈에는 보이지 않을지 몰라도, 살아 있는 바다의 형태를 만들고 효과적으로 통제하는데, 지구의 나머지 생물권 역시 마찬가지다.

우리가 나머지 자연보다 우월한 존재라거나 자연과 단절된 존재라는 생각은 많은 사람들이 보편적으로 저지르는 오류이다. 우리는 자동차나 컴퓨터, 신용카드에 의존해 살아간다고 생각하지만, 실제로는 벌레나 세균, 바이러스에 훨씬 더 많이 의존해 살아간다. 세상에 미치는 바이러스의 중요성을 감안한다면, 바이러스를 이해하기 위해 상당한 시간을 할애해야 마땅하지 않을까? 하지만 많은 사람들은 유령 사냥이나 점성술, 그 밖의 유혹들에 탐닉하느라 남는 시간이 별로 없다.

대부분의 바이러스는 우리에게 직접적인 위협이 되지 않는다. 그렇다고 해서 바이러스가 누군가의 삶을 망치지 않는다는 뜻은 아니다. 바이러스는 각자 선택한 표적이 있으며, 그 표적을 공격하는 것이 바로 바이러스가 하는 일이다. 바이러스는 스스로 번식하는 능력이 없기 때문에, 어떤 세포를 탈취해 자신을 복제 생산하는 공장으로 만든다. 따라서 늘 침입하고 정복하는 것이 바이러스의 사명이다. 해양 바이러스는 매일 전체 해양 세균 중 약 '절반'을 죽인다. 그리고 매일 전체 해양 생물 중 약 '20%'를 죽인다. 이것은 실로 놀라운 일인데, 매일 바이러스가 막대한 수의 세균과 그 밖의 생물을 죽이지 않는다면 어떤 일이 일어날지 생각하면 더욱 그렇다. 이렇게 바이러스가 다른 생물의 수를 조절하지 않는다면, 우리가 의존해 살아가는 먹이 사슬은 아주 다른 모습을 하고 있을 텐데, 그것은 아마도 우리가 살아가는 데 적합하지 않을지도 모른다. 예를 들면, 과학자들은 미생물로 가득 찬 바다가 대기의 조성에 중요한 역할을 한다는 사실을 밝혀냈는데, 그중에서도 바이러스가 가장 큰 몫을 차지할지 모른다. 그러니 먹을 음식과 숨쉴 공기가 있는 것에 고마움을 느낀다면, 바이러스에게 그 고마움 중 일부를 돌리도록 하라.

만약 바이러스권virosphere이 아직도 생소하고 먼 개념처럼 느껴진다면, 이 점을 생각해보라. 우리 자신도 바이러스이다. 적어도 우리의 유전자는 그렇게 말한다. 싫건 좋건 간에 바이러스의 발자국은 인간의 유전자 도처에 남아 있다. 이 사실은 똑똑한 보노보를 가족 소풍에 초대하는 데 거부감을 느끼는 사람들의 마음에 들지 않을지 모르지만, 바이러스도 같은 식탁에 앉을 자격이 충분히 있다. 바이러스는 수십억 년 전부터 지구에서 살아왔는데, 이것은 우리를 포함해 식물과 동물과 밀접한 관계를 맺으며 공존해왔음을 의미한다. 그 관계가 얼마나 밀접했던지 이제 우리도 바이러스의 일부가 되었다. 우리가 오랫동안 바이러스와 함께 진화의 춤을 춰왔다는 사실은 부인할 수 없다. 그런 일은 과거에도 일어났고, 지금도 일어나고 있다. 하지만 염려할 것 없다. 이것은 전혀 창피한 일이 아니다. 그토록 중요하고 영향력이 큰 친척이 있다는 것은 자랑스러워해야 할 일이다.

지금쯤 아마 여러분도 눈치챘겠지만, 나는 이 분야의 과학에 아주 큰 호기심과 매력을 느껴 늘 미생물에 관한 이야기를 하고 싶어 입이 근질근질하다. 그래서 열두 살짜리 내 딸은 다른 점들에서는 평범하지만, 단지 나와 같은 집에 산다는 이유 때문에 바이러스와 세균과 진드기에 대해서는 웬만한 대학생보다 훨씬 많이 안다. 왜 다른 사람들은 이 주제에 그만큼 큰 흥미를 보이지 않는지 나로서는 의아하기 짝이 없다. 과학은 계속 새로운 막을 열어젖히면서 숨 막힐 정도로 놀랍고 중요한 쇼를 보여준다. 더 많은 것을 알수록 우리가 사는 세상은 미생물 세상이며, 우리는 그저 거기에서 더부살이를 하고 있다는 사실이 더욱 분명해진다. 예를 들면, 우리는 약 10조 개의 '사람' 세포로 이루어져 있지만, 이것은 전체 그림 중 극히 작은 조각에 지나지 않는다. 지금 우리 몸에 붙어살거나 몸속에 살고 있는 다른 종의 세포와 미생물은 약 100조 개나 된다. 우리 피부 1cm²에 사는 세균은 약 10억 마리나 된다. 사실이다. 여러분이 하루에 샤워를 몇 번씩이나 하고 손 세정제를 자주 사용하더라도, 사정은 별로 달라지지 않는다. 그러니 우리는 '사람'이라기보다 '다른' 생물이라고 불러야 마땅하다. 어쨌든 우리는 수적인 면에서 압도적으로 열세이기 때문이다.

지금 이 순간에도 모낭진드기 떼가 19세기에 북아메리카 평원에서 풀을 뜯어먹던 아메리카들소 떼처럼 여러분의 얼굴을 열심히 뜯어먹고 있다. 거미와 가까운 관계에 있는 이 작은 동물은 막대 끝에 금속 공이 달려 있고 거기에 대못들이 삐죽삐죽 박혀 있는 중세 시대의 철퇴처럼 생겼다. 이 으스스한 동물은 여러분이 얼마나 깨끗하건 그리고 지금 어떤 일을 하건 전혀 개의치 않고 자기 일에 분주하다. 이 진드기들은 바로 여러분 얼굴 위에서 짝짓기를 하는데, 그렇게 해서 수정한 알들을 어디다 안전하게 보관하겠는지 생각해보라. 털구멍보다 더 좋은 곳이 있겠는가? 이들은 특히 눈썹 지역을 좋아하는데, 피부에서 나오는 기름기 섞인 분비물을 즐겨 먹는다. 먹으면 당연히 똥이 생기는데, 이 똥은 어디로 갈까?

좋은 소식과 나쁜 소식이 있다. 좋은 소식부터 말한다면, 모낭진드기는 살아 있는 동안은 절대로 똥을 싸지 않는데, 항문이 없기 때문이다. 나쁜 소식은, 모낭진드기가 죽으면 몸이 터지면서 평생 동안 축적한 똥을 여러분 얼굴 위에 쏟아놓는다는 것이다.[10] 어떤가? 현실은 절대로 따분하지 않다.

여기서 친구들을 골려줄 수 있는 질문을 하나 소개한다. 지구에서 달을 방문한 동물은 얼마나 될까? 아마도 다음과 같은 대답들이 나올 것이다.

❶ 약 30. 왜냐하면 우주비행사들이 우주 실험을 위해 개구리와 지렁이, 벌레 등을 가져갔기 때문이다. [틀렸다. 아폴로 우주비행사들은 달에서 동물 실험을 한 적이 전혀 없다.]

❷ 하나도 없다. 왜냐하면, 달 착륙은 사기극이기 때문이다. [이런 친구는 그만 정리하는 게 좋을지 모른다.]

❸ 12. 달 표면을 밟은 아폴로 우주비행사가 12명이므로. [존중할 만한 가치가 있는 대답이지만, 정답과는 한참 거리가 멀다.]


정답은 수백 조 이상에 이른다. 달 표면을 밟은 아폴로 우주비행사는 분명히 12명뿐이지만, 각자의 몸에는 엄청나게 많은 수의 미생물이 들러붙어 있었기 때문에, 한 사람이 달을 밟을 때마다 그것은 대규모 침공이나 다름없었다.

그렇다, 우리 각자는 다리가 달린 열대우림이나 산호초처럼 두발 보행을 하는 생태계이다. 어디를 가든 항상 여러분과 함께 광대하고 다양한 야생 생물 집단이 함께 움직인다는 사실을 명심하라. 여러분 각자는 알려지거나 알려지지 않은 세균과 바이러스와 절지동물이 무수히 들끓는 야생 자연이다. 피부 표면의 넓은 부분을 덮고 있는 균류 숲에 대해서는 더 자세히 이야기하지 않겠다. 그러니 이제 더 이상 외로워하지 말라. 여러분은 절대로 외롭지 않기 때문이다. 누가 흥미진진하고 멋진 일들은 모두 초자연적이거나 초정상적 세계에서 일어난다고 이야기한다면, 이 점을 생각해보라고 권하고 싶다. 현실에는 그보다 흥미진진한 일이 얼마든지 널려 있다.

## 광대한 우주

이제 아주 작은 것들에서 눈을 돌려 거대한 우주를 보자. 여러분은 어마어마하게 거대하여 큰 생물과 물체를 무수하게 포함하고 있는 우주에 태어난 것을 다행이라고 생각할지 모르겠다. 우리 우주는 아주 커서 그 크기를 가늠하기가 불가능하지는 않더라도 아주 어렵다. 예를 들면, 광속으로 달릴 수 있는 우주선이 있다 하더라도, 알려진 우주 한쪽 끝에서 반대쪽 끝까지 가는 데에는 300억 년 이상이 걸린다. 그러니 이 여행을 떠날 때에는 도시락을 넉넉하게 챙겨 가야 할 것이다.

태양이 엄청나게 크다는 사실은 알고 있을 것이다. 태양에 비하면 지구는 새 발의 피에 지나지 않는다.(태양 안에 지구를 100만 개 이상 집어넣을 수 있을 정도로.) 하지만 천문학자들은 태양보다 훨씬 큰 별들을 알고 있다. 그중 하나인 백조자리 NML은 그 지름이 태양보다 약 1650배나 크다! 우리가 사는 지구는 우리에게 아주 거대해보일지 몰라도, 이런 별들에 비하면 현미경적 물체에 지나지 않는다.

과학이 충분히 발달해 이 쇼를 구경할 수 있는 시대에 태어난 우리는 참 운이 좋은 편이다. 이런 환경에서는 마술이 없는 삶이 따분할 이유가 전혀 없다. 경이로움을 느끼고 배우고 새로 발견할 것이 항상 널려 있다. 사실, 그런 것들이 너무 많아서 일일이 챙기기가 불가능할 정도이다. 예를 들면, 여러분이 이 페이지를 읽는 동안에만도 별이 수십만 개나 새로 태어난다. 그리고 만약 자신의 삶이 너무 느리게 흘러가는 것처럼 보인다면, 적도에서 지구가 자전하는 속도가 시속 약 1600킬로미터나 된다는 사실을 생각해보라. 또, 지구는 우주 공간에서 시속 1만 킬로미터가 넘는 속도로 태양 주위를 돌고 있다. 잠시 하던 일을 멈추고 이것을 생각해보라. 지금 여러분은 우주 공간에서 가장 빠른 제트 여객기도 쫓아오지 못할 정도로 총알보다 더 빠른 속도로 날아가고 있다. 하지만 그래도 우리는 어떤 의미에서 굼벵이나 다름없는데, 현재의 기술로 만들 수 있는 가장 빠른 우주선으로 태양에서 가장 가까운 별까지 가려고 해도 수만 년이나 걸리기 때문이다.

천체들 사이의 우주 공간은 엄청나게 넓지만, 우주가 텅 비어 있는 것은 아니다. 우리은하만 해도 별이 2000억~4000억 개나 있다. 또, 우주에는 은하가 우리은하만 있는 게 아니다. 우주 전체에 있는 은하의 수는 약 2000억 개로 추정된다. 그중 일부 은하에는 1조 개가 넘는 별이 있다. 그렇다면 은하 하나당 별이 1000억 개 있다고 가정하면, 우주 전체에 있는 별의 수는 1000억×2000억이니, 여러분이나 내가 감을 잡을 수 있는 범위를 넘어서며, 그에 딸린 행성이나 위성의 수도 마찬가지다.

시간도 아주 흥미로운 주제이다. 과학자들의 연구를 통해 우주의 나이는 약 137억 년, 지구의 나이는 약 45억 년으로 밝혀졌다. 지구에 생명

태양계가 속해 있는 우리은하만 해도 별이 2000억~4000억 개나 있다.
(출처: NASA)

이 처음 탄생하고 나서 흐른 시간은 적어도 30억 년 이상이 지났다. 우주의 나이를 하루로 본다면, 현생 인류는 자정에서 겨우 몇 분의 1초 전에야 지구에 나타났다. 우리는 가끔 1년을 아주 긴 것처럼 느끼지만, 수십억 년의 시간에서 1년은 거의 없는 거나 다름없다. 내 침대 곁 탁자 위에는 아름다운 삼엽충 화석이 놓여 있어 내가 그것을 보지 않고 지나가는 날은 단 하루도 없다. 나는 가끔 수억 년 전에 살았던 존재를 알 수 있다는 것은 얼마나 대단한 특권인가 하는 생각이 든다. 우리의 삶은 우주 속에서 그저 잠깐 반짝였다가 사라져가는 것일 수도 있지만, 우수한 뇌의 능력 덕분에 우리는 적어도 우주 속에서 자신의 위치를 생각하고, 자신에게 주어진 시간을 가늠하고, 그 속에서 즐거움을 추구할 기회가 있다.

어떤 사람들은 지구에서 살아온 생명의 역사나 우주의 광대한 크기를 생각하면서 자신의 존재가 너무 작거나 하찮게 여겨져 낙심하는데, 그럴 이유가 전혀 없다. 그토록 광대한 시간과 공간 속에서 한 인간의 삶은 아주 하찮아 보일 수 있지만, 그것은 우주와 인생을 바라보는 한 가지 관점에 불과할 뿐이다. 하지만 관점을 바꾸어 생각하면, 우리가 이 모든 것을 알아냈을 뿐만 아니라, 우리가 이 광대한 우주의 일부라는 사실을 인식할 만큼 똑똑한 종으로 태어난 것은 얼마나 대단한 행운이고 흥분할 만한 일인가! 예를 들면, 과학적 과정은 우리를 이루는 원자들의 나이와 기원을 밝혀냈다. 지금 이 순간 우리 몸을 이루는 모든 수소 원자의 나이는 우주의 나이와 거의 똑같다. 수소 원자들은 약 137억 년 전에 일어난 빅뱅 직후에 만들어졌다.[11] 다른 원자들은 그 후에 우주에 별들이 생겨나고 나서 별 속에서 만들어졌기 때문에 더 젊지만, 그래도 최소한 수십억 년은 된다. 그러니 우리는 나이가 아주 많은 셈이다.

우리는 한때 우리보다 훨씬 큰 것의 일부였다. 우주를 생각하면서 위축될 필요는 전혀 없다. 나는 밤하늘을 바라볼 때마다 키가 수백 미터는 커진 듯한 느낌이 든다. 우리는 문자 그대로 이 웅장하고 신비한 장관의 일부이다. 우주가 곧 우리이고, 우리가 곧 우주이다. 나는 아주 오래전인 어린 시절에 우리가 이렇게 별과 관련이 있다는 이야기를 처음 듣거나 읽었지만, 그것을 제대로 이해하기까지는 몇 년이 더 걸렸다. 하지만 그러면서 나는 관점이 변하게 되었다. 나는 단지 지구의 시민이 되었을 뿐만 아니라, 전체 우주의 시민이 되었다. 이제 다른 관점은 어떤 것이건 내 인생을 이것보다 훨씬 재미없고 하찮은 것으로 만들 것 같은 느낌이 든다.

오늘날은 흥미진진한 발견과 변화가 일어나는 시대이다. 그리고 우리는 운 좋게도 맨 앞줄에 앉아 그것을 볼 수 있는 위치에 있다. 지금 우리는 외부 우주와 내부 우주의 중요하고도 흥미로운 실체가 연속적으로 드러나는 장면을 목격하고 있다. 그것은 지금까지 살았던 사람들 중 99.999%는 전혀 볼 수도 없었고 알 수도 없었던 것이다. 그러니 실제 우주와 실제 지구와 실제 자신에 대해 최대한 많은 것을 배우려고 노력하라. 만약 굳이 다른 길을 가겠다고 고집하는 사람들이 있다면, 그런 사람들은 뻔한 이야기를 지껄이는 심령술사의 말에나 귀를 기울이며 인생을 낭비하며 살도록 내버려두라. 몸과 마음의 균형을 유지하도록 돕는다는 '이온 함유' 스포츠 팔찌를 사서 착용하건 말건 내버려두라. 물론 할 수 있다면 선의로 그들에게 도움의 손길을 내밀되, 그들 때문에 소중한 자신의 인생을 낭비할 필요는 없다. 그것 말고도 소중한 시간을 써야 할 중요한 일들이 얼마든지 있기 때문이다. 우리 곁과 저 멀리에 탐구해야 할 넓은 우주가 펼쳐져 있다.

과학은 우리를 정말로 경이로운 대상들로 안내하기 때문에 흥미진진하다. 지금 이 순간에도 아주 많은 것이 일어나고 있고, 앞으로도 더욱 많은 것이 일어날 것이다. 20~30년 전에는 태양계 밖에도 행성들이 있다고 가정하는 게 타당해 보이긴 했지만, 확실히 그렇다고 아무도 단언할 수 없었다. 하지만 지금은 외계 행성 탐사 기술이 크게 발전하여 과학자들은 거의 매일 새 행성을 발견하고 있다. 이제 우리는 유례없는 자신감을 가지고 우리은하에 행성과 위성이 수천억 개 있다고 말할 수 있다. 비록 우리는 아직도 모르는 게 많을지 몰라도, 과학을 통해 알아낸 지식은 나를 평생 동안 흥분시키기에 충분하다. 여러분은 어떤가?

인류의 범위를 벗어난 영역에서 흥미진진한 일에 너무 몰두한 나머지 인류의 역사와 선사 시대를 등한시해서는 안 된다. 과학과 마찬가지로 여기에도 너무나도 많은 역사가 있어서 모든 것을 다 알 수는 없지만, 생각을 잘하려면 우리의 과거도 잘 알아야 한다. 오스트랄로피테신이나 루이스 리키에 대해 전혀 들어본 적이 없는 사람이 되면 곤란하다. 고고학이 문명의 발상에 대해 밝혀낸 사실들 중 적어도 기본적인 것들은 알아두도록 하라. 또한, '내 민족'의 역사나 '내 나라'의 역사에 너무 빠지지 말라고 충고하고 싶다. 물론 그것도 알아야 하겠지만, 항상 큰 그림을 보도록 노력하라. 우리는 비교적 최근에 생겨난 종이고, 모두 아주 가까운 관계에 있으므로, '모든' 인류의 역사가 곧 '우리'의 역사이다. 그러니 다른 민족이나 다른 나라의 역사라고 해서 무시하거나 소홀히 여겨서는 안 된다. 자신이 누구이건, 태어날 때 자신에게 어떤 민족의 이름이 붙었건, 세계사에서 나쁜 부분에 대해서는 슬픔을 느끼고, 좋은 부분에 대해서는 자부심을 느껴야 한다. 왜냐하면, 그 역사는 모두 우리 가족의 역사이기 때문이다.

설사 여러분이 중학교나 고등학교를 다닐 때 사회 과목에서 A를 받았다 하더라도, 아직도 배울 게 좀 더 있을 것이다. 큰 전쟁에서 어느 나라가 이겼고, 역대 왕들이 누구였고, 선거에서 누가 이겼는지 아는 것만으로는 부족하다. 일반 백성이 어떻게 살았는지 배우는 것도 중요하고 재미있다. 이들의 삶은 큰 부나 권력을 가진 사람들만큼 자세히 그리고 자주 기록되진 않는다. 고고학이 중요한 이유가 여기에 있다. 고고학자들은 오래전에 살았던 사람들의 예술품과 도구, 장난감, 쓰레기를 발견해, 그들이 그 시대에 어떻게 살았고 무슨 일을 했는지 보여주는 그림을 아주 훌륭하게 재구성할 수 있다. 많은 사람들은 역사를 사실과 날짜의 기록에 불과한 것으로 여기는데, 절대로 그렇지 않다. 역사는 모든 것에 관한 가장 위대한 이야기이다. 역사와 선사 시대에 관한 사실은 똑똑한 영장류 집단이 생각하는 걸 두려워하지 않아 그 결과로 뇌를 사용해 놀랍도록 높은 곳과 낮은 곳을 탐험하고 정복한 이야기를 들려준다. 그러니 우리 자신이 지금까지 걸어온 이야기를 배우려고 노력하라.

## 인생의 의미

인생의 의미라는 주제를 다루는 게 과연 좋을지 망설여지는데, 누구에겐가 도움이 되도록 지혜롭게 그것을 다루기가 쉽지 않기 때문이다. 이를 위해 많은 사람들이 헛되이 쏟아 부은 말과 시간이 얼마나 많은가! 이 주제는 너무 개인적이고 주관적인 성격을 띠고 있어서 사람들이 하는 말은 대개 공기처럼 가볍고 실질적인 내용이 빈약하다. 하지만 훌륭한 회의론자가 뭔가를 열렬히 믿는 사람을 생산적인 대화에 끌어들이고자 한다면, 이 문제를 피해서는 안 된다고 생각한다. 왜냐하면, 많은 믿음은 인생의 목적과 의미를 추구하는 것과 관련이 있기 때문이다. 그러니 이것은 피할 수 없는 문제이다.

　나는 사람들에게 인생에서 무엇을 위해 애써야 할지 내가 아는 것을 떠들 수 있다고 생각한다. 하지만 나는 그럴 자격이 없다고 확신하는데, 나 자신의 인생도 현재 진행형이기 때문이다. 언젠가 내가 개인적으로 완성된 단계에 이르고 우주의 모든 비밀을 알게 된다면, 그때에는 다른 사람의 인생을 위해 구체적인 조언과 지침을 제공할 수 있을 것이다. 하지만 지금 거울에 비친 내 모습은 인생의 의미를 완전히 파악한 사람이 전혀 아니다. 대신에 지금까지 자기 자신에게는 상당히 효과가 좋은 방법을 발견한 사람이 거울 속에 서 있다. 그래서 나는 단지 모두에게 필요한 게 이것이 아닐까 하고 말할 수 있을 뿐이다. 즉, 자기 자신에게 가장 효과적인 방법을 발견해 끝까지 밀고 나가는 것이다.

　이것은 비록 상투적인 말에 불과하지만, 내가 해줄 수 있는 최선의 조언이다. 하지만 여러분의 탐험이 어디로 인도하건, 이 점만큼은 꼭 명심하라. 늘 자신의 뇌를 적극적으로 사용하라.

　자신은 너무 약하기 때문에 자신을 지탱해주고 길을 보여주는(하지만 입증되지 않은) 주장이나 믿음에 의존하지 않고는 홀로 설 수 없다고 생각하지 말라. 만약 여러분이 지금 그런 상태에 처해 있다면, 인생의 경로를 다시 생각해보라. 필시 여러분은 인간의 강점과 약점에 관한 누군가의 생각에 영향을 받은 결과로 그런 결론에 이르렀을 것이다. 우리는 태어나는 순간부터 다소 노골적으로 밀려드는 주변 문화의 영향 때문에 깊이 생각하지도 않고 다양한 비합리적 믿음을 받아들이게 된다. 오류를 범하기 쉬운 사람의 말을 곧이곧대로 믿고서 자기 인생의 방향을 정해서는 안 된다. 그 모든 주장과 믿음을 만들어내고 권장하는 사람들은 선의로 그럴 수도 있지만, 그들이 불완전하고 속기 쉬운 인간의 뇌를 이용하는 게임을 하고 있다는 사실을 잊지 말라. 이 이유만으로도 그들이 하는 말이 전부 다 옳다고 믿을 수 없다.

지나온 역사를 돌아보면, 대중이나 집단이 잘못된 길을 선택한 적은 무수히 많다. 지금도 대중이나 집단은 많은 점에서 그릇된 길을 걸어가고 있다. 주위를 둘러보라. 여러분은 절대로 틀리는 법이 없는 천재들로 둘러싸여 있는가? 그럴 리가 없을 것이다. 솔직히 말해서, 여러분이 태어난 가족과 사회가 인류 역사에서 최초로 모든 점에서 올바른 길을 걸어갈 확률이 얼마나 되겠는가?

여러분의 인생은 어디까지나 자신의 것이므로, 물론 자신이 좋다고 생각하는 방법에 따라 살아가야 하겠지만, 적어도 여러분에게 있는 생각하는 기계의 능력과 잠재력을 충분히 고려하길 바란다. 생각하는 기계는 경이로운 일을 이룰 수 있고, 여러분을 잘 보호하고 안내할 것이다.

자기 인생의 의미를 찾는 데 왜 믿음이 필요한가? 어차피 그 믿음도 누군가가 만들어낸 것일 텐데 말이다. 그렇다면 자신의 뇌로 스스로 의미를 만드는 게 낫지 않겠는가? 스스로 의미 있는 삶을 정의하고, 그것을 향해 나아가는 길을 스스로 선택하는 게 어떤가? 자신의 내면을 들여다보고, 또 밖으로는 자신과 비슷한 희망과 두려움을 알고 공유하는 사람들과 접촉함으로써 자신감과 위안을 찾는 게 좋지 않을까?

다루기 불편하지만 꼭 다룰 필요가 있는, 인생의 의미라는 주제에 관한 이야기는 자신의 삶에 대한 책임을 스스로 지라는 충고로 마치기로 하자.

인생의 의미는 바로 자신이 정하는 것이다. 다른 사람들이 만들어낸 망상이나 거짓말에 넘어가 인생을 낭비하지 않도록 경계하라. 그런 사람들 중에는 생각을 잘하지 못해 그릇된 믿음을 만들거나 단순히 여러분의 돈을 노려 엉터리 믿음을 만드는 사람도 있다. 뇌는 혼자서도 충분히 우리를 속일 수 있다. 거기다가 굳이 다른 사람의 도움까지 받아가며 잘못된 길을 걸어갈 필요는 없다.

## 쇼의 선물

나는 모든 사람들, 그중에서도 특히 청소년과 어린이가 우리가 지금 아주 흥미진진한 시대에 살고 있다는 사실을 알길 바란다. 과학의 발전 속도는 점점 더 빨라지고 있다. 지난 세기는 사상 유례없는 발견과 변화의 시대였지만, 21세기는 그것을 뛰어넘을 게 분명하다. 오늘날에는 지평선이 더 가까워진 것처럼 느껴지지만, 그 너머에서 다가오는 것이 무엇인지 짐작하는 것은 과거 그 어느 때보다도 어렵다. 다만, 큰 변화가 일어날 잠재력과 가능성은 과거 그 어느 때보다도 분명하다는 사실만큼은 확실히 말할 수 있다.

하나의 종으로서 우리는 항상 발전해왔고, 더 많은 것을 배우고 더 나아지는 데 항상 뛰어난 능력을 보였다. 그런데 지금은 우리가 기어를 높은 단계로 올리고 질주하면서 속도를 멈출 수 없는 것처럼 보인다. 최근 수십 년 사이에 우주와 우리 자신의 생물학에 대해 과거 그 어느 때보다도 많은 것이 발견되었다. 하지만 앞으로 더 많은 것이 발견될 게 확실하다. 오늘날 컴퓨터와 관련 기술의 발전이 엄청난 속도로 일어나 하룻

밤 사이에도 인류 문화에 큰 변화가 일어날 지경에 이르렀다. 이러한 변화가 경이로운 미래를 향한 환상적인 여행으로 이어질지, 아니면 문명의 완전한 파멸을 가져올지 나로서는 알 수 없다. 하지만 어느 쪽이건 흥미진진한 미래가 우리를 기다리고 있다. 먼 세계에 로봇을 보내는 것에서부터 우리 뇌의 지도를 만드는 것에 이르기까지 우리는 더 놀라운 일을 더 자주 경험하고 있다. 불행하게도 우리는 앞으로 점점 더 위험하고 위력이 강한 무기가 더 많은 나라와 사람의 손에 들어갈 가능성에 대해서도 생각해야 한다.

과연 이 모든 발전의 결과는 어떻게 될까? 그것은 사상 유례없는 도약에 해당할 발견의 황금시대를 열 수도 있다. 수천 년 뒤의 후손들은 오늘날을 돌아보면서 21세기를 인류가 마침내 잠에서 깨어나 활발하게 활동을 시작한 시대로 평가할지 모른다. 정작 우리는 이 시대가 특별한 시대라는 느낌이 들지 않을 수도 있는데, 그도 그럴 것이 전쟁과 탐욕, 가난, 폭력, 부패, 정치적 불합리, 스스로 초래한 그 밖의 상처 등이 헤드라인을 도배하기 때문이다. 하지만 이런 것만이 모든 이야기는 아니다. 우리는 정말로 계몽된 종이 되기 직전 단계에 이르렀으며, 마침내 그 사실을 거리낌 없이 자랑할 수 있게 되었다. 이 종은 자신을 파괴할 무기 개발에 수조 달러를 쓰면서도 한 해에 900만 명의 아기가 가난 때문에 죽어가도록 내버려두지 않을 것이다. 우리는 정말로 이보다 더 잘할 수 있다. 인류는 정말로 더 높은 단계로 올라갈 수 있다. 그런 기대를 품는 것은 합리적이다. 그것은 충분히 가능하다. 하지만 그렇다고 해서 그런 일이 당장 내일이나 가까운 장래에 일어난다는 이야기는 아니다.

물론 일이 아주 나쁜 쪽으로 흘러갈 수도 있다. 인류애보다는 민족에,

이성보다는 믿음에 더 큰 충성심을 보이는 우리의 성향을 감안한다면, 우리가 암흑시대로 되돌아갈 가능성도 있다. 슬프게도 일부 사람들은 지금이 순간 바로 그 방향을 향해 달려가고 있다. 하지만 인류에게 경이롭고 긍정적인 미래가 다가올 '가능성'이 정말로 높다는 사실은 부인할 수 없다. 최근에 일어난 그 모든 발전(그리고 컴퓨터, 로봇공학, 유전학, 나노공학의 밝은 전망)을 감안하면, 우리는 게임의 양상을 확 바꿔놓을 순간에 도달한 것처럼 보인다.

하지만 만약 우리의 뇌가 우리가 만지는 장난감 수준을 따라가지 못하면 어떻게 될까? 우리의 꿈을 실현한 현대 세계를 만들어봤자, 거기에 사는 사람들의 수준이 현대인이 아니라면 그것은 아무 소용이 없을 것이다. 설사 우리가 달과 화성에 식민지를 건설하더라도, 전체 인구 중 절반이 화성의 유령을 쫓아다니느라 시간을 다 보내고, 다른 세계에 사는 것이 자신의 별점에 어떤 영향을 미칠지 염려한다면, 과학과 기술이 이룬 그 모든 성과가 무슨 의미가 있겠는가? 아무리 인간 게놈과 뇌의 지도를 만들어봤자 일반 대중이 여전히 돌팔이 의사와 엉터리 약을 좋아한다면, 무슨 소용이 있겠는가? 진보란 단지 도구의 발전만으로 이루어지는 게 아니다. 사람들이 생각하는 방식도 나아져야 한다.

다행히도 전체적인 인류 역사의 추세는 우리가 더 나은 방향으로 나아가고 있음을 시사한다. 어쩌면 그럴지도 모른다. 오늘날에는 과학을 배우고 이해하는 사람이 과거 그 어느 때보다도 더 많아졌다. 이것은 단순히 전체 사람의 수로 봐도 그렇고, 전체 인구에 대한 비율로 봐도 그렇다. 인터넷은 비합리적인 믿음의 확산을 촉진한다는 점에서 큰 문제가 될 수 있지만, 과거 그 어느 때보다도 더 많은 사람들을 과학과 합리적 사고에 접근하게 했다는 점을 잊어서는 안 된다. 오늘날에는 초자연적이거나 초정상적인 믿음을 믿는 사람의 비율이 높은 사회에서도 회의론자와 의심하는 사람에게 대체로 관용적인 태도를 보인다. 불과 얼마 전까지만 해도 나처럼 모든 것에 의문을 품고 괴상한 주장에 도전하라고 이야기하고 글을 쓰는 사람이 신체적 고통이나 위협을 받던 시대가 있었다. 그런 위협은 단지 일부 과격주의자가 가한 게 아니라, 법과 다수 대중의 지지를 받는 합법적 권위자나 당국이 가했다. 만약 내가 그 시대에 살았더라면, 이 책에 소개한 일부 생각을 단순히 사람들에게 알렸다는 이유만으로 사형 선고를 받을 수도 있다. 하지만 지금은 대부분의 나라에서 누구든지 이 책을 사서 읽을 수 있다. 우리는 올바른 방향을 향해 나아가고 있는 것이다. 하지만 안타깝게도 그 속도는 아주 느리다. 내일의 세계 문화는 오늘날과 비슷하게 모든 게 뒤죽박죽인 혼란 상태일 가능성이 높다. 다만, 좀 더 극단적으로 변한 혼란 상태일지 모른다.

만약 우리 모두가 더 회의론적이고 과학적인 사고방식을 선택하지 않는다면, 과학적 사고를 가진 사람들 진영과 낡은 사고방식을 버리지 못하고 마법을 믿는 사람들 진영으로 크게 양분될지 모른다. 합리적 사고를 실천하는 사람들과 거부하는 사람들, 과학을 믿는 사람들과 미신을 믿는 사람들이 서로 대립하는 세상이 될 것이다. 그러니 망설이지 말고, 빨리 어느 쪽을 택할지 결정하라.

만약 태양이 폭발하기 전에 언젠가 우리가 진실로 '생각하는' 종이 되길 원한다면, 약한 회의론 때문에 생기는 위기를 반드시 해결해야 한다. 집단적으로 우리 모두는 더 많이 생각하고, 더 적게 믿어야 한다. 오늘날 사업이라는 이름으로 통용되는 엄청난 양의 비합리적 생각은 인류에게 눈을 가리고 한 팔을 등 뒤로 묶고 한 발을 물통 속에 담근 채 하루하루를 맞이하게 한다. 이런 상태는 우리 종에게 결코 바람직하지 않다. 세상에 훌륭한 회의론자가 더 많이 늘어나야 한다. 이미 훌륭한 회의론자인 사람들은 이 소식을 널리 퍼뜨리고 더 많은 사람에게 생각을 잘하도록 격려할 수 있는 능력이 있다. 나는 이들이 도덕적 의무감까지 느꼈으면 한다.

숨어 있는 회의론자이거나 비판적 사고를 하며 살아가는 방식이 낯선 독자들은 주변에 넘치는 광기의 홍수에 겁을 먹거나 실망하지 말기 바란다. 물론 방 안에 있는 사람들 중에서 케네디 대통령이 노스트라다무스가 예언한 대로 외계인에게 암살당한 게 아니라고 생각하는 사람이 자기 혼자뿐일 때처럼 외로움을 느낄 수 있다는 점은 나도 잘 이해한다. 우리도 모두 그런 경험을 했다. 사회 전체가 구제할 길 없이 미신에 푹 빠져 있는 것처럼 보일 때에는 그 분위기에 압도되는 느낌이 들 수 있다. 수적으로 열세에 몰리는 기분이 드는 것도 당연한데, 실제로 그렇기 때문이다. 하지만 상황은 회의론자에게 유리한 쪽으로 바뀌고 있을지도 모른다. 그러니 인내심을 갖고 기다려보기로 하자.

그것과 상관없이 여러분은 훌륭한 회의론자로 살아가면 미신을 믿는 사람들보다 더 큰 성공을 거둘 수 있다. 사회에서 출세할 뿐만 아니라, 친구들도 사귀고, 가족을 부양하고, 하고 싶은 일을 무엇이든지 하고 살아가면서 인생을 가치 있는 여행으로 만들 수 있다. 절대로 자신의 지적 존엄성을 희생할 필요가 없다. 여러분은 두 발을 현실에 굳게 딛고서 살아갈 수 있다. 여러분에겐 거기에 필요한 도구가 있다. 그럴 힘도 있다. 여러분이 가진 인간의 뇌는 거의 항상 대부분의 거짓말과 망상에서 벗어나게 해줄 것이다.

나는 책을 다 읽고 한참이 지난 뒤에도 독자에게 효과가 있고 도움이 되는 생각이 조금이라도 남아 있다면, 그 책은 잘 쓴 책이라고 생각한다. 물론 단지 정보와 지식을 제공하는 데 그치지 않고, 동기와 영감을 주고 독자의 마음을 오래도록 사로잡는다면, 더할 나위가 없다. 만약 다행히도 이 책을 다 읽고 나서 한참 지난 뒤에도 여러분의 기억에 오랫동안 남는 구절이 있다면, 나는 다음 구절이 되었으면 좋겠다.

자신이 가진 경이로운 뇌의 진가를 알기 바란다. 그것을 보호하고 잘 돌보라. 소중한 인생 중 몇 시간이라도 가망 없는 믿음에 낭비하는 일이 없도록 훌륭한 회의론자가 되려고 노력하라. 진실과 허구를 잘 구별할 수 있도록 항상 과학자처럼 생각하려고 노력하라. 기이한 주장과 특이한 믿음을 만나거든, 의심을 품고 도전하라. 모든 것에 질문을 던지라. 정말로 불가사의한 것을 만나거든 절대로 움찔하거나 물러서지 말라. 아무리 그러고 싶은 충동이 들더라도, 모르는 것을 아는 체하려고 하지 말라. 언제나 올바른 반응은 생각하는 것이다. 항상 잘 생각해보고 나서 판단하라. 무엇을 믿기 전에 먼저 신중하게 생각하라. 항상 생각하라.

## 잘 생각하라!

●●●● 많은 사람들은 인생에서 흥미로운 것과 즐거움과 의미를 찾으려면 다양한 믿음이 필요하다고 주장한다. 하지만 전 세계의 많은 회의론자가 충실하고도 보람 있는 인생을 살아가고 있다는 사실은 이것이 옳은 주장이 아님을 증명한다.

●●●● 과학은 끝없이 탐구하고 발견하고 상상하는 과정이다. 항상 새로운 정보와 개념이 나온다. 새로운 질문도 계속 나온다. 여러분의 뇌는 이 모든 것을 환영할 준비가 되어 있어야 한다.

●●●● 가능하면 사람들의 이야기를 많이 배우고 이해하도록 노력하라. 좋은 것이건 나쁜 것이건 그 이야기를 모두 다 여러분과 개인적으로 관련이 있는 것으로 받아들여야 한다. 우리는 지구에 나타난 지 얼마 안 된 종이어서 모두 아주 가까운 관계에 있다. 따라서 '모든' 역사는 곧 '우리'의 역사이다.

●●●● 신비한 미생물들과 거대한 은하들이 널려 있는 우주에는 우리에게 흥미롭고 영감을 주는 것들이 넘친다. 우리의 삶을 흥미진진하게 만들고 싶다면, 입증되지 않은 주장과 의심스러운 믿음에 의존할 이유가 전혀 없다.

주석

**chap·1 환상에 빠지기 쉬운 행성에서 길을 잃지 않으려면**

1. Hank Davis, *Caveman Logic: The Persistence of Primitive Thinking in a Modern World* (Amherst, NY: Prometheus Books, 2009).
2. BBC News, "Nigeria 'Child Witch Killer' Held," BBC News, December 4, 2008, http://news.bbc.co.uk/2/hi/africa/7764575.stm (accessed July 17, 2013).
3. Salman Ravi, "Village 'Witches' Beaten," BBC News, October 20, 2009, http://news.bbc.co.uk/2/hi/south_asia/8315980.stm (accessed July 17, 2013); BBC News, "Indian 'Witchcraft' Family Killed," BBC News, March 19, 2006, http://news.bbc.co.uk/2/hi/south_asia/4822750.stm (accessed July 17, 2013).
4. James Gallagher, "Paralysed Woman's Thoughts Control Robotic Arm," BBC News, December 16, 2012, http://www.bbc.co.uk/news/health-20731973 (accessed July 12, 2013).

**chap·2 내 머릿속에 살고 있는 기묘한 존재**

1. Joannie Schrof Fischer, "What Is Memory Made Of?" *Mysteries of Science (US News and World Report)*, 2002, p. 27.
2. Ingfei Chen, *Scientific American*, September 6, 2011, www.scientificamerican.com/article.cfm?id=911-memory-accuracy (accessed February 11, 2013).
3. Michael Shermer, "Patternicity," *Skeptic*, December 2008, www.michaelshermer.com/2008/12/patternicity/ (accessed February 12, 2013).
4. Ibid.

1. David W. Moore, "Three in Four Americans Believe in Paranormal," Gallup News Service, June 16 , 2005 , http://www.gallup.com/poll/16915/three-four-americans-believe-paranormal.aspx (accessed February 4, 2013).

2. Linda Lyons, "Paranormal Beliefs Come (Super) Naturally to Some," November 1, 2005, http://www.gallup.com/poll/19558/Paranormal-Beliefs-Come-SuperNaturally-Some.aspx (accessed January 30, 2013).

3. Antonio Regalado, "Poll: Mexicans Express Belief in Spirits, Not Science," January 5, 2011, http://news.sciencemag.org/scienceinsider/2011/01/poll-mexicans-express-belief-in.html?ref=hp (accessed January 30, 2013).

4. Leagle, "State v. Perry," July 15 , 2003, http://www.leagle.com/xmlResult.aspx ?page=1&xmldoc=20031290582SE2d708_11159.xml&docbase=CSLWAR2-1986-2006&SizeDisp=7 (accessed February 23, 2013).

5. Pride Chigwedere, George R. Seage III, Sofia Gruskin, Tun-Hou Lee, and M. Essex, "Estimating the Lost Benefits of Antiretroviral Drug Use in South Africa , " *Journal of Acquired Immune Deficiency Syndrome* 49, no. 4 (December 1, 2008): 410 , http://www.aids.harvard.edu/Lost_Benefits.pdf (accessed January 4, 2013).

6. V. A. Luyckx, V. Steenkamp, and M. J. Stewart, "Acute Renal Failure Associated with the Use of Traditional Folk Remedies in South Africa," *Ren Fail*, January 27, 2005, http://www.ncbi.nlm.nih.gov/pubmed/15717633 (accessed January 30, 2013).

7. I. A. Malik, S. Gopalan, "Use of CAM Results in Delay in Seeking Medical Advice for Breast Cancer," *European Journal of Epidemiology*, August 18, 2003, www.ncbi.nlm. nih.gov/sites/entrez?cmd=Retrieve&db=pubmed&dopt=AbstractPlus&list_uids=12974558 (accessed March 10, 2013).

8. Michael Shermer, "The Reality Distortion Field," *Skeptic* 17, no. 4, 2012.

9. Charlie Jones, "Design Thinking," CBS, January 6, 2013 (accessed January 31, 2013).

10. Steve Kroft, "Steve Jobs," CBS, October 20, 2011, www.cbsnews.com/video/watch/?id=7385390n (accessed January 31, 2013).

11. Bruce Hood, *The Science of Superstition: How the Developing Brain Creates Supernatural Beliefs* (New York: HarperCollins Paperback, 2010), p. 157.

12. Katelyn Catanzariti, "Homeopath, Wife Jailed over Baby's Death," *Age*, September 28, 2009, http://news.theage.com.au/breaking-news-national/homeopath-wife-jailed-over-babys-death-20090928-g8w4.html (accessed January 2, 2013).

13. Yusuke Fukui and Akiko Okazaki, "Homeopathy under Scrutiny after Lawsuit over Death of Infant," *Asahi Shimbun*, September 6, 2010, http://www.asahi.com/english/TKY201008050254.html (accessed November 5, 2012).

14. Coco Ballantyne, "Strange but True: Drinking Too Much Water Can Kill," *Scientific American*, June 21, 2007, http://www.scientificamerican.com/article.cfm?id=strange-but-true-drinking-too-much-water-can-kill (accessed January 30, 2013).

15. Harris Poll, "What People Do and Do Not Believe In," Harris Interactive, December 15, 2009, http://www.harrisinteractive.com/vault/Harris_Poll_2009_12_15.pdf (accessed January 10, 2013).

16. Lyons, "Paranormal Beliefs Come (Super) Naturally to Some."

17. Pew Forum on Religion and Public Life, "Many Americans Mix Multiple Faiths," Pew Forum, December 9, 2009, http://pewforum.org/Other -Beliefs-and-Practices/Many-Americans-Mix-Multiple-Faiths.aspx (accessed February 27, 2013).

18. Kaja Perina, "Alien Abductions: The Real Deal?" *Psychology Today*, March 1, 2003, www.psychologytoday.com/articles/%5Byyyy%5D%5Bmm%5D/%5Btitle-raw%5D (accessed January 29, 2013).

19. Susan A. Clancy, *Abducted: How People Come to Believe They Were Kidnapped by Aliens* (Cambridge, MA: Harvard University Press, 2005), p. 35.

20. Tom Head, ed., *Conversations with Carl Sagan* (Jackson: Univ. Press of Mississippi, 2006), p. 101.

21. Christopher D. Bader, Carson F. Mencken, and Joseph O. Baker, *Paranormal America* (New York: New York University Press, 2010), p. 106.

22. Greg Long, *The Making of Bigfoot: The Inside Story* (Amherst, NY: Prometheus Books, 2004), p. 336.

23. Ibid. pp. 443-51.

24. Timothy Egan, "Search for Bigfoot Outlives the Man Who Created Him," *New York Times*, January 3, 2003, http://www.nytimes.com/2003/01/03/us/search-for-bigfoot-outlives-the-man-who-created-him.html (accessed January 7, 2013).

25. Wil S. Hylton, "Craig Venter's Bugs Might Save the World," *New York Times*, May 30, 2012, http://www.nytimes.com/2012/06/03/magazine/craig-venters-bugs-might-save-the-world.html?pagewanted=all&_r=l& (accessed January 29, 2013).

26. Edward O. Wilson, *Naturalist* (Washington, DC: Island Press, 1994), p. 364.

27. Moore, "Three in Four Americans Believe in Paranormal."

28. "RAAF Captures Flying Saucer in Roswell Region," *Roswell Daily Record*, July 8, 1947, p. 1.

29. *Roswell Daily Record*, July 9, 1947, p. 1.

30. B. D. Gildenberg, "A Roswell Requiem," *Skeptic* 10, no. 1 (2003): 60-63.

31. Ibid.

32. Joe Kittinger, interview with the author; quoted in Guy P. Harrison, "I Was the First Man in Space," *Caymanian Compass*, October 26, 2001.

33. Annie Jacobson, *Area 51: An Uncensored History of America's Top Military Base* (New York: Little, Brown), 2011, pp. 367-74.

34. "Good Heavens! An Astrologer Dictating the President's Schedule?" *Time*, May 16, 1988, http://content.time.com/time/magazine/article/0,9171,967389,00.html (accessed January 31, 2013).

35. Harris Poll, "What People Do and Do Not Believe In."

36. Pat Robertson, "Reinhard Bonnke Tells of Nigerian Man Raised from the Dead," *700 Club*, www.cbn.com/700club/features/bonnke_raisedpastor.aspx (accessed January 31, 2013).

37. Erich von Däniken, *Chariots of the Gods?* (Berkeley, CA: Berkley Books, 1999), p. 108.

38. Ibid, p. 96.

39. Ibid, p. 65.

40. Ibid, p. 73.

41. David Robson, "A Brief History of the Brain," *New Scientist*, September 24, 2011, p. 45.

42. Penn State University, "How Were the Egyptian Pyramids Built?" *ScienceDaily*, March 29, 2008, http://www.sciencedaily.com/releases/2008/03/080328104302.htm (accessed February 5, 2013).

43. Big Picture Science, *Zombies Aren't Real: Guy Harrison*, November 12, 2012, http://radio.seti.org/blog/2012/11/big-picture-science-zombies-arent-real-guy-harrison/ (accessed February 27, 2013).

44. Big Picture Science, *Doomsday Live!* part 1, http://radio.seti.org/blog/2012/11/big-picture-science-doomsday-live-part-l/ (accessed February 27, 2013).

45. Jennifer Viegas, "Human Extinction: How Could It Happen?" *Discovery News*, http://news.discovery.com/human/human-extinction-doomsday.html (accessed September 5, 2011). 46. Jon Hamilton, "Psst! The Human Brain Is Wired for Gossip," NPR, *Morning Edition*, May 20, 2011, http://www.npr.org/2011/05/20/136465083/

psst-the-human-brain-is-wired-for-gossip (accessed January 26, 2013).

47. Frank Newport, "Landing a Man on the Moon: The Public's View," July 20, 1999, Gallup News Service, http://www.gallup.com/poll/3712/landing-man-moon-publics-view.aspx (accessed January 31, 2013).

48. "Apollo 11 Hoax: One in Four People Do Not Believe in Moon Landing," *Telegraph*, July 17, 2009, http://www.telegraph.co.uk/science/space/5851435/Apollo-11-hoax-one-in-four-people-do-not-believe-in-moon-landing.html (accessed January 3, 2011).

49. Christopher Hitchens, "Hugo Boss: What I Learned about Hugo Ch vez's Mental Health When I Visited Venezuela with Sean Penn," *Slate*, March 25, 2013, www.slate.com/articles/news_and_politics/fighting_words/2010/08/hugo_boss.html (accessed March 12, 2013).

50. Mary Lynne Dittmar, "Engaging the 18-25 Generation: Educational Outreach, Interactive Technologies, and Space," Dittmar Associates, 2006, http://citeseerx.ist.psu.edu/viewdoc/summary?doi=10.1.1.597.3169

51. C-SPAN, "Apollo 16 and Space Exploration," January 11, 2013, http://www.c-spanvideo.org/program/310334-1 (accessed February 27, 2013).

52. As quoted by Andrew Chaikin in Guy P. Harrison, *50 Popular Beliefs That People Think Are True* (Amherst, NY: Prometheus Books, 2011) , p. 89.

53. Newport, "Landing a Man on the Moon."

54. *Wikipedia*, s.v. "Hister," http://en.wikipedia.Org/wiki/Hister#cite_note-1 (accessed August 5, 2013).

55. Guy P. Harrison, "God Is in This Place," *Caymanian Compass*, November 19, 1993, pp. 10-11.

56. Charles Berlitz, *The Bermuda Triangle* (New York: Avon, 1975).

57. Charles Berlitz, *Atlantis: The Lost Continent Revealed* (London: Fontana/Collins, 1985); and Charles Berlitz and William L. Moore, *The Roswell Incident* (New York: Berkley Books, 1980).

58. Larry Kusche, *The Bermuda Triangle Mystery—Solved* (Amherst, NY: Prometheus Books, 1995).

59. Larry Kusche, *The Bermuda Triangle Mystery—Solved*, pp. 275-77.

60. Naval Heritage and History Command, "The Bermuda Triangle," http://www.history.navy.mil/faqs/faq8-1.htm (accessed January 26, 2013).

61. "Does the Bermuda Triangle Really Exist?" United State Coast Guard, http://www.

uscg.mil/history/faqs/triangle.asp (accessed January 25, 2013).

62. Baylor Institute for Studies of Religion, "American Piety in the 21st Century," Baylor University, September 2006, p. 45, http://www.baylor.edu/content/services/document.php/33304.pdf (accessed January 2, 2013).

63. Theodore Schick and Lewis Vaughn, *How to Think about Weird Things* (New York: McGraw-Hill, 2011), p. 7.

64. "Tsunami Clue to 'Atlantis' Found," BBC News, August 15, 2005, http://news.bbc.co.uk/2/hi/science/nature/4153008.stm (accessed February 20, 2013).

65. Paul Rincon, "Satellite Images 'Show Atlantis'," BBC News, June 6, 2004, http://news.bbc.co.uk/2/hi/science/nature/3766863.stm (accessed February 20, 2013).

66. "Atlantis 'Obviously Near Gibraltar'," BBC News, September 20, 2001, http://news.bbc.co.Uk/2/hi/science/nature/1554594.stm (accessed February 11, 2013).

67. Kenneth L. Feder, *Encyclopedia of Dubious Archaeology: From Atlantis to the Walam Olum* (Santa Barbara, CA: Greenwood, 2010), p. 33.

68. William B. Scott, "The Truth Is Out There: A Veteran Reporter Describes His Search for the Aircraft of Area 51," *Air & Space Magazine*, September 1, 2010, http://www.airspacemag.com/military-aviation/The-Truth-is-Out-There.html?c=y&page=1 (accessed January 23, 2013).

**chap·4** 생각하는 기계를 적절히 관리하고 연료를 잘 공급하라

1. M. C. Morris, D. A. Evans, C. C. Tangney, J. L. Bienias, and R. S. Wilson, "Associations of Vegetable and Fruit Consumption with Age-Related Cognitive Change," *Neurology* 67, no. 8 (October 24, 2006): 1370-76, www.neurology. org/content/67/8/1370.abstract?sid=431a2aff-e7cd-441e-9ba3-94ba4575c92e (accessed February 1, 2013).

2. "Eating More Berries May Reduce Cognitive Decline in the Elderly," *ScienceDaily*, www.sciencedaily.com/releases/2012/04/120426110250.htm (accessed February 18, 2013).

3. For an excellent roundup of the science of exercise and how it can help your brain, read Gretchen Reynolds' *The First 20 Minutes: Surprising Science Reveals How We Can Exercise Better, Train Smarter, Live Longer* (New York: Hudson Street Press, 2012).

4. John Ratey, *A User's Guide to the Brain: Perception, Attention, and the Four Theaters*

*of the Brain* (New York: Vintage, 2002), p. 359.

5. David Hinkley, "Americans Spend 34 Hours a Week Watching TV, According to Nielsen Numbers," *New York Daily News*, September 19, 2012, www.nydailynews.com/entertainment/tv-movies/americans-spend-34-hours -week-watching-tv-nielsen-numbers-article-1.1162285 (accessed February 14, 2013).

6. Centers for Disease Control and Prevention, "The Association between School-Based Physical Activity, Including Physical Education, and Academic Performance," July 2010, www.cdc.gov/healthyyouth/health_and_academics/pdf/pa-pe_paper.pdf (accessed February 4, 2013), p. 6.

7. Alexandra Sifferlin, "Why Prolonged Sitting Is Bad for Your Health," *Time*, March 28, 2012, http://healthland.time.com/2012/03/28/standing-up-on-the-job-one-way-to-improve-your-health/ (accessed January 26, 2013).

8. John Medina, *Brain Rules* (Seattle, WA: Pear Press, 2008), p. 26.

9. Ibid, p. 5.

10. Reynolds, *First 20 Minutes*, p. 205.

11. "Facts and Figures," Drowsy Driving, http://drowsydriving.org/about/facts-and-stats/ (accessed February 11, 2013).

12. Katie Moisse, "5 Health Hazards Linked to Lack of Sleep," June 11, 2012, http://abcnews.go.com/Health/Sleep/health-hazards-linked-lack-sleep/story?id=16524313 (accessed February 2, 2013).

13. John Medina, *Brain Rules*, pp. 152–53.

14. "Juggling Languages Can Build Better Brains," *ScienceDaily*, www.sciencedaily.com/releases/2011/02/110218092529.htm (accessed February 17, 2013).

15. "First Physical Evidence Bilingualism Delays Onset of Alzheimer's Symptoms," *ScienceDaily*, www.sciencedaily.com/releases/2011/10/111013121701.htm (accessed February 17, 2013).

16. "Juggling Enhances Connections in the Brain," *ScienceDaily*, www.sciencedaily.com/releases/2009/10/091016114055.htm (accessed February 17, 2013).

17. "Well-Connected Brains Make You Smarter in Older Age," *ScienceDaily*, www.sciencedaily.com/releases/2012/05/120523102958.htm (accessed January 3, 2013).

18. "Reading, Writing and Playing Games May Help Aging Brains Stay Healthy," *ScienceDaily*, www.sciencedaily.com/releases/2012/11/121125103947.htm (accessed February 17, 2013).

19. Corrie Goldman, "This Is Your Brain on Jane Austen, and Stanford Researchers

Are Taking Notes," Stanford Reader, http://news.stanford.edu/news/2012/september/austen-reading-fmri-090712.html (accessed January 29, 2013).

**chap·5 잃을 것은 아주 적은 반면, 얻을 것은 우주 전체**

1. Linda Lyons, "Paranormal Beliefs Come (Super) Naturally to Some," Gallup News Service, November 1, 2005, http://www.gallup.com/poll/19558/Paranormal-Beliefs-Come-SuperNaturally-Some.aspx (accessed February 21, 2013).
2. David W. Moore, "Three in Four Americans Believe in Paranormal," Gallup News Service, June 16, 2005, http://www.gallup.com/poll/16915/three-four-americans-believe-paranormal.aspx (accessed December 27, 2012).
3. "The Global Religious Landscape," Pew Forum, December 18, 2012, http://www.pewforum.org/2012/12/18/global-religious-landscape-exec/ (accessed July 31, 2013).
4. Phil Zuckerman, "Atheism: Contemporary Numbers and Patterns," pp. 47-65 in *The Cambridge Companion to Atheism, edited by Michael Martin* (New York: Cambridge University Press, 2007).
5. "An Intellectual Entente," *Harvard Magazine*, September 10, 2009, http://harvardmagazine.com/breaking-news/james-watson-edward-o-wilson-intellectual-entente (accessed February 21, 2013).
6. Edward O. Wilson, *Naturalist* (Washington, DC: Island Press, 1994), p. 364.
7. "Loneliest Bug on Earth . . . Has a Friend," *New Scientist*, December 15, 2012, p. 20.
8. Rose Eveleth, "Up with Microbes," *Scientific American*, March 2013, p. 14.
9. Carl Zimmer, *A Planet of Viruses* (Chicago: University of Chicago Press, 2011), p. 42.
10. Debora MacKenzie, "Rosacea May Be Caused by Mite Faeces in Your Pores," *New Scientist*, August 30, 2012, www.newscientist.com/article/dn22227-rosacea-may-be-caused-by-mite-faeces-in-your-pores.html (accessed March 24, 2013).
11. Peter Nova, "The Star in You," *NOVA ScienceNOW*, December 2, 2010, http://www.pbs.org/wgbh/nova/space/star-in-you.html (accessed July 31, 2013).